SAT官方指南全解析——阅读分册

乐闻携尔图书编委会　编著

中国人民大学出版社
·北京·

乐闻携尔图书编委会

编著说明

The following passage is adapted from the SAT reading passages of 10 2005, 01 2008, 05 2008, 10 2008, 01 2009, 01 2010 and 10 2010.

I know what your SAT preparation "looks" like, and it isn't "pretty": you may find yourself harassed by the practice tests in *The Official SAT Study Guide, The Official SAT Online Course* or *Barron's SAT* and *Princeton Review SAT* and brooding over every conundrum painstakingly. To conquer the test, you wade through the torrent of exercises and tests; you try every shortcut known politely as "skills" and colloquially as "tricks". While setting the goal of studying abroad, however, we should be humiliated for genuflecting to the thought of "passing the test without language improving".

When the topic focuses on English learning instead of taking a ridiculous difficult exam, the SAT itself can become your best "textbook", since it offers a generous diversity of good English using examples. Yes, indeed, those crazy words, intricate grammars and elusive passages provoke our outrage and disgust. But underneath those feelings, and you have to admit, is a great amount of praise and even admiration. The SAT represents the beauty and the power of English, after all.

The question finally arises: I do appreciate the idea of learning English from the SAT, but HOW? How do I translate the theory into practice? (Especially when the authors make their motto as "I write. Let the reader learn to read.")

The very important step is to make sure that you truly understand every single sentence in the test. To accomplish that step, the book does help. This book contains translations for both questions and passages. Also, we work hard to make the translations literal enough to give the original authors their due and to create new equivalents for old emotions at the same time. In this way, readers can grasp the sense and spirit of the original so that they are understood.

To improve your English, there is no substitute for continuous practice of reading and writing which goes on without end in your study life. Says *The Official SAT Study Guide*, "Practice may not make perfect, but it definitely helps."

下面这篇文章改编自SAT阅读文章（2005年10月、2008年1月、2008年5月、2008年10月、2009年1月、2010年1月以及2010年10月）。

我知道当你准备SAT考试的时候是什么样子，着实有些狼狈：做完了*OG*、*OC*、《巴郎》、《普林斯顿》依然晕晕乎乎，绞尽脑汁只为一道“难题”。为了“搞定”这个考试，你置身题海狂澜之中，竭力寻找着“捷径”；客气地讲，那些是“技巧”，或者说，无非是一些“诡计”罢了。当“出国深造”这一目标确立时，我们应为俯首于“无须提高语言就可以通过考试”这种念头感到羞愧难当。

说到英语学习而不仅仅着眼于参加一个难到逆天的考试，SAT考试本身就足以作为最优秀的“教科书”，字字珠玑的文章为考生提供了大量的好例子。的确，那些生僻词、复杂的语法现象、晦涩难懂的文章让人头疼不已。但是，在这些情感之下，你必须承认，一种对SAT考试的赞许甚至是钦佩之情油然而生。毕竟，SAT考试本身就代表了英语的语言之美和语言之力。

最终，一个问题浮出水面：我很欣赏这种从SAT考试中学习语言的想法，但是要如何实现呢？特别是当那些作者宣称：颤抖吧，凡人，哥写的就是寂寞。

很重要的一步，就是确定你已经真正搞明白了考试中的每一句话的意思。为此，本书会很有帮助。本书中包含了文章和题目的翻译。并且，出于对原作者的尊重，我们努力使译文足够“直译”以保证原汁原味；同时，我们也试着在“直译”的基础上进行一些发挥。通过这种方式，读者可以一窥原文的意义和精髓以理解原文。

学习是提高英语水平的不二法门：不断地进行读、写训练，穷极一生，永无止境。*OG*如是说：“勤学苦练不见得会登峰造极，但其作用也不容小觑。”

代 序

我想我必须承认，你现在手上的这本书“难读极了”。

请原谅我这近乎粗鲁的直接，但作为作者，我们深知这的确不是一本会让人饶有兴致、爱不释手的书——它厚重且排版紧密，如字典般令人畏惧（现在拿在我手上的书稿原件比它旁边的《牛津高阶》还要厚不少）。

这样一本厚得令人生厌的书是用来做什么的？其实我们用这样厚重的书稿，只做了一件简单的事情：把赛达（SAT，Scholastic Assessment Test）的《SAT 官方指南》（*The Official SAT Study Guide*，包括新、旧两个版本）之中所有的文章和题目都给出翻译并做出详解。（本书只是阅读分卷，其他分卷正陆续出版中……）

这是一本结构清晰、逐题详解的书，因为我们实在没有能力把它写得引人入胜——我们甚至还固执地认为，即便枯燥无味，也依旧会有不少同学从书中获益。的确，我们时常会遇到这样的一些质疑：

“上 SAT 培训班的时候，老师不是已经讲过《SAT 官方指南》上的一些题目了吗？再买一本专门的解析是不是有些重复乃至浪费了呢？”

这个说法其实很有道理：鉴于《SAT 官方指南》在赛达备考过程中的绝对权威性，几乎所有的培训课程（当然也包括我们公司提供的赛达培训服务）都是以《SAT 官方指南》为蓝本展开的。但即便如此，有几个简单的想法让“自以为是”的我们认定本书的出版是很有意义的。

◆ 即便参加了最昂贵的培训班，也不大可能完整地听到《SAT 官方指南》上每个题目的翻译与详解；

◆ 即便某个题目在上课时曾经听老师讲过，也不能保证上课时会永远集中精力，把每一个题目的解法与思路都记录下来，更说不定会出现“当时的确听懂了而后来却又遗忘了”的情况；

◆ 当你知道同一个题目的两种解法时，思路岂不是会更加开阔明朗一些？也说不定本书中的解法会更好，更有说服力呢？

而另一种可能遇到的质疑是：

“做错了题目之后去看解析其实是没有用的，因为下次做的时候还会错——只有自己想出来的答案才会真正地印象深刻，取得进步。”

这种说法广为流传，且颇有实践基础：如果你小时候有参加数学奥林匹克竞赛的经验，似乎的确是“自己想出答案”要比“直接看参考答案”更有益于思维的训练。但是，在我们肆意地将别处的经验挪过来之前，有这样几个小想法值得我们提前考虑：

➢ 科学性的奥林匹克竞赛与 SAT 这种能力（特别是广义的阅读、写作与数学能力）

的测试并不相同，因为后者并不属于逻辑考试范围，因而备考时不应该以训练逻辑思维为主。不知道大家注意过没有，在《SAT 官方指南》的封底上有这样明确的句子“The SAT does not test logic abilities or IQ”（SAT 考试不测试逻辑能力或者智商）。

- 在这种特定的测试体系下，最重要的事情是迅速定位自己的能力缺陷，了解正确答案与错误答案（更深层次地，可以称为正确的思维模式与错误的思维模式）之间的差异，并针对自己的能力缺陷进行补足。
- “尽可能快而高效地把更多的缺陷补足”显然比“花一整个晚上思考如何将某一个特定缺陷补足”对提高分数更加有效——更何况，如果不借助外力，有很多问题无论自己思考多久都不会有答案的。
- SAT 是“标准化”的考试（任意两次考试间的难度应当趋于一致），因而 SAT 考题的模式往往趋于固定——说得更深入些，我们真正需要的，是基于大量的正确题目的解法来构建良好的，甚至是固定的 SAT“语感”。

“语感”这个概念有些飘忽，请先允许我将这个概念单独列出来，给它下一个尽可能清晰的定义：

“通俗来讲，如果某一种信息的表达具备固定化的特点，那么通过大量的、模式化的训练，将可能培养出一种固定的汲取信息的模式，用以帮助更快地解读模式化的信息。这种固定的模式就被称为‘语感’”。

为了把这个概念阐述得更加清楚些，让我们看几个看似毫不相干的例子：

- ✓ 对于高考中的文言文阅读理解，自幼诵读《古文观止》的考生和只热爱现代白话文小说的考生二者的阅读速度相距甚远，前者一马平川，后者寸步难行；
- ✓ 资深的流行音乐迷总能够下意识地跟着歌曲“唱出”正确的旋律，甚至会有这样的时候：拿起一张风格固定的歌手的全新专辑听第一遍时，居然也能够跟着哼唱，并且八九不离十；
- ✓ 一个优秀且勤奋的韩剧迷在仔细研读过十部韩剧后，看第十一部韩剧时，往往可能只看前面几集，就能知道最终剧中“谁和谁在一起”，“谁自杀了”，“谁又得了白血病”……

如果我刻意将上述情形分别称为“古文感”、“流行音乐感”甚至是“韩剧感”，那么大家应该就能更好地理解什么叫做固定的“SAT 语感”了。

SAT 是一门标准化的考试，难度固定，语言模式自然也是固定的。尽快找到并尽力熟悉这些语言模式，建立流畅的 SAT 语感，使得自己能够良好地解读考试中的信息，应该是一个 SAT 考生最最应该花工夫做的事情。而在做题过程之中，一旦发现自己想错了，通过精读该题最详细的正确答案及解析，将自己的思维带到正确的路子上来，养成正确的，乃至模式化的概念，应该是提高 SAT 成绩最有效率的途径。

但愿我说清楚了一些简单的想法。

愿吾弟吾妹一切顺利！

愚兄
文勇
2010 年 11 月

奇怪的补记

今天是 2012 年的 11 月 08 日，上面的序居然是两年前写的：终于，作为乐闻携尔出版事业部所筹备的第一本书，《SAT 官方指南全解析》系列要出版了——令人唏嘘的是，这是在其他十本乐闻携尔图书都已面市之后。

乐闻携尔从 2010 年 4 月成立开始，就设立了图书出版事业部：在这样小的一个公司之中，还专门设立与图书相关的部门实在是令人匪夷所思的。我们创始团队有心中的小九九，想要干一票大的，出版一本巨牛的书，一鸣惊人；而当时的选题，就是这本《SAT 官方指南全解析 —— 阅读分册》。当时图书出版事业部门的主管由公司元老王东东老师挂帅，组织了当时公司几乎所有的有生力量，在人民大学东北角的兴发大厦顶楼的小隔间里，一点一点地攒出原稿，甚至咬牙花费了当时公司单薄的利润请来诸多专业外编对文字进行修改以及润色。但是，由于工作量实在浩瀚，无奈陷入泥潭，最终未能完成。

尔后公司发展出现波折，由陈睿老师接任了图书出版事业部主管，他依旧希望能够完成这本书的编纂，组织了包括卢丹丹老师在内的诸多赛达线上的老师配合外编，尝试完成书稿。但是正当项目渐入佳境时，公司发展却面临第二次巨大波折，陈睿老师不得不临危受命，调任教学部门主管，把公司的主营业务支撑起来，以免公司“休克”。第二次完成这本《SAT 官方指南全解析 —— 阅读分册》的尝试，仍以失败告终。

走投无路，只能找朋友帮忙：我把读本科时的朋友——当时在某翻译公司任职的边珂老师挖到公司，让她帮助重建图书出版事业部，而边珂恰好又把刚刚留学归国的好朋友——杜昕洁老师（后接任图书出版事业部门主管）带到了公司，于是图书出版事业部这才算重新活了过来。在调整部门、缩减开支、精耕细作的基础上，边珂老师、杜昕洁老师、于益然老师和卢丹丹老师与诸多外编老师通力合作后，现在终于可以将“阅读分册”提交出来了。

回顾这本书的出版过程——“三次尝试，两次失败”，几乎就是乐闻携尔成长的历史：这本书是一个见证，见证了这个拥有奇怪名字的小公司一点一点、一次一次地尝试成长。在这一次次的尝试之中，最重要的是我们逐步相信了时间的力量：不急不躁，一丁一点地做事情，不求一鸣惊人，只求日拱一卒。时间，会给我们最后的答案。

让我穿插一个小故事吧：

2011 年年中，公司仅剩的几人在开会：那时候的我们必须获得一个项目，这样公司才有活下去的可能。

有同事问：“Are we gonna win?”

我的回答是：“Gonna fight!”

现在，乐闻携尔已经拥有四十余名兢兢业业、踏实做事、视公司为家的员工，包括考试培训、留学咨询和图书出版三大部门，而且截至目前由乐闻携尔出版的图书数量已达十本左右，其中不乏畅销书与精品书。我们依旧在践行最初的目标：努力影响这个行业，使之变得略微好一些。

我们的图书中可能还有些许的问题，如果大家发现了，辛苦联系我们：13811062045或者 liuwenyong@lasedu.com。我们很愿意为广大热心读者奉上公司其他系列的图书。

刘文勇微信号：liuwenyonglasedu

刘文勇新浪微博：@ 刘文勇

刘文勇个人主页：www.1kao.com.cn/wenyong

文勇

2013 年 8 月

目录[①]

CONTENTS

① 本书按照 OG 第二版顺序编排。第一版的第一套题（第二版没有）排在本书最后。使用 OG 第一版的考生可以参考目录找到其余相应的阅读文章和题目。

SAT OG TEST 1（2006年10月真题）

阅读译文 1

阅读下面文章，回答问题 6～7。

风以 50 英里 / 小时的速度呼啸着，盘旋于基特峰峰顶的圆顶建筑之间。数英尺以下，黄昏中，灰色的云河已经浮浮沉沉了一整天。高空中，悬挂着的海尔—波普彗星像是羽毛做成的拟饵[①]，它的尾巴微微弯曲，仿佛被凌厉的风吹到了一边。星星一颗一颗在昏暗的天空中眨着眼睛。附近，野马漫步而过，从来没有抬头看一眼海尔—波普彗星蛛丝般的尾巴，也没有看一眼这个晴朗晚上夜空的奇妙景象。

作为人，能看到这一切，感觉真好。

题干 6. 在第 12 行，作者暗示，作为“人”（“human”）应该包括

A. 偶尔犯错
B. 享受他人陪伴
C. 对过去经历的回味
D. 欣赏大自然的美丽
E. 通过简单寻求快乐

解析

参考答案：D

原文提到“They never glanced skyward ...comet or no”，作者用优美的语言细节描绘了一幅黄昏时的美丽景象，给读者以身临其境的感觉。最后作者以个人感想作为总结，道出了“It felt good to be human”的感受。意思是“人生在世，能观赏到此情此景，让人倍感身心愉悦”，因此选择 D 选项。其他选项与本文无关。

题干 7. 这篇文章采用的主要修辞手法是

A. 抒情
B. 隐喻

① 拟饵：鱼饵的一种。是用塑料、骨料、羽毛、金属等制作的假饵，形似天然昆虫、鱼类等鱼类喜欢的生物，诱使鱼吞食。

C. 排比　　D. 倒叙
E. 讽刺

参考答案：B

略读全文，我们可以发现文章寥寥百来字，其中不乏比喻性语言。作者通过用“like”（好像）、“as if”（似乎）和星星“winked”（眨眼）等修饰词刻画了一幅生动画面，增强了文章语言的优美性。虽然文章最后一句作者抒发了自己的感情，但是抒情在本文的比重不大，因此不能算是主要的修辞手法。故A选项不正确；C、D、E三个选项的手法显然没有出现在本文，可排除；因此得出B选项为本题答案。

阅读译文 2

阅读下面文章，回答问题 8 ～ 9。

1843年，Augusta Ada King出版了一系列注解，描述了Charles Babbage关于“分析发动机”的构思，反响巨大。Charles Babbage的这一构思是自动计算机的第一个设计方案。King所做的注解（其中还包含了她自己关于伯努利数[①]的运算程序），确立了她在计算机科学领域的重要地位。然而，她吸引人的人生和血统（她是著名诗人Lord Byron的女儿）以及在她所从事的领域中的先驱地位，使她成为一名偶像。关于她的传记、话剧、小说甚至专题电影纷纷涌现。因此，虽然其他很多女性也为计算机科学作出过贡献，但只有她拥有以自己名字Ada来命名的计算机语言。

题干 8. 这篇文章主要是

A. 说明Augusta Ada King在计算机科学上的兴趣
B. 对Augusta Ada King的性格分析
C. 总结Augusta Ada King怎样以及为什么能够出名
D. 追溯现代计算机的发展
E. 鼓励更多的妇女积极投身到计算机科学事业中去

参考答案：C

文章首句“In 1843 Augusta Ada King published an influential set of notes describing Charles Babbage's conception of an 'analytical engine'—the first design for an automatic computer.”提到了Augusta Ada King在计算机业中取得的成就，她出版了一系列Charles Babbage关于

① 18世纪瑞士数学家雅各布·伯努利引入的一个数。

“分析发动机”理念的注解，反响巨大。下文也描述到“her fascinating life and lineage have turned her into an icon/ 她吸引人的人生和血统使她成为一名偶像”，故可判断选项 C 正确。A 选项的兴趣、B 选项的人物性格、D 选项的计算机发展和 E 选项对于女性的鼓励都属于未提及内容。

9. 以下几句话都在描述 Augusta Ada King，哪一句不是作者的目的？

A. 她的家庭历史在她辉煌的事业中没发挥任何作用。

B. 她对计算机科学的贡献是巨大且是原创的。

C. 人们对她感兴趣，所以她在文化界也出名了。

D. 她在完成工作很长时间以后才在计算机科学界成名。

E. 她的生活使她在计算机科学界所作出的贡献更引人注意。

解析

参考答案：A

原文中提到“her fascinating life and lineage turned her into an icon/ 她吸引人的人生和血统使她成为一名偶像”，事实上她的家庭背景在她的事业中起了一定的推动作用，故选项 A 与原文描述不符。

阅读译文 3

阅读下面文章，回答问题 10 ～ 15。

下面的文章节选自 1999 年的回忆录。作者是美国黑人妇女和刚果男子的儿子，他在美国和非洲都居住过，在马萨诸塞州的波士顿和坦桑尼亚的达累斯萨拉姆长大。这里，他就美国黑人和非洲黑人的历史关系发表了自己的看法。

有句刚果谚语说道：“大树无根不能立。”现在读这句话，觉得它是那么富有哲理，原来在现在看来是陈词滥调的东西说出来的都是铮铮的事实。但是所有俗语能流传下来都是因为它们讲述的真理。创造这句谚语的我的祖先们，也在向后人传达这样一个清晰有力的信息：没有前人的基础，一个民族便无法繁荣。一个民族要生存下去，就应该维持并培养好前人与现代人之间的联系。我的祖母让我“告诉其他人”关于她的事情，就是因为她明白这个道理。这也是世世代代生活在美国的黑人后裔都认可的真理。还有一则刚果谚语告诉我们：“只能抱走熟睡的婴儿，一旦婴儿醒了就会找爸爸妈妈。”这个格言说明了我们对传统的近乎本能的追求，我们天生对出身起源的好奇以及我们共有的对自我认同和自我认识的追求。

美国黑人克服千难万阻，成功地与他们起源的大陆保持了联系。300 多年来，无论是有意地使用象征性符号，还是无意识的记忆，美国黑人都用独创和固执的决心，与非洲保持了各种联系。这种纽带已经被磨损，被拉伸，甚至已经被扭曲变形，但是还没有断裂。

美国黑人与非洲黑人保持联系，给予并接受安慰、肯定、友爱和力量，非洲人也因为同样的原因与美国黑人——“那些被带走的人”——保持着联系。

自很久以前分别之日起，我们从未停止尝试去了解对方。数世纪以来，我们遥望大洋彼岸的彼此，就像婴儿第一次在镜子中看见自己一样，我们长久以来都无法伸到镜子后面，触摸眼前同样盯着自己的陌生却熟悉的面孔，对于不知道的一切，我们都用想象去填补空白。

当最终在非洲和美洲见面时，我们有时会感到失望。朦胧的想象并不总是与实际的经历相符。我们怀疑自己是不是弄错了，我们可以感觉到却无法描述的亲属关系是否确实存在，曾一度将我们联系在一起的共同的根是否已经枯萎或死亡。但是，一次又一次提醒了我们共享的东西。非洲将她的特征印在了我们每个人身上。每当我们通过文学、政治、音乐和宗教与彼此取得联系时，整个世界都不得不注意到这一点。

题干 10. 这篇文章的主要目的是

A. 展示美国黑人对非洲社会的影响
B. 讨论非洲人接受美国文化的努力
C. 指出一个社会对另一个社会的矛盾心理
D. 强调保持联系的重大意义
E. 探讨两国之间的文化纽带

参考答案：D

本题考查文章的主旨。文章引文部分就已说明本文会从历史的角度看待美国黑人和非洲黑人之间的关系。全文围绕这个主题展开叙述，从“没有前人的基础，一个民族便无法繁荣”和“自很久以前分别之日起，我们从未停止尝试去了解对方”等，不难看出作者试图强调同胞间保持联系的意义。A 选项单方面提及美洲黑人对非洲社会的影响，B 选项单方面提及非洲人接受美国文化，二者都不是双方之间相互的联系，因此排除。关于 C 选项的社会和 E 选项的两国文化，这些内容都未提及。故正确答案为 D。

题干 11. 下面哪个是对“message”（第 6 行）最好的形容？

A. 间接的批判
B. 忠告
C. 令人质疑的提议
D. 怀旧的回忆
E. 乐观的预测

参考答案：B

原文中“message”指代的是“a people cannot flourish without their life-giving foundations in the past/ 没有前人的基础，一个民族便无法繁荣”，而这句话是根据第一段第一句中的谚语“A tree cannot stand without its roots.”得出来的，根据 message 和谚语的类比并结合作者的态度，可以排除 A 选项的负面评价，排除 C 选项的令人质疑的提议，排除 D 选项未提及的怀旧以及 E 选项与类比不符的预测。作者根据自身对谚语的理解得出了一个能传给后人的信息，是一种忠告。

题干 12. 第 15 ～ 16 行的谚语用来

A. 提供洞察幼儿行为的视角
B. 强调儿童的脆弱性
C. 显示人们对历史本身所固有的兴趣
D. 展示家庭关系的复杂性
E. 警告那些企图破坏家庭的人

参考答案：C

第 17 行的“This is a maxim that...”表明了第 15 ～ 16 行的谚语中提到的“once awake, she will look for her parents/ 一旦婴儿醒了就会找爸爸妈妈”这种行为是人的一种本能，是继承于前人的，与前文的“a people cannot flourish without their life-giving foundations in the past”相呼应。这两句谚语，都未提及洞察儿童行为、儿童脆弱、家庭关系和破坏家庭等信息，而是通过揭示谚语的意义来引出人们对历史的兴趣。同时，句中的“instinctive pull of one's heritage”和“inborn curiosity in our origins”这两个短语已经显示出这个谚语强调了人们对自身的历史有与生俱来的好奇。

题干 13. 在文中，“Shadowy”（第 41 行）的主要目的是指出一些什么样的事情？

A. 令人沮丧的
B. 机密的
C. 危险的
D. 隐藏的
E. 没有事实根据的

参考答案：E

此题考查词汇，首先需弄清楚各个选项的意思。选项 A 的意思是“令人沮丧的”；选项 B 是“机密的”；选项 C 是“危险的”；选项 D 是“隐藏的”；选项 E 是“无事实根据的”。根据原句“Shadowy imaginings do not usually hold up in the light of real experience”描述，“shadowy imaginings”并不是“real experience”，因此 shadowy 指的是 real 的反义。直接对应的选项是 E，“没有事实根据的”。

题干 14. 在第 42 ～ 50 行（“We wondered...note”），有什么样的感情变化？

A. 从害怕到勇敢
B. 从愤怒到宽恕
C. 从不确定到绝望
D. 从遗憾到决定
E. 从怀疑到骄傲

参考答案：E

文章最后一段中的“But time and again...”，“but”将前后分割成两部分，第一部分用 3 个 if 形成排比，引出一些作者想知道却无法确定能否知道的事情，对应 E 选项中的怀疑。第二部分作者提到“whenever we've made contact, the world has been forced to take note”，可看出作者肯定的口气，是骄傲的感觉。从第一部分可以排除 A、B、D 三个选项中害怕、愤怒和遗憾，第二部分可以排除 C 选项的绝望。

 15. 作者主要利用了其中的以下哪项来转达他的意思？

A. 假想　　B. 广泛的概论
C. 历史事实　　D. 个人轶事
E. 学术分析

解析

参考答案：B

根据文章首句的 “A Kikongo proverb states, ‘A tree cannot stand without its roots.’” 及 “Another Kikongo proverb reminds us that one can only steal a sleeping baby: once awake, she will look for her parents”，可看出作者是在引用谚语，并陈述了自己的观点，排除 A 选项的假想和 E 选项的学术分析。在观点和现象当中，并未提及历史的事实和个人的事件，排除 C 选项和 D 选项。作者陈述的都是一些宽泛的概念，包括谚语和从谚语中得出的感悟。

阅读译文 4

阅读下面文章，回答问题 16 ～ 24。

下面的段落分别节选自 1992 年和 2001 年出版的书籍，讨论了文艺复兴时期的著名艺术家莱奥纳多·达·芬奇（1452—1519）。

文章一

它挂在拿破仑的卧室，直到 1804 年被移到卢浮宫。它造成纽约七个星期的交通堵塞，因为 160 万人拥挤着去观看它。在日本东京，每个观众只允许看 10 秒钟。这一切的关注对象是世界上最有名的肖像画——《蒙娜丽莎》。

史上，蒙娜丽莎并不是个特殊人物，可能只是一个佛罗伦萨商人吉奥康得的妻子。但是她的肖像画在许多重要方面树立了文艺复兴高峰时期绘画的标准。透视法的运用（为蒙娜丽莎头部及后面的背景间营造出距离的错觉），以及三角组合的运用确立了几何在绘画中的重要作用。它背离了以往肖像画中僵硬的采用侧面半身的习惯，将人物以一种放松自然的大半身[①]姿态呈现出来。

作为首批挂在墙上的架画[②]之一，《蒙娜丽莎》充分发挥了新油画的潜力。达·芬奇摒弃了以往画家勾画人物轮廓的方法，转而通过光和影的运用塑造人物特征。在深色底色上，他通过一层又一层很薄的透明的釉层勾勒出立体的特征。正如达·芬奇所说，这种技巧使

① 以往的肖像画有采用侧面半身或截至胸部的习惯，往往不会将人物的大半身（四分之三）部分都呈现出来。

② 即架上绘画：是在画架上绘制的画的总称，又称画室绘画。它是作为与壁画和祈祷书上的装饰插图有别的一种形式出现的。

整幅画“像烟雾一样没有线条或边界”。画的颜色以细微的色调层次从浅至深，逐层渐变，没有明确的界线。所有形状都好像是从阴影中浮现，又消融于阴影之中。

另外，还有那著名的微笑……

文章二

为什么《蒙娜丽莎》是全世界最有名的油画？仅仅瞄一眼画中人物的一部分——她的眼睛，或者只是她的双手——即使那些对油画没有品味或激情的人也会立刻肯定它的魅力。艺术历史学家、诗人和崇拜者们都试图从内在品质方面解释《蒙娜丽莎》在我们文化生活中所占据的主导地位。他们认为，画中一些内在的东西向我们所有人传递着讯息，激发我们的感觉、情绪和认可。这种观点源于19世纪初，尽管它已有先例。很多艺术评论家仍然持该观点。

例如，艺术史学家肯尼斯·克拉克在1973年写道，他不能接受《蒙娜丽莎》出名的原因除了其内在的品质之外还有其他原因。他解释说，有千百万人只知道一幅画的名字——《蒙娜丽莎》，这并不是不断宣传的偶然结果；而是意味着这幅奇异的肖像以一种其他任何作品都罕有的力量，触动了人们的潜意识。

克拉克在艺术历史方面的观念现在已经有些过时。“后现代”学者保罗·巴罗斯基并不这样认为。他在1994年提出，达·芬奇用卓越的技巧创造出质地感和深度感，让《蒙娜丽莎》“使我们无法自拔”。他进一步指出，画家勾画出了“人物内在的东西，她内心和灵魂中的感觉”。

我认为人们应该避免臣服于神话的魅力，或是认为每个经世纪流传仍不朽的杰作都在向我们传达一些无法解释的东西。当我们只带着“先天的”感受力去欣赏达·芬奇、拉斐尔及其他过去时代的伟大艺术家的作品时，想象自己和作品之间存在着一种神秘却可感知的联系，当然会非常愉快。但是，和很多史学家一样，我也认为是一系列事件和历史中介（人、机构和加工等）以无计划的方式取得了各种不同的效果，最终铸就了杰作的声誉。正是这些力量使《蒙娜丽莎》成为闻名世界的油画。至于她值不值得拥有这么高的地位，这个问题我留给读者去思考。

题干 16. 两篇文章都是从哪个方面提及《蒙娜丽莎》？

A. 画中人神秘的微笑　　B. 画中人的身份

C. 作品广为大众喜爱　　D. 对艺术家的影响

E. 逐渐衰落的现状

参考答案：C

通过文章一的原句“The object of all this attention was the world’s most famous portrait, the *Mona Lisa.*”，及文章二的原句“Why is the *Mona Lisa* the best-known painting in the entire world?”，可看出文章一及文章二提及《蒙娜丽莎》时，均描述了其巨大吸引力，故可直接判断选项C正确。

题干 17. 文章二的作者怎样理解文章一第 1 ～ 6 行（“It hung... *Mona Lisa*”）的现象？

A. 造就了《蒙娜丽莎》名声的客观环境　B. 扭曲了《蒙娜丽莎》重要性的历史事件

C. 引起艺术热潮的突发事件　D. 不值得考虑的文艺批评事件

E. 对史学家来说无法证明的事实

解析

参考答案：A

文章一第 1 ～ 6 行描述的是《蒙娜丽莎》受到热烈欢迎的现象。从文章二的倒数第三句“Such forces have turned the *Mona Lisa* into the best-known painting in the world.”可看出文章二的作者分析了《蒙娜丽莎》闻名于世的外在原因，选项 A 与原文意思相符。选项 B、C、D、E 都偏离了文章二的主旨。

题干 18. 第 7 ～ 10 行的描述（“Historically... ways”）是对画中妇女什么样的对比？

A. 并不出众的外表和画中的美貌

B. 卑微的出身和画像的价值

C. 过早的消亡和肖像画的不朽声名

D. 缺少魅力和肖像画中的魅力

E. 平庸的身份和和画像在美术学上的重要意义

解析

参考答案：E

“Historically, its subject was nobody special...in many important ways.”，根据原句的描述，可得知画中的人物并不特殊，可能只是一个商人的妻子，但是她的肖像在许多重要方面确立了文艺复兴时期绘画的标准。作者将画中人物的身份与画像在美学的意义进行对比，故可直接判断选项 E 正确。原句并未提及人物的美貌、魅力及过早的死亡，故选项 A、C、D 不正确。原句也未提及画像的价格、价值，故选项 B 不正确。

题干 19. 第 24 ～ 25 行引自达·芬奇的一段话主要是为了

A. 为他的画法辩解　B. 描述效果

C. 批判其画法　D. 轻视其才能

E. 承认其影响

参考答案：B

文章中引用了达·芬奇的原话“without lines or borders, in the manner of smoke”，实际上概括了其画法及相应的效果。原文中也提到，达·芬奇的画法是“modeled features through light and shadow”，文章一的结尾“And then there’s that famous smile...”也体现出了这种画法的效果，故选项 B 符合文意。选项 A、C、D、E 均不够贴切。

题干 20. 在文章二第 32 行所描述的基础之上，文章一的作者最有可能添加蒙娜丽莎的哪个特点？

A. 她的嘴
B. 她的头发
C. 她的鼻子
D. 她的下巴
E. 她的侧面

参考答案：A

原文描述“And then there's that famous smile...”，重点在于 smile，笑容；根据题意，最有可能添加的特点部分必定与笑容有关，笑容是通过嘴来呈现的，故可直接判断选项 A 正确。

题干 21. 与 41 行“position”最相近的意思是

A. 级别
B. 作用
C. 政策
D. 观点
E. 地点

解析

参考答案：D

本题属于词汇题，首先根据原词在选项中寻找对应的直接项。position 有位置和立场的意思，直接对应 D 选项的观点，需要区别的是 E 选项 location 表示方位而不是立场。

题干 22. 关于《蒙娜丽莎》，文章一作者和 Paul Barolsky（文章二第 53 行）都指出的是哪一点？

A. 它往往引起观众特殊反应。
B. 它过分受社会大众的追捧。
C. 它影响了几代艺术家。
D. 它是第一幅镶挂的油画。
E. 它给人的印象是三维的。

参考答案：E

原文中，Barolsky 指出了达·芬奇的画法“which creates a sense of texture and depth/ 创造出质地感和深度感”，这是一种立体的画法，而不是在讨论《蒙娜丽莎》这幅作品的影响和反响，也无关它是如何框裱的，同时也对应文章一第二段中对于达·芬奇三维画法的介绍“It diverged from the stiff, profile portraits that had been the norm by displaying the subject in a relaxed, natural, three-quarter pose.”

题干 23. 文章二的作者在第 65 行使用引号的主要目的是

A. 标志一场革命运动
B. 指在艺术中过度使用技术
C. 强调术语的象征意义
D. 突出了这一发现的重要性

E. 暗示对一种理论的怀疑

参考答案：E

这段文字作者表达了这样一个观点：人们应当避免对于伟大作品的沉迷，作者认为人们对于伟大作品的迷恋是一种不切实际的、神话般的感觉，不一定是由于作品本身达到了神乎其神的境界；随后作者对这种神话般的吸引力产生的结果作出了推测：历史造就了传奇。“innate”在这里要表达的正是一种天生的、神奇的迷恋感觉。

题干 24. 上面两篇文章中，两位作者都对描绘《蒙娜丽莎》的方法进行了阐述，下面哪种说法最为准确？

A. 第一位作者强调肖像独特的微笑，而第二位作者强调的重点是画中人的其他神秘特质。
B. 第一位作者强调其形象鲜明，而第二位作者强调的是创造者的背景。
C. 第一位作者侧重于它的风格创新，而第二位作者旨在描述其在文化界的领先地位。
D. 第一位关注的是画中人的生活，而第二位认为历史解释是无关紧要的。
E. 第一位作者暗示了它的社会重要性，而第二位作者强调其艺术价值。

参考答案：C

文章一中原句“It diverged from the stiff, profile portraits that had been the norm by displaying the subject in a relaxed, natural, three-quarter pose.”描述了画家创新的手法；文章二中原句“...commanding place that the *Mona Lisa* has in our cultural life...”可看出文章二中的作者描述并强调了画像在文化界的重要地位，故选项C正确。文章一没有具体刻画蒙娜丽莎的微笑，文章二则明确指出画中人并不特别，因此选项A错误；文章一没有描写肖像人物的形象，而是创作技法，文章二完全没有介绍达·芬奇的背景，因此选项B错误；文章一没有提及画中人的生活，文章二在探究《蒙娜丽莎》如此著名的原因时，认为历史的力量是其中不可或缺的因素，因此选项D错误；选项E错在文章一重点是在介绍达·芬奇在创作这幅油画时所运用的创新画法和风格。

阅读译文 5

阅读下面文章，回答问题 9 ～ 12。

文章一

在自己建造的小屋附近觅食，种植一些经常被用来做投机生意的豆子[①]，凝望着瓦尔

① 大豆是豆科植物中最富有营养而又易于消化的食物，是蛋白质最丰富、最廉价的来源，在今天世界上许多地方是人和动物的主要食物。这些性质（即文中 properties）使得大豆成为首屈一指的经济作物，大豆及其相关的许多产业可以带来很多经济收入，因此也成为商人投机的对象（即文中的 invite speculation）。

登湖深处，亨利·大卫·梭罗代表了美国人长久以来对自然的崇拜。梭罗的《瓦尔登湖》一书（1854）叙述了他独自与自然和谐相处的经历，历代老师都以该书为例证，讲解了19 世纪美国强烈反对工业化和城镇化对田园般生活的破坏。从这个意义上讲，《瓦尔登湖》是一本表达惋惜的书，是对已经逝去的世界的哀悼。

文章二

在《瓦尔登湖》里，虽然梭罗有时对在周围看到的机械化态度不明确，但有时却非常热切，就像他对铁路的反应一样："我听到这铁马吼声如雷，使山谷都响起回声，它的脚步踩得大地都震动，它的鼻孔喷着火和黑烟……看来好像大地终于有了一个配得上住在它之上的新种族了。"在瓦尔登湖，文明与工业化看起来不再是威胁。《瓦尔登湖》记录了梭罗坚定的力量，以此说明通过机器释放出来的力量与将荒野转变成为多产的花园所需要的力量是没有什么不同的。

题干 9. 关于《瓦尔登湖》，文章二的作者和文章一第 5 行提到的"老师们"可能对于下面的哪一个观点持不同意见？

A.《瓦尔登湖》所呈现的自然受到威胁的程度

B.《瓦尔登湖》所呈现的详述梭罗成功的独居生活经历的程度

C.《瓦尔登湖》被视为文学上一部重要作品的程度

D.《瓦尔登湖》是否认识到了工业化和都市化的传播

E. 机器的力量是否是《瓦尔登湖》的一个中心话题

解析

参考答案：A

文章一提到"*Walden* is revered as a text of regret，a lament for a world passing out of existence./《瓦尔登湖》是一本表达惋惜的书，是对已经逝去的世界的哀悼"，暗示文章一的作者认为工业化及城市化破坏了和谐的大自然。但文章二中"the power unleashed by the machine is not that different from the power required to transform "，将机器所释放的能量与耕种中转化的能量相比较，认为工业化不是对自然的威胁。文章一跟文章二对工业化是否对自然环境产生威胁是持相反意见的，故选项 A 正确。B 选项的梭罗独居生活经历，C 选项的文学作品，以及 E 选项机器的力量都不符合自然和工业的主要内容。D 选项为干扰项，但从文章一的"...harmony of the forces of industrialization and urbanization..."与文章二的"civilization and industrialization no longer seemed threatening"可看出，文章一及文章二均意识到工业化和城市化的传播，故选项 D 不符合题意。

题干 10. 文章一表明梭罗很可能同意"机器所释放的能量"（the power unleashed by the machine）（文章二 第 22 行）是

A. 被自然中可比较的力量所抑制

B. 大大地破坏了自然的平静

C. 被那些没有发现自然的人夸大了

D. 对把自然转变成多产的事物所必需的

E. 对接近自然的人少点的威胁

参考答案：B

文章二 “the power unleashed by the machine is not that different from the power required to transform ”，将机器所释放的能量与耕种中转化的能量相比较，认为工业化不是对自然的威胁。但文章一的观点与文章二的观点相反，文章一提到 “*Walden* is revered as a text of regret，a lament for a world passing out of existence./《瓦尔登湖》是一本表达惋惜的书，是对已经逝去的世界的哀悼”，暗示作者认为工业化及城市化破坏了和谐的大自然，故选项B 正确。

题干 11. 文章一的作者很可能认为文章二第 14 行提到的热情，是

A. 赞成《瓦尔登湖》所表现的对于工业化的失望

B. 对 19 世纪美国人的共鸣的回应

C. 经常被老师们所强调的梭罗的特点

D. 源自梭罗独居生活经历的一种态度

E. 梭罗关于机械化的非典型认知态度

参考答案：E

文章二中的 “enthusiastic” 暗示了梭罗对工业化的支持态度，同时也对下文的 “the power unleashed by the machine is not that different from the power required to transform ”，认为工业化对自然无害做出例证支持。题目所问的是第一段作者可能对这个例证所持有的观点，由题干中的 “argue” 可判断出文章一的作者是持否定态度的。B 选项对于美国人的回应，C 选项老师们的强调以及 D 选项对于生活的态度都不构成对第二段观点的否定，因此排除。A 选项属于干扰项，支持对工业化的失望是立论而不是对第二段观点的反驳，E 选项认为这个例子不具备关于工业化态度的典型特征，才使得这个例子无效。

题干 12. 文章一的作者对文章二里提到的对《瓦尔登湖》的解释可能同意哪个观点？

A. 它夸大了机器的破坏力。

B. 它受美国人长期存在的对自然崇拜的影响。

C. 它不是典型的在学校里所教授的《瓦尔登湖》方式的代表。

D. 它忽视了梭罗在《瓦尔登湖》里对铁路的热情。

E. 对于现今来说，它与在梭罗那个时代对《瓦尔登湖》的一般理解相一致。

参考答案：C

本题的选项内容首先应是文章二所呈现的内容，并与文章二观点相符，最后应被文章

一的观点所否定。文章二中原句 “the power unleashed by the machine is not that different from the power required to transform ”，可看出文章二的观点是工业化不是对自然的威胁。但文章一的观点与文章二的观点相反，文章一提到 “*Walden* is revered as a text of regret，a lament for a world passing out of existence./《瓦尔登湖》是一本表达惋惜的书，是对已经逝去的世界的哀悼”，暗示文章一的作者认为工业化及城市化破坏了和谐的大自然。选项 A 与文章二的观点相反，故不正确；文章二中并未提及美国人崇拜自然，也未提及梭罗那个时代对《瓦尔登湖》的理解，故选项 B、E 不正确。选项 D 中的忽视对铁路的热情，与文章二观点相反，故不正确。文章二所呈现的观点与所用的例证在文一看来是非典型的，故选项 C 正确。

阅读译文 6

阅读下面文章，回答问题 13 ～ 24。

这篇文章改写自 1994 年出版的一本书。

作为一名科学家，只有一种对城市的概念让我不满——城市是自然表面的一个污点，是“不自然的”。

完整的推理是：城市使人类从自然的居住地迁出。它们显示了人类想要征服自然的渴望，而不是与自然和平共处。因此，我们应该抛弃我们的城市和科技，回归到早前更为幸福的生存状态，这种状态下的人类数量可能会比现在居住在这个星球上的人数少得多。

这种对待自然的态度背后隐藏着一个重要的假设，这个假设需要被提出来仔细审查一番，只是因为它现今已经被广泛认可。假设中认为自然在不受干扰的状况下会自行找到一种平衡的状态（一种“自然的平衡”），对人类来说正确的角色应该是找到一种方式去适应这种平衡。如果你是这么认为的，那么你可能会认为人类自工业革命（如果不是农业）以来的所有历史都是一个错误的转折——是进到了一个死胡同，就像苏联失败的中央计划一样。城市，特别是战后城镇的爆炸性增长（“城市扩张”）破坏了自然的平衡，因此是这个星球上邪恶的存在。

这种观点使我感到困扰的是，它暗示着人类在某种深层次上并不是自然的一部分。对许多环境思想家来说，“自然”是没有人类在场时所发生的一切。一旦人类出现并开始建造城镇和城市，“自然”就会停止，一些极其不值得做的事情便开始了。

我认为我们在讨论城市时，应该认识到它们就像海狸水坝和蚁丘一样，并不是非自然的。海狸、蚂蚁以及人类都是这个星球上生命之网的一部分。作为生存策略的一部分，它们改变环境并建造可以躲避风雨的住所，这一切并没有什么“不自然的”。

市区也是如此。城镇里的土地的确几乎全被混凝土、大楼、沥青所覆盖，几乎看不到草地和原状土，但这并不是不自然的。自然里也有很多地方根本没有泥土——想想山脉和海洋边沿的峭壁。在我们看来，曼哈顿的建筑物只是将森林换成了一个峭壁生态系统*。

让我们看一下市区生态系统的能量来源。显然，阳光能够提供温暖。另外，数量众多的人造碎屑可以为动物提供食物，如：汉堡包、苹果核和还有剩余饮料的易拉罐。所有这些都可以作为食物的来源。事实上，城市的小黄蜂在夏季聚集在废弃饮料罐的周围，似乎发现富含糖分的软饮料罐是它们生产蜂蜜的“神酒”。

事实上，对市中心的一瞥就可以说明城市至少在三个层面上能够被认为是一个自然的系统。在最明显的层次上，尽管我们通常不这样认为，但是城市是一个生态系统，就像盐沼地或森林是一个生态系统一样。一个有着自己特有动植物群的城市，运作方式和其他任一生态系统都是一样的。对城市的这种观点最近已获得最高的学术荣誉——科学的一个分支“城市生态学”已被开辟，以便更好地理解这个观点。

在较深层次上，可以把森林这样的生态系统作为一个强有力的比喻来理解城市是如何运作的。两个系统都会扩大发展，两者都需要有一个更大的环境为它们提供材料并容纳它们的废物。两者都需要外来能源保持运转，并且两者都有一个生命周期——出生、成熟和死亡。

最后，我们的城市实际上也像其他自然系统一样，要遵循一定明确的自然法则来运转。例如，树的高度受到几种因素的制约，包括树木粒子间相互作用力的影响。同样，木头（石头或钢结构）建筑的高度也会受到粒子间相互作用力的制约。

让我清楚地言明：*一个城市就是一个自然系统，我们可以用研究其他自然系统的方式来研究它及其为何会形成现在的存在方式。*

* 生态系统是在一定的空间范围内，动、植物及其地理环境相互作用的系统。

题干 13. 在第1行里，最接近“vision”的意思是

A. 幻想　　B. 错觉
C. 预言　　D. 观点
E. 特异景象

参考答案：D

本题属于词汇题，首先需清楚每个选项的意思。选项A的意思是幻想；选项B是错觉；选项C是预言；选项D是观点；选项E是特异景象。原句中“vision”指代了下文的“a city is somehow ‘unnatural,’ a blemish on the face of nature/ 城市是自然表面的一个污点，是‘不自然的’”，明显这是一个观点，是一个看法，故选项D正确。另外根据第二段中“argument/ 论据，论点”，也可猜测出第一段中陈述的是一个观点。其他选项均不符合文意。

题干 14. 作者最有可能把“更为幸福的状态”（“happier state”）（第9行）描述为

A. 令人满意的解决方法　　B. 好运
C. 复杂的安排　　D. 虚假的设想
E. 苦乐参半的记忆

参考答案：D

原句“happier state of existence”指代的是一种生活状态，选项 A 的解决方法、选项 B 的好运、选项 C 的安排均与生活状态不相符。由文中的“should”可看出来这种生活状态是作者假设的，并非已经真实发生了的，故选项 E 不正确。

题干 15. 根据作者所说，那些“这么认为”(“think this way”)(第 18 行)的人视工业革命为

A. 一个人类成就的重要例子
B. 科技双重潜力的一个实例
C. 城市能够自给自足的时代
D. 社会差别能够轻易超越的时代
E. 人类历史不良倾向的开始

参考答案：E

原句“If you think this way, you are likely to feel that all of human history since the Industrial Revolution represents a wrong turning.../ 如果你是这么认为的，那么你可能会认为人类自工业革命以来的所有历史都是一个错误的转折”，根据原句的描述，可直接判断选项 E 正确。选项 A、B、C、D 均持肯定的态度，与文意不符。

题干 16. 作者最有可能把第 28 行里“思想家”(thinkers)的观点描述为

A. 仔细推断的
B. 发人深省的
C. 无法理解的
D. 非决定性的
E. 错误的

参考答案：E

原文提到环境思想家认为“Nature is what happens when there are no people around/ 自然没有人类在场时所发生的一切”，但根据文章的主旨句“A city is a natural system”可看出作者认为城市是自然的，人类也是自然的一部分，故在作者看来，思想家的观点是不正确的。

题干 17. 作者把城市比作海狸水坝和蚁丘（第 33 ～ 36 行）是为了

A. 解释一些生态系统是如何工作的
B. 指出这三者都是自然推动的产物
C. 声称三者最终都是对自然有害的
D. 指出不同的物种在不同的环境中繁荣
E. 引起大家去重视现在城市所面对的特殊困难

解析

参考答案：B

原句提到“Beavers，ants，and human beings are all part of the web of life that exists on our planet/ 海狸、蚂蚁以及人类都是这个星球上生命之网的一部分”，及“There is nothing unnatural about this.”证明了作者认为海狸、蚂蚁和人类改变自己的环境并建设庇护所，都是自然的事情，故选项 B 正确。A 选项的生态系统，C 选项三者的害处，D 选项的繁荣，E 选项城市的困难都未提及。

题干 18. 作者对“市区生态系统”（“downtown ecosystem”）（第 48 行）的态度的最佳描述为

A. 遗憾
B. 挫折
C. 矛盾心理
D. 冷漠
E. 欣赏

参考答案：E

原句“It seems to me that we should begin our discussion of cities by recognizing that they aren’t unnatural”，可看出作者认为城市是自然的，作者对市区生态系统应该是持正面的肯定态度。只有 E 选项表示的欣赏是正面态度。

题干 19. 第 57 ～ 81 行里讨论的三个层面（“A glimpse... forces”）主要是为了

A. 支持基本观点而展示的几个论据
B. 把作者从重要到次要的意见进行组织
C. 阐明了从最初的断言到最后的结果这一推论过程
D. 把假设分类陈述出两种不同的对立的原则
E. 比较由科学界提出的供选择的理论

参考答案：A

定位处是作者利用三个层面来描述城市作为自然的系统，是一个总分的结构，对应 A 选项，即为了支持观点而提出的论据。这三个层面存在深浅之分，但最终目的是支持城市是自然的这个观点，对于主次顺序的组织并不是讨论这三个层面的目的，排除 B 选项。三个层面都是支持观点的论据，而不是推论过程，也没有形成相互对立和相互比较，排除 C、D 和 E 选项。

题干 20. 在第 63 行，“peculiar”最接近的意思是

A. 古怪的
B. 反常的

C. 罕见的
D. 与众不同的
E. 有意义的

参考答案：D

原句"A city operates in pretty much the same way as any other ecosystem, with its own peculiar collection of flora and fauna/一个有着自己特有动植物群的城市，运作方式和其他任一生态系统都是一样的"。其中根据"its own"即可推断出"peculiar"的意思为"自己的，与众不同的"，故选项D正确。

题干 21. 作者对（第65行）"分支"（"subfield"）的态度可以描述为

A. 赞成
B. 好奇
C. 不确定
D. 惊讶
E. 沮丧

参考答案：A

原句中破折号之前的名词"accolade/嘉奖，赞许"已经暗示了作者对"a subfield of science"的看法，故选项A正确。

题干 22. 在第67～73行（"At a... death"）对森林生态系统的讨论可以描述为

A. 一种防御
B. 一种让步
C. 一种比较
D. 一个例外
E. 一种暗示

参考答案：C

第67～73行中频繁出现的副词"both"已经表明作者是将"a salt marsh or a forest"（前文"a city is an ecosystem, much as a salt marsh or a forest is"已有提到）相比较，"powerful metaphor"说明这是在比较程度上比起第一种描述更进一步。

题干 23. 在第74～81行里对限制的讨论指出

A. 城市有改变和发展的能力
B. 城市总是比它们本身所需要的大
C. 城市为了能够生存必须自我调节
D. 人类征服自然的努力趋于失败
E. 自然原则对人们的努力产生巨大影响

参考答案：E

原句提到“our cities are like every other natural system in that at bottom，they operate according to a few well-defined laws of nature/ 我们的城市实际上也像其他自然系统一样，要遵循一定明确的自然法则来运转”，E 选项自然原则所产生的影响肯定了法则对于城市的影响，故选项 E 正确。A 选项城市的能力、B 选项城市的大小、C 选项城市的生存和 D 选项人类征服自然均未在文中提及。

题干 24. 最后一段主要是为了

A. 再声明困境的元素
B. 概括作者的论据
C. 加强情感的影响
D. 为进一步的研究提供一个焦点
E. 强调作者的立场

参考答案：E

前文中“It seems to me that we should begin our discussion of cities by recognizing that they aren't unnatural”及“our cities are like every other natural system in that at bottom...”，作者认为城市是自然的，城市与其他的自然系统是一样的。文章末段主要说明城市是自然的以及我们能像研究其他自然系统一样研究它，是对作者观点的重申和总结，故判断选项 E 正确。

阅读译文 7

阅读下面的文章，回答问题 7 ～ 19。

这篇文章节选自 19 世纪早期的一篇小说，表现的是两个主人公：Shirley Keeldar 和 Sympson 先生。Shirley Keeldar 是一位 21 岁的年轻女子，继承了一大笔遗产和英格兰约克郡的一大片土地。Sympson 先生是她的舅舅，同时也是她直至成年之前的监护人。

Keeldar 小姐和她舅舅的个性格格不入，从来没有相合过。他暴躁易怒，她活泼刚烈；他专制，她崇尚自由；他世故，她，也许可以说，浪漫。

他来约克郡不是没有目的的，他的使命很明确而且他打算认真地履行它：他急切地想要把他的外甥女嫁出去，给她找到相配的结婚对象；把她交到她丈夫手里，然后永不再插手她的生活。

不幸的是，从婴儿时期开始，Shirley 和他对“相配”和“合适”的理解并不一致。她从来没有接受过他的观点。对于人生中最重要的一步，她是否乐于接受仍然是个疑问。

考验很快就来了。

Wynne 先生告诉 Sympson 先生，他们家族希望能为他的儿子 Samuel Fawthrop Wynne 和 Keeldar 小姐安排一桩婚事。

“绝对相配！非常适合！” Sympson 先生表态说。“一座自己的庄园；真正富裕；良好的社会关系。这桩婚事必须进行！”

他请他的外甥女到橡木客厅，关上门单独与她待在里面。他向她传达这个提议，给出自己的意见并征求她的同意。

提议被制止了。

“不，我不会嫁给 Samuel Fawthrop Wynne。”

“为什么？ 我必须知道理由。他在各个方面都足以配得上你。”

她站在炉边，脸色像她身后的大理石石板和屋檐一样苍白。她瞪大双眼，板着脸。

“我想知道那个年轻男人有什么配得上我？”

“他的财产是你的两倍，阅历是你的两倍，社会背景相当，社会地位相当。”

“即使他的财产是我的五倍，我也不会爱上他的。”

“请说明你反对的理由。”

“他品行卑劣，肆意挥霍。把这当做我拒绝他的第一个理由。”

“Keeldar 小姐，你太让我吃惊了！”

“这种行为就足以让他陷入卑劣的深渊中。他的智慧达不到令我尊重的标准，这是第二个绊脚石。他的目光狭隘，感觉愚钝，他的品位粗糙，举止粗俗。”

“这名男子是一位受人尊敬的富人。你拒绝他是很无理的。”

“明说了，我拒绝！不要再用这个问题来烦扰我，我不允许。”

“你真的是有意愿结婚么？还是宁愿单身？”

“我认为你无权知道答案。”

“那我可否问一下，你是不是期望一个有爵位的人——某些地方的贵族请求跟你结婚？”

“我怀疑我同意嫁的那个贵族是不是还活着。”

“如果我们家族有精神病史的话，我想你一定疯了。你的古怪和自负已经触及疯狂的边缘了。”

“或许，之后你会看到我比那还严重。”

“我预计不会轻。疯狂和不切实际的姑娘！接受我的警告！我谅你不敢肆意联姻玷污家族声誉。”

“我们家族！我是叫 Sympson 吗？”

“感谢上帝你不是！但是你最好谨慎点！我不是可以被玩弄的人。”

“如果我的意愿让我做出你不赞同的决定，你到底要做什么，又能做什么呢？”

“你小心点儿，你小心点儿！”（警告时的声音和手都在颤抖）

“为什么？你有什么权力控制我？我为什么要怕你？”

“小心点儿，女士！”

“我会特别小心的，Sympson 先生。在我结婚之前，我决心去尊重——去仰慕——去爱。”

“愚蠢的家伙！不成体统！一点儿女人样也没有！”

“全身心地去爱。我知道你根本听不懂我所说的，但是你懂不懂我并不在意。”

“如果你的这种爱降临在一个乞丐身上呢？”

“绝不会落在乞丐身上。乞讨行为是让人看不起的。”

“要是落在一个小职员、演员、剧作家，或是——或是——”

“大胆地说出来吧，Sympson 先生！或是什么人？”

“任何一个文学二流子，穷酸、发牢骚的艺术家都可以吗？”

“我对二流的、穷酸的、发牢骚的不感兴趣，但是对于文学和艺术，我很有兴趣。我在想你的 Fawthrop Wynne 先生如何能配得上我？他写一个便条都会有拼写错误；他只会读体育报纸；他是 Stilbro 文法学校最差的学生。”

“这是女士该说的话么！她将来会有什么结局？”他举起双手对着上天说。

“反正不会和 Sam Wynne 结婚。”

“她会有什么结局？为什么没有一种严厉的法律能让我强迫她理智点呢？”

“您可以这样自我安慰，舅舅！即使英国是农奴制社会，你是专制的君主，也别想逼我走那一步。我会写信给 Wynne 先生。这件事你就别操心了。”

题干 7. 对文章的情节最好的描述是

A. 一个温暖的家庭关系所受的挫折

B. 一个年轻的、有野心的妇人的失落

C. 两个不可调和的人之间的矛盾

D. 两个目标相似的人之间的合作

E. 在一个大家庭中，关于团结的必要性的对话

参考答案：C

文章集中笔墨描写了矛盾重重的 Sherley 和她舅舅之间的争吵，从文章的首句“Miss Keeldar and her uncle had characters that would not harmonize，— that never had harmonized.”可看出，“Miss Keeldar ”和她的舅舅是两个性格完全不一样的人。根据文意可直接判断选项 C 正确。A 选项中温暖的家庭关系不符合描述，也并未出现所谓的挫折；B 选项只提到了两位主人公的一位，不够全面；D 选项错在文中的二人在结婚问题上的目标相距甚远，也不存在合作；E 选项中的大家庭违背了文章的前提——只有 Shirley 和她的舅舅 Sympson，他们争吵的话题是结婚而不是团结。

题干 8. 在语篇中，第 3 ～ 5 行中的对比描述中，暗示了 Keeldar 是一个“也许可以说浪漫的”（“perhaps, romantic”）人，因为她

A. 对其他人来说，具有吸引力和神秘性

B. 过分关注找一个好丈夫

C. 对生活有着激情和非传统的观念

D. 更喜欢读爱情书和爱情诗

E. 是想象奇特的故事情节的主人公

参考答案：C

第 3 ～ 5 行中将 Keeldar 小姐与她的舅舅 Sympson 先生进行对比，凸显他们二人之间思想观念的巨大差异。文章对 Sympson 先生的描述“irritable/ 暴躁、despotic/ 专制、worldly/ 世故”，由于他们的性格完全不一样，可以得知 Keelder 小姐一定是不世俗的，有着非传统观念的，故选项 C 正确。其他选项均不符合文意。

题干 9. 文章中第 8 ～ 11 行，“他急切地……”（“he anxiously... ever”）表明 Sympson 先生最初的动机是

A. 期盼他和外甥女能共同合作一个项目

B. 希望帮助他外甥女认识到自己狂野的目标

C. 对家族没落的名誉感到忧虑

D. 对他外甥女有限的机会感到挫败

E. 渴望自己摆脱所谓的家族责任

解析

参考答案：E

此题可采用排除法：上一句提到这是 Sympson 先生的“使命”而非其主动意愿，据此可排除 A、B；文中没有提到家族没落的名誉，排除 C；他外甥女的机会是否有限也未提及，排除 D；选项 E 非常符合“使命”，并且一旦外甥女结婚后他就退出她的生活，这更符合任务、责任。

题干 10. Sympson 先生在第 22 ～ 23 行中的评价“一座……社会关系”（“A fine... connections”）表明婚姻满足以下条件时是相配的：

A. 双方情投意合

B. 承诺为社区服务

C. 所有的家人同意

D. 要有正式的仪式和庆祝

E. 能提升社会地位及带来金钱利益

参考答案：E

原文中提到“A fine unencumbered estate; real substance; good connections”，表明了在 Sympson 先生看来，稳定的财产及良好的社会关系就能促成婚姻。下文 Sympson 先生向 Keeldar 小姐解释时说的理由“He has twice your money, —twice your common sense; —equal connections, —equal respectability/ 他的财产是你的两倍，阅历是你的两倍，社会背景相当，社会地位相当”，由此可以看出，他衡量婚姻是否合适的标准就是财产、阅历、社会背景及社会地位，故选项 E 正确。其他选项均不符合文意。

题干 11. Keeldar 小姐一开始拒绝 Wynne 先生的理由（第 41 ～ 43 行）是他

A. 在鲁莽的没有品味的追求上浪费时间
B. 对他的行为造成的损害并不感到羞愧
C. 对其他人不尊重
D. 在财政方面依靠家人
E. 缺少艺术家的想象力和敏感度

参考答案：A

原句 “His views are narrow; his feelings are blunt; his tastes are coarse; his manners vulgar” 指出 Wynne 先生目光狭隘，感觉愚钝，品味粗俗，举止粗鲁，这些都是个人修养和品味方面的评价，故可直接判断选项 A 正确。

题干 12. Keeldar 小姐通过做下列哪件事来回应第 54 ～ 55 行提出的问题？

A. 否认她私自约会的事实
B. 对她一定要回答问题的必须性提出挑战
C. 指出问题中隐含的夸张成分
D. 与她之前声称的完全独立自相矛盾
E. 声称她有权利不结婚

参考答案：B

原文提到，当 Sympson 先生问 “Is it your intention ever to marry, or do you prefer celibacy/ 你真的是有意愿结婚么？还是宁愿单身”，Keeldar 小姐的回应是 “I deny your right to claim an answer to that question/ 我认为你无权知道答案”，可看出 Keeldar 小姐拒绝回答提问，对问题进行回复的必须性提出挑战，故选项 B 正确。

题干 13. 文章作为整体表明第 70 ～ 71 行（“But be ... with”）所隐含的威胁是

A. 难以置信的，因为 Keeldar 小姐比 Sympson 更加有才
B. 严肃的，因为 Keeldar 小姐的决定必须经过 Sympson 先生的同意
C. 带有误导性的，因为 Sympson 先生只是天真地关注 Keeldar 小姐的幸福
D. 没有根据的，因为 Sympson 先生对 Keeldar 小姐不能真正地控制
E. 荒诞的，因为 Keeldar 小姐试图威胁 Sympson 先生

参考答案：D

Sympson 先生说出这句话是受到了 Keeldar 小姐会与一位他认为使家族蒙羞的男士

结婚这一可能性的激怒，而不是由于 Keeldar 小姐更有才，A 选项错误；从全文来看，Keeldar 小姐与 Sympson 先生的矛盾不可调和，Keeldar 小姐不会遵从她舅舅的婚姻观念和择偶条件，因此也不会理会 Sympson 先生是否同意，B 选项错误；Sympson 先生急切地想要把外甥女嫁出去，并不是出于对她终生幸福的考量，而更多的是出于家族使命的责任感，C 选项错误；Keeldar 小姐是否通知 Sympson 先生并不是他愤怒的原因，E 选项错误；Keeldar 小姐继承了大笔遗产，经济独立，崇尚自由，且个性独立倔强，虽然 Sympson 先生想要迫使她按照自己的想法结婚，但显然遭到了激烈的抵抗，因此他的这句威胁只是一时气话，并不具有实际威慑力。

题干 14. 第 80 ～ 82 行（“Scrupulous ... love”），Keeldar 小姐通过什么方式曲解了 Sympson 先生的警告？

A. 故意误解他的意思
B. 轻蔑地指责他
C. 天真地愚弄他说话的口气
D. 惋惜他不能理解她
E. 为她之前感性的行为辩护

参考答案：A

Sympson 先生警告 Keeldar 小姐“小心点”，而她的回应是“Scrupulous care I will take，Mr. Sympson. Before I marry，I am resolved to esteem—to admire—to love/ 我会特别小心的，Sympson 先生。在我结婚之前，我决心去尊重——去仰慕——去爱”，显然 Keeldar 小姐与 Sympson 先生对待婚姻的态度是不一样的，因此这句话是故意误解，并以此来气 Sympson 先生。

题干 15. Keeldar 小姐使用了短语“unknown tongue ”（第 85 行）来表明 Sympson 先生

A. 不相信任何新鲜的事物和不熟悉的事物
B. 忽视了 Wynne 先生的社会地位
C. 倾向含糊不清地说话
D. 无法理解她的观点
E. 不愿意承认家庭的错误

参考答案：D

原句“To love with my whole heart. I know I speak in an unknown tongue; but I feel indifferent whether I am comprehended or not/ 全身心地去爱。我知道你根本听不懂我所说的，但是你懂不懂我并不在意”，Keeldar 小姐使用了“unknown tougue”，这里显然不是指 Sympson 不知道这种语言或事物，而是指 Sympson 先生和 Keeldar 小姐之间巨大的观念差异导致他无法理解她的想法，因此可排除选项 A、C；这里也未提到社会地位和错误，因此选项 B、E 是无关项，也可排除。

题干 16. Sympon 先生在第 100 行（“To ... come”）提出的问题是

A. 警告财产流失
B. 对凄惨的未来的估计
C. 承认自己的解脱
D. 对出其不意的转变的辩解
E. 痛斥传统的生活方式

解析

参考答案：B

此题可采用排除法：文中未涉及财产流失、出其不意的转变，因此可直接排除选项 A、D；Sympson 先生对于外甥女未来的发展感到十分担忧，因此不能觉得解脱，选项 C 错误；Sympson 先生从始至终都是传统生活方式的捍卫者，他不可能毫无征兆地痛斥传统的生活方式，因此选项 E 错误；Sympson 先生激烈劝说外甥女按照传统观念结婚未果，并且也无力控制她、强迫她遵循，他感到愤怒与无奈，只能感慨地估计她凄惨的未来。

题干 17. Keeldar 小姐对第 100 行（“To ... come”）的问题的回答体现了该问题似乎是

A. 要求无理，无须解释
B. 迎合了她公平竞争的精神
C. 询问她未来的计划
D. 道德上标准不一
E . 试图去理解她的家史

参考答案：C

文中，Sympson 舅舅用“Unladylike language! To what will she come?”的语言来表达他的感慨：这个女孩将会变成什么样子啊，将来会有怎样的结果啊。这番感慨并非针对 Keelar 小姐是否会与 Wynne 先生结婚一事。而 Keeldar 小姐听到这句话后的回应则是“Never to the altar with Sam Wynne.”——反正不会和 Sam Wynne 结婚。这一回应则将话题拉回到了 Keelar 小姐的婚事上面来，显得 Sympson 舅舅的问题好似是在针对她未来的计划一样。

altar 一词的本意是 a holy table in a church or temple（教堂或庙宇中的圣坛）。基督徒结婚的仪式是要在教堂的圣坛前举办的，所以这里所表达的含义就是“绝对不会跟 Sam Wynne 去教堂里办婚礼”，即“不会和 Sam Wynne 结婚”。

题干 18. Keeldar 小姐对 Sympson 先生的评论说明她认为“爱”是

A. 长期相处的自然结果
B. 婚姻满意的先决条件
C. 一位独立的女性生活中非常渴望的东西
D. 成婚偶然带来的运气
E. 可能无益的精神错觉

参考答案：B

Keeldar 小姐在文中第 80 ～ 82 行表达了自己对于婚姻及爱的看法“Before I marry, I am resolved to esteem—to admire—to love.”（在我结婚之前，我决心去尊重——去仰慕——去爱）。由此可见 Keeldar 小姐认为“爱”是一桩满意的婚事中必不可少的要素，即婚姻满意的先决条件。此外，在文中第 83 ～ 99 行都是 Sympson 舅舅和 Keeldar 小姐在讨论她会爱上什么人，进而嫁给什么人。所以由此可知 Keeldar 小姐认为婚姻中是不能没有爱情的。

题干 19. Keeldar 小姐和 Sympson 先生最可能达成共识的是

A. 她须嫁给一个贵族

B. 受到 Wynne 家族的垂青，她应为之骄傲

C. 她婚前应更加成熟一些

D. 她绝不能违背自己内心最深处的信念

E. 她不应嫁给一个穷困卑微的人

参考答案：E

文中第 93 行 Sympson 舅舅问 Keeldar 小姐是否会考虑嫁给“any literary scrub, or shabby, whining artist”（任何一个文学二流子，穷酸、发牢骚的艺术家）。Sympson 舅舅这里的语气明显是“这样的人你不会也觉得是可以委托终身的吧？”说明 Sympson 舅舅认为这些人并不是合格的夫婿候选人。这时，Keeldar 小姐的回答是“For the scrubby, shabby, whining, I have no taste”（我对二流的、穷酸的、发牢骚的人不感兴趣）；这说明，同样的，对于这些人她也不予以考虑。所以他们都认为贫穷且不入流的人是不适宜的。这一点就是他们两个人达成共识的地方。

SAT OG TEST 2（2007 年 1 月真题）

阅读译文 1

阅读下面文章，回答问题 9 ～ 12。

文章一

地球到底有多拥挤？地球上当然有了无人烟之地。几乎所有飞机掠过的地方都可以看到大面积无人聚居区域。城市只覆盖了地球很小的一部分。事实上，我们观察一下世界人口和陆地面积的比例便可发现，世界人口原来如此稀少。一位知名的经济学家日前针对地球人口问题提出假设，如果将 60 亿人口全部放在得克萨斯州会怎样。结论是：每个人都会拥有相当于一个普通美国家庭房屋面积大的地方。他还进一步提出美国部分城市足以容纳整个世界的人口。

文章二

每平方米人口数决定人口压力大小的观点尽管流传甚广，但却掩盖不了其本身错误的事实。判断人口过剩的关键不是看指定空间内可容纳人口数，而是地球能否满足全部人口长期对于食物、水和其他资源的需求。举例来说，美国大部分的“空”地，或种植维持生存基本食物，或供给原材料。一些国家及地区的人口之所以能够如此密集，正是因为其他区域的人口稀少。

题干 9. 文章二中作者最有可能因为下列哪项批判文章一的作者？

A. 用错误的数据支撑一个错误的结论

B. 过分夸大全球性问题的严峻性

C. 提倡一系列可能具有破坏性的措施

D. 在考虑问题时关注错误因素

E. 任由个人偏见介入科学探索

解析

参考答案：D

文章二中作者认为“The key issue in judging overpopulation ... water，and other resources./

判断人口过剩的关键不是看指定空间内可容纳人口数，而是地球能否满足全部人口长期对于食物、水和其他资源的需求”。但文章一的作者却认为“Indeed, when we look at ... the world is./ 事实上，我们观察一下世界人口和陆地面积的比例便可发现，世界人口原来如此稀少”，由此可看出文章一的作者在考虑问题时关注的是错误的因素，这正是文章二作者所批判的地方，故选项 D 正确。

题干 10. 文章二中第一句话的语调是

A. 留念的，伤感的
B. 惊慌的
C. 强调的，不容置疑的
D. 矛盾的
E. 抱歉的

参考答案：C

这道题关键是要明白各个选项单词的含义。选项 A“wistful”是“留恋的，伤感的”意思；选项 B“dismayed”是“害怕的，惊慌的”意思；选项 C“emphatic”是“强调的，不容置疑的”意思；选项 D“ambivalent”是“矛盾的”意思；选项 E“apologetic”是“抱歉的”意思。文章二的首句是对文章一的批判，故可直接判断选项 C 贴切文意。

题干 11. 从第 19 行中引号的使用可以看出文章二的作者想要

A. 批判文章一中对于问题本质的夸大
B. 对于文章一中没有承认人口形态变化而提出异议
C. 反对文章一中对于一些地区特征的描述
D. 赞同文章一中对于预期问题的解决办法
E. 赞同文章一中简短提到的特殊理论

参考答案：C

原句“Most of the ‘empty’ land in the ...with raw materials.”,“empty”修饰的是“land”，五个选项中只有选项 C 的“regions”与“land”意思相近，故可直接判断选项 C 正确。同时根据文意，可以看出文章二的作者对“empty”加上引号，实际表示反语，反对文章一的作者对这些地区特征的错误描述，虽然这些地方看起来没有人居住，是“空”的，但实际上这些地方“或种植维持生存基本食物，或供给原材料”，已经被充分利用，并不是空置无用的。

题干 12. 两位作者一致赞同的观点是

A. 地球上有大面积无人聚居区域
B. 全球人口的估计数字不可靠
C. 技术正在使空旷地区变成高产土地

D. 所有科学家都意识到人口过剩带来的危机

E. 地球人口超出资源的供应能力

参考答案：A

文章一作者开门见山："Certainly the world is filled with empty places"。根据第 11 题的解析，尽管文章二作者对无人聚居区域的看法与文章一有所不同，但他也同样承认地球上存在大面积无人聚居区域。

阅读译文 2

阅读下面文章，回答问题 13 ～ 25。

这篇文章节选自一部出版于 1970 年的小说。在文章开头处，四个人正看着地图，为一次独木舟之旅做准备。

它慢慢地展开，露出自己的颜色，每当我们中有谁稍一松手，它就会迅速地卷回去。整幅地图卷得太紧，我们用四个啤酒杯压住它的四角，才看到河流穿过北面 150 公里处的群山，流向我们。Lewis 用铅笔在绿色逐渐消失、地势渐高的地方画下了一个重重的小 X，然后他拿着笔继续往河流下游方向移动——从东北到西南穿过地图上画的树林。我盯着他的手而不是地图，他的手好像对这片区域有魔力似的。当 Lewis 停下手来进行讲解，仿佛所有的河流都停止流淌，静静地等待着完成讲解。铅笔掉过头来，做出用橡皮画出一片大约长五十公里区域的样子，那里的河流纵横交错。

"当他们再次进行调查并修改地图时，" Lewis 说，"这所有的一切就会是蓝色的。Aintry 的大坝已经启动修建，明年春天竣工的时候，河流水位便会迅速上升。整个山谷将会在水平面以下。但现在这里仍旧维持着原始状态，看上去很像阿拉斯加。在这一切被房地产商改变成他们的天堂以前，我们真的应该去那里看看。"

我向前屈身，全神贯注地想象着他所描绘的虚拟场景，想象着那里即将发生的改变——夜里大坝的水上涨，在它随意选择的地点形成一个全新的湖泊，那里有优良的土地，停船的码头和啤酒罐。我还努力构想着 Lewis 所描绘的当下那个维持着原貌的地方。我有意呼吸了一下；我的身体，尤其是背部和胳膊好像是准备好配合我做这个动作。我环顾整个酒吧，最后视线回到地图上，盯着我们将要游览的那条河流，它沿着地图的西南方渐渐变白。

"是意味着这里更高吗？" 我问。

"是的，" Lewis 一边说一遍快速地看了我一眼，确认我是不是知道他对我很耐心。

我想，他要把这个转化成一些东西。一堂课，一种道德品行，一个生活原则，一种生存方式。

尽管他所说的只是“它一定会流过一个峡谷或者其他地方”，“但我们可以很轻易地在一天之内穿过它。水流应该很利于我们穿行，尤其是在这段。”

我并不是很清楚他所谓的河水“有利”意味着什么，但是如果Lewis说好的话，那一定是它符合了某些明确的标准。他判断事物的标准很自我，主要是他喜欢的方面。他尤其喜欢从事一些极其专业且困难的运动形式——通常是他可以独自完成的运动——并慢慢形成一套独具个人特色的方法，就此他会详细说明。我和他一起钓鱼、射箭、举重、洞穴探险时都是如此。对这所有的项目他都有自己的秘诀。现在是划独木舟。我坐下来，不再去看地图。

Bobby Trippe在我的对面。他有着光滑、稀疏的头发和粉色的皮肤。围桌而坐的这群人中，我最不熟悉的便是他，即便如此我却非常喜欢他。他总是友好地挖苦人，让我觉得他与我的一些看法不谋而合，比如我们都没把Lewis看得很重要。

“有人告诉我这正是中产阶级时不时会感兴趣的事情，”Bobby说道。“但是他们中的大多数人只是躺下，然后等这种兴致消失。”

“他们中的大多数人在考虑起身时，便已经躺在了坟墓里，”Lewis说道。

题干 13. 第1～5行（“It unrolled ... north”）中，地图被描述成好像是

A. 无价的，非常昂贵的

B. 有生命的

C. 神秘的，隐藏的

D. 陈旧的

E. 错误的

解析

参考答案：B

这道题考词汇，关键是要知道各个选项的意思。选项A“invaluable”是“无价的，非常昂贵的”意思；选项B“animate”是“有生命的”意思；选项C“cryptic”是“神秘的，隐藏的”意思；选项D“antiquated”是“陈旧的”意思；选项E“erroneous”是“错误的”意思。首句“It unrolled slowly, forced to show its colors, curling and snapping back whenever one of us turned loose”，作者将地图描绘成自己会伸缩，会展示，显然作者把地图描绘成有生命的，故可判断选项B正确。

题干 14. 第9～14行（“I watched ... made”）主要作用是

A. 重述一件轶事

B. 举一个例子

C. 记录一个想象

D. 做一个预测

E. 进一步推进一个理论

参考答案：C

原文“and when it stopped for Lewis' voice ...let the point be made.”描绘了当Lewis停下来讲解，仿佛所有的河流都停止流淌，静静地等待着被做上标记，这明显是作者的想象，

故选项 C 正确。

题干 15. 第 9 ～ 14 行中（“I watched ... made”），叙述者表明 Lewis 的手是

A. 灵巧的
B. 软弱无力的
C. 有弹性的
D. 无所不能的
E. 富于表现力的

参考答案：D

这道题考词汇，关键是要知道各个选项的意思。选项 A “deft” 是 “灵巧的” 意思；选项 B “languid” 是 “软弱无力的” 意思；选项 C “resilient” 是 “有弹性的” 意思；选项 D “omnipotent” 是 “无所不能的” 意思；选项 E “expressive” 是 “富于表现力的” 意思。原文 “...for it seemed to have power over the terrain...”，描绘出了作者仿佛觉得 Lewis 的手是有魔力的，当他的手停下来，所有的河流都停止流淌，静静地等待着被做上标记，故可判定选项 D 正确。

题干 16. 第 13 行中，“hanging” 的意思最接近于

A. 流动的
B. 下垂的
C. 倾斜的
D. 未完成的
E. 暂停的

参考答案：E

作者提到，“当 Lewis 停下来讲解，仿佛所有的河流都停止流淌，静静地等待着被做上标记”，由此可以判断 “hanging” 是 “暂停的” 意思。此类题最简捷的解题方法就是联系上下文，将每个选项中的词与文中的目标词替换，在语法没有错误的情况下能保持句子通顺的则为正确答案。

题干 17. 第 22 行中，“阿拉斯加”（“Alaska”）是用来举例说明一个怎样的地方？

A. 遥远的
B. 巨大的
C. 景色优美的
D. 寒冷的
E. 未开发的

参考答案：E

文中 “This whole valley will be ...” 表明当水坝建好后，这里的整个山谷将被淹没在水下，但现在水坝还没修好，故还保持着原始状态，作者举阿拉斯加的例子便是更好地说明这种原始状态，因此可以反推出阿拉斯加是 “undeveloped”，未开发的。

题干 18. Lewis 对于“房地产商”(“real estate people”)(第 23 行)的态度是

A. 蔑视的　　B. 嫉妒的

C. 狂怒的　　D. 迷惑的

E. 令人感兴趣的，好奇的

参考答案：A

根据原文“We really ought to go up there before the real estate people get hold of it and make it over into one of their heavens”的描述，可直接排除选项 B、D、E。仔细辨析，作者认为改变后的是房地产商眼中的天堂，特意强调了“他们（指房地产商）眼中”，说明作者并不认为是天堂，由此可以看出作者对其是“蔑视”的态度。

题干 19. Lewis 使用的“heavens”(第 24 行)一词涵盖的意义是

A. 赞赏的　　B. 欺骗的

C. 试探性的，踌躇的　　D. 自卫的

E. 讽刺的

参考答案：E

根据上一题的解析，作者用讽刺的语气表达对开发商的蔑视，故正确答案为 E。

题干 20. 第 25 ~ 30 行(“I leaned ... free”)中，对于 Lewis 的建议，叙述者的反应是

A. 构想一系列不现实的事情　　B. 想象两种截然不同的情形

C. 考虑一个问题及所推荐的解决办法　　D. 衡量一系列行动的利弊

E. 反思过去对于未来的影响

参考答案：B

原文“I leaned forward and concentrated down into the invisible shape he had drawn，trying to see the changes that would come”描述的是作者想象着大坝修好前后两种截然不同的情形，故可直接判断选项 B 正确。

题干 21. 叙述者提到他的“back and arms”(第 32 行)主要作用是

A. 表明一种生理上的预感　　B. 强调对其运动细胞的不自信

C. 表明一种强烈的不舒适感　　D. 表达其对自己外表的自信

E. 强调他在之前力量竞赛中的优异表现

参考答案：A

作者想象着大坝修好后的情形，思维跟着 Lewis 的描述及地图的描绘走，根据文意，可直接判断选项 B、C、D、E 不正确。

题干 22. 第 34 行中，“picking up” 最接近的意思是

A. 定位　　B. 获得

C. 学习　　D. 声称

E. 收集

参考答案：A

作者环顾四周后视线重新回到地图上，定位到那条将要游览的河流上，选项 B、C、D、E 明显与文意不符。

题干 23. 第 39 ～ 40 行中（“Ah...Way”），叙述者表示 Lewis 有时是

A. 异想天开的　　B. 无情的，麻木的

C. 玩忽职守的，疏忽的　　D. 说教的

E. 冲动的，鲁莽的

参考答案：D

这道题考查词汇。选项 A “whimsical” 是 “异想天开的” 意思；选项 B “callous” 是 “无情的,麻木的” 意思；选项 C “remiss” 是 “疏忽的,玩忽职守的” 意思；选项 D “didactic” 是 “说教的，教导的，教训的” 意思；选项 E “impetuous” 是 “冲动的，鲁莽的” 意思。原文 ““Ah, he’s going to turn this into something, I thought. A lesson. A moral. A life principle. A Way”，“A lesson. A moral. A life principle” 都是与教育有关的，故可直接判断选项 D 正确。

题干 24. 第 46 ～ 54 行（“The way... mystiques”）中的叙述部分表明 Lewis 喜欢的运动

A. 不需要特殊器械　　B. 本身具有竞赛性

C. 为个人发挥留有空间　　D. 要求力量但不注重技巧

E. 对初学者来说基本没有风险

参考答案：C

原文 “and evolve a personal approach to it which he could then expound” 已经暗示了

Lewis 的运动都有个人发挥的空间，故可以直接判断选项 C 正确。另外也可以用排除法来解答此题。Lewis 喜欢的运动有钓鱼、射箭、举重、洞穴探险等，这些都需要一些器械和装备，故选项 A 不正确；洞穴探险本身具备的竞赛性不强，故选项 B 不正确；显然这些运动都需要一定的技巧，故选项 D 不正确；洞穴探险是具有风险性的，故选项 E 不正确。

题干 25. 根据上下文，第 63 ～ 66 行（“They ... passes”）中 Bobby 的回答可以最准确地描述为

A. 明确的批评
B. 带有掩饰的恶意
C. 冷幽默[①]
D. 坦白的承认
E. 基于事实的观察

参考答案：C

这道题比较容易，这是 Bobby 在幽默地讽刺中产阶级。

阅读译文 3

阅读下面文章，回答问题 6 ～ 7。

确切地讲，运动是通过持续的、集体的努力推动基本的社会改革。这是一项集体事业，不能单凭个人力量来完成。无论其中包含多少个派别，都共享一个基本目标。20 世纪 60 年代黑人争取自由的运动就是一个例子，其目标是转变美籍黑人在美国的根本地位。黑人作家和艺术家是运动中的主力军，他们试图改变黑人在文学和艺术作品中的形象。

题干 6. 文章首句（“Properly speaking ... reform”）的主要作用是

A. 提出有争议的观点
B. 质疑某个过程的成效
C. 举例说明一个抽象的概念
D. 为一个术语下定义
E. 提出一个难题的解决办法

参考答案：D

首先找出原文相应的句子“Properly speaking, a movement is a continuous, collective effort to bring about fundamental social reform”，主句为“a movement is a reform”，显然首句是对“movement”下定义，故选项 D 正确。

① “冷幽默”一词说的是那种能带来微妙的愉悦或是引发一丝“干涩”笑容的笑话，而不是让听的人笑得直打滚的笑话；这种笑话非常注意节奏，注重语言而不是形体表达，并且含而不露。

题干 7. 文章中表明黑人作家和艺术家对这次争取自由的运动起着至关重要的作用，原因在于他们

A. 为美国黑人争取艺术言论的自由

B. 尝试改变黑人在艺术作品中的形象

C. 创造强有力的带有反抗性的艺术作品，从而为黑人运动提供资料文献

D. 是一个反对过度个人主义的具有凝聚力的组织

E. 描述一系列确保社会公正的行动

参考答案：B

原文“And Black writers ... portrayed in literature and the arts.”的主句为“And Black writers and artists sought to transform the manner”，“transform”的意思为“改变”，五个选项中只有选项 B“alter”的意思与之相近，故可直接判断选项 B 正确。

阅读译文 4

阅读下面文章，回答问题 8 ～ 9。

作为一个俚语单词，“cool”被广泛应用的时间远远长于大部分同类词语。俚语的一个主要特点就是其词汇是不断更新的：俚语感觉起来要更像俚语，便不得不需要具备新鲜感。许多意义同于“cool”的俚语，诸如“groovy”、“hep”、“far-out”、“rad”和“tubular”并没有“cool”一样强的生命力。一般来说，并没有什么内在原因来解释为什么一个单词被保留下来而其他的逐渐被冷落甚至消失在语言历史上。但一些时尚俚语词汇几乎很难存在得长久。裁决委员会仍旧在热议“def”和“phat”能够存活多久。

题干 8. 文章的主要目的是

A. 解决一个紧迫的问题

B. 给一个不同寻常的词组下定义

C. 指出一个术语的耐用性

D. 反对语言的一种特殊用法

E. 挑战一个语言学理论

解析

参考答案：C

文章首句“As a slang word, ‘cool’ has stayed cool far longer than most such words.”为主旨句，指出了“cool”这个俚语一直被广泛应用，五个选项中只有选项 C 的“durability”代表了“耐久性”的意思，故可直接判断选项 C 正确。另外“cool”是一个措词、术语而不是问题、词组、语言及理论，可直接判断选项 A、B、D、E 错误。

 9. 在第 11 行中，“fashion designs”用作代表哪一类事物？

A. 煽动性的　　B. 短暂的

C. 自命不凡的　　D. 神秘的，难解的

E. 异国风情的

解析

参考答案：B

此题主要考词汇，要明白各个选项的意思，不然很难作答。选项 A“provocative ”是“挑衅性的，煽动性的”意思；选项 B“ephemera ”是“短暂的”意思；选项 C“pretentious”是“自命不凡的，自负的”意思；选项 D“esoteric ”是“秘密的，深奥的”意思；选项 E“exotic ”是“外来的，异国风情的”意思。文中指出“like fashion designs, are rarely ‘in’ for long”，“rarely”意思为“难得地”，“for long”意思为“长久”，可看出选项 B“ephemera ”，“短暂的”是“are rarely ‘in’ for long”的同义替换。

阅读译文 5

阅读下面文章，回答问题 10 ～ 15。

这篇文章改编自 1995 年出版的一本关于天文学的书。

除了月球、偶尔出现的彗星和小行星，金星基本上是距离我们最近的星球。它的轨道使其比其他任何星球都距离地球更近——在一些特定时期只有 2 600 万公里。除了如此临近，在相当长一段时间内，它都被称作“神秘星球”。这是由于其大气层如此稠密、云层密布以至于长期难以看见金星的表面。

人们第一次想更多地了解金星的尝试，是通过分谱学方法分析其上层大气。在体积和质量上，金星几乎是和地球一样的。它的重力只比地球稍微轻一点，所以按照逻辑来说它的大气层应该和地球一样，但实际上却不是这样的。科学家们发现金星大气层的主要成分是二氧化碳。因为这是一种很重的气体，势必会下沉，所以我们可以很合理地认为由二氧化碳构成的大气层下沉至地面水平。二氧化碳扮演着温室的角色，聚集太阳的热量，所以我们可以得出结论，金星可能是一个炙热的世界。

然而，仁者见仁，智者见智。根据一种理论，云层中含有大量的水分。该理论甚至声称金星表面大面积被海洋覆盖，那么大气中的二氧化碳就会污染海水，从而制造出一片苏打水的海洋。另一复杂的理论把金星比作两亿多年前的地球。可能会有沼泽、大量的蕨类和马尾类植物及原始的物种，例如身形巨大的蜻蜓。如果事实如此，那么金星很有可能同地球进化的方式一致。

1962 年，美国探测器水手 2 号在距离金星小于 22 000 公里的地方绕过金星，为我们提供了第一手信息，证实其地表是极其炎热的；我们现在知道金星最高温度大约是 500 摄

氏度。大气层基本是由纯二氧化碳构成。那些光亮的云层富含硫酸。于是，我们不得不放弃一切关于金星是一个舒适的海洋星球的观点。1975 年，俄罗斯自动着陆装置金星 9 号登上了金星，并发送回直接从其表面拍摄的图片。图片上的金星表面环境极其恶劣——坚如磐石，炙热无比。随后的探测确认事实的确如此。

为何金星如此不同于地球呢？原因只能是其距离太阳更近。太阳系早些时候，太阳并没有像现在一样炙热，金星和地球是沿着同一条轨迹演化的。但随着太阳的力量更加强大，整个情况也随之改变。位于 9 300 万公里外的地球，恰恰远离了来自太阳的伤害。而距离太阳 6 700 万公里的金星则不是这样。海洋中的水蒸发了，岩石中的碳酸盐被蒸发出来。在宇宙范围内的一个较短时期里，金星从一个有潜力孕育生命的星球变成了今天的地狱。

题干 10. 这篇文章的主要目的是

A. 批评在探究神秘课题时缺乏研究
B. 推测另一个世界的生命
C. 为一个极具说服力理论的瓦解而惋惜
D. 说明行星研究的准则
E. 讨论尝试去理解天文学的奥秘

参考答案：E

关于文章主旨的题目，要注意阅读文章的第一段和每段的第一句话。文中开头指出在相当长一段时间内，金星都被称作“神秘星球”，接着文中列举了各种理论和实证观察来“揭秘”这个“神秘星球”，这些理论和实证观察均是揭秘金星所做的尝试和努力，故正确答案为 E。文章第二段第一句“The first attempt to learn more about Venus was to”中的“The first attempt”实际上已经暗示了这道题的答案。

题干 11. 第 11 ～ 14 行中的陈述（“In size ... so”）的主要功能是

A. 摒弃一个貌似可信的推测
B. 嘲笑一个无耻断言
C. 支持一个可被接受的观点
D. 总结一个特别的实验
E. 削弱一个有争议的猜想

参考答案：A

原句“In size and mass ... but this is emphatically not so”，将金星的体积和质量与地球进行比较，它们几乎相等，因此从逻辑上推测金星的大气层应该和地球一样，但文中用了“but”，强调这个推测并不是正确的。

题干 12. 第三段（第 22 ～ 31 行）的主要目的是

A. 为一个有争议的理论提供证据
B. 挑战两个关于金星的盛行的误解
C. 解释为什么一个特别的假设被误导了

D. 表明金星在历史上被浪漫主义化了
E. 呈现了两种关于金星的截然不同的理论

参考答案：E

本段首句"Yet opinions differed"已经说明这一段的主要内容。本段中的"According to one theory"和"Another intriguing theory"也已经表明这一段列举了两个理论，由此可判断选项E正确。

题干 13. 为了支持第28～30行（"There would ... dragonflies"）中的猜想是正确的，下列哪个陈述不符合金星的条件？

A. 环境是温暖、潮湿的。
B. 大气层中全是二氧化碳。
C. 发生进化性的变化是有可能的。
D. 这里有足够发生光合作用的光。
E. 生物可以任意飞行。

参考答案：B

文中"Another intriguing theory made Venus very similar to the Earth of over 200 million years ago"，说明了此理论猜想认为金星与地球非常相似，从各个选项来看，选项B"大气层中全是二氧化碳"明显与地球不相似。

题干 14. 第32～34行（"In 1962 ... information"）中的陈述表明

A. 数据的质量令科学家们称奇
B. 早期收集的证据相对不可信
C. 在科学家再次发现之前，记录已经丢失了相当长一段时间
D. 探测器让科学家们形成了全新的理论
E. 数据证实了一个令人费解、难以置信的理论

参考答案：B

第32～34行中作者明确提到"gave us our first reliable information"，即"这次观察到的数据是第一次可信的信息"，那么说明，在此之前收集的信息相对可信度不高。其他选项文中均未提及。

题干 15. 第43～44行（"The answer ... Sun"）中陈述的语调可以被描述成

A. 惋惜的
B. 谨慎的
C. 令人怀疑的
D. 坚定的
E. 愉快的

参考答案：D

原句“The answer can only lie in its lesser distance from the Sun”，作者在这句话中用了“can only lie in”，从“only”这个词足以看出作者语气的坚定。其他选项明显不正确。

阅读译文 6

阅读下面文章，回答问题 16 ～ 24。

这篇文章改编自一部发表于1999年的回忆录。那年是1961年，作者那时是一个小女孩，刚随家人搬到纽约市。

纽约比我预想的更黑暗，更肮脏——尽管下着有净化作用的雨。习惯了波多黎各性感的曲线，我的双眼不得不要适应布鲁克林规则的、咄咄逼人的二维平面模式。雨水冲击着坚硬的街道，捕捉着街灯黯淡的银色光亮，在人行道上反弹起闪耀的光芒，随后像微小、短暂的珠宝一样消失在黑暗中。妈妈和外婆取笑说我的幻想破灭了，因为街上没有遍地铺满黄金。但事实上对于纽约，我并没有这样的想法。失望是因为这里的黑暗。我只能寄希望于雨滴中暗含的点点微光。

两天后，我倚在位于McKibbin街的公寓墙上，想着纽约在哪里终结，而余下的世界又在哪里开始。这很难说。布鲁克林没有地平线。每一个我看到的地方无不像迷宫一样，棱角分明的灰褐色建筑物映射出深深的倒影。间隔不了几个街区就会有一个水泥操场，四周都被防护栏围绕着。操场之间的草地上堆满了垃圾和生锈的汽车。

一个手拿跳绳的女孩从隔壁的大楼里走出来。她羞涩地打量了我一番；我佯装未见。她踩在绳子上，拉伸绳子的两头举过头顶，好像在测量它们的长度。然后慢慢蹦跳着上了人行道，每跳一下，嘴里还念念有词。Swish splat grunt swish，她背对着我；swish splat grunt swish，她又转过来对我微笑。我也对她微笑了一下，随后她跳着走过来。

“你是西班牙裔人吗？”她一边问一边慢吞吞地卷起绳子。

“不，我是波多黎各人。”

“波多黎各人和西班牙裔人是一样的。我们在这都是这样被称呼的。”她跳过一个小圈，突然停下来，随手把绳子朝我这边扔过来。“想要玩吗？”

“好啊。”我两只脚轮换着跳了一下。“如果你是波多黎各人，那么他们称呼你为西班牙裔人？”

“是的，他们都是这样称呼说西班牙语的人。”

我像她刚才一样跳了一个圈，但是比她更快。“你的意思是如果你讲西班牙语，那么你就是西班牙裔人？”

“嗯，是的。不……我的意思是说你的父母必须是波多黎各人或古巴人之类的。”

我像一个拳击手那样左右快速移动着绳子。“好吧，假如你的父母是古巴人，你出生在这里，但你不说西班牙语。那么你是西班牙裔人吗？”

她咬着下唇，最后说：“我想是吧。”“这是与你是不是来自一个西班牙语国家有关。即使你或是你的父母不讲西班牙语，你们仍旧是西班牙裔人。”她看着我，眼神里带着几分不确信。我点点头，把绳子还给她。

但是我不知道。一直以来我都是波多黎各人，从未想过在布鲁克林，我会成为其他人。

后来，我问妈妈：“我们是西班牙裔吗？”

“是啊，因为我们讲西班牙语。”

“但一个女孩告诉我说不是一定要讲西班牙语才是西班牙裔。”

她揉了揉眼睛说：“哪个女孩？你在哪见到一个女孩？”

“外面。她住在隔壁大楼里。”

“谁允许你出去的？这里不是波多黎各。任何事情都可能发生在你身上。”

“你可能发生意外”是来自门外未知的危险。我听着妈妈的谆谆教诲。她低垂着眼睛，一脸谦逊。但我却十分害怕。在纽约的两天里，我已经不是我了。很容易便可想象得出未来将要面对的危险更大。

题干 16. 第3行中的“regular”最相近的意思是

A. 习俗的，习惯的

B. 欣然同意的

C. 固定不变的

D. 循环的，经常的

E. 平均的

参考答案：C

原句“Used to the sensual curves ...two-dimensionality of Brooklyn”将Puerto Rico与Brooklyn进行比较，Puerto Rico是充满感官刺激的，Brooklyn则是一成不变的、单调的。第二段的“Everywhere I looked, my eyes met a vertical maze of gray and brown straight-edged buildings with sharp corners”也可看出Brooklyn的建筑模式是固定不变的，故选项C较为贴切。

题干 17. 第4～8行（“Raindrops ... darkness”）特别值得注意是因为它们的

A. 绝望的语气

B. 生动的意象

C. 幽默的文字游戏

D. 怀旧的氛围

E. 抽象的语言

参考答案：B

这道题答案比较浅显。第4～8行的语句生动地描写了雨水冲刷夜晚的布鲁克林街道的意象，字里行间并未带有任何明显的感情倾向，而且描述所用的语言是现实的形象语言，故选项B为最佳答案。

题干 18. 第 8 ～ 9 行，妈妈和外婆暗示着叙述者

A. 面临着经济危机

B. 表现出强烈的抱负

C. 相信奇迹般的转变

D. 被贪婪的冲动操纵

E. 心怀不现实的期望

参考答案：E

原句“Mami and Tata teased that I was disillusioned because the streets were not paved with gold”，妈妈和外婆取笑我幻想破灭，她们认为“我”所期望的纽约是遍地铺满黄金的，说明她们认为“我”心怀不现实的期望。

题干 19. 第二段（第 13 ～ 22 行）表明叙述者所体验的布鲁克林是

A. 神秘且未知的

B. 始终如一且难以忍受的

C. 有序且吸引人的

D. 没有生气但多面的

E. 险恶但诱人的

参考答案：B

本题比较容易排除的选项是 C 和 E，由文中的语气可以看出叙述者对布鲁克林是没有好感的，谈不上“appealing（吸引人）”和“alluring（诱人）”。另，从“Everywhere I looked,”和“Every few blocks there was”两句可以看出叙述者认为布鲁克林是始终如一的，单调的，难以忍受的。

题干 20. 下列哪项最佳描绘出叙述者和“女孩”（“girl”）（第 23 行）最初的互动？

A. 双方都没有心情见陌生人。

B. 双方都不想向对方表明自己的恐惧。

C. 她们装得好像已经认识彼此了。

D. 她们互相猜疑。

E. 她们谨慎地观察彼此。

参考答案：E

叙述者与女孩见面时“She appraised me shyly; I pretended to ignore her./ 女孩害羞地打量着我，我则假装没看见她”，可看出她们在谨慎地观察着对方，故选项 E 正确。文中并没有透露出她们对陌生人的心情，也没有任何词句表明她们互相感到恐惧和猜疑，同时也没有假装认识对方，故其他选项不正确。

题干 21. 第 31 ～ 52 行中叙述者和女孩的交流符合下列哪项的描述？

A. 关于语言的力量造就性格的讨论

B. 关于使用民族符号描绘某一民族特征的价值的讨论

C. 关于在一种令人迷茫的文化中生存策略的交流

D. 尝试去识别决定一个民族符号的标准

E. 努力使群体特征同个人自主和谐统一

参考答案：D

第 31 ～ 52 行中叙述者和女孩的对话是紧紧围绕着“是否讲西班牙语就是西班牙裔，不讲西班牙语就不是西班牙裔”来展开的，显然，这是在讨论语言是否能够决定一个民族符号的标准，故选项 D 正确。其他选项均不符合她们讨论的主题。

题干 22. 第 53 ～ 55 行（“But I ... else”）表明，叙述者被称作西班牙裔代表着

A. 如她所知，代表着童年的结束

B. 她以前身份的丢失

C. 有待于克服的约束

D. 重新自我定位的一个机会

E. 是移民不可避免的结果

解析

参考答案：B

原句“But I didn’t know ... I’d be someone else”，叙述者一直以来都认为自己是波多黎各人，即使来到布鲁克林，身份也没有改变，但是自从被称为西班牙裔，叙述者就认为“我已经不是我了”，这代表着她以前身份的丢失，故选项 B 正确。

题干 23. 文中母亲提到“波多黎各”（“Puerto Rico”）（第 64 行）是为了加深作者哪方面的印象？

A. 对出生地的怀念会使人心烦意乱。

B. 纽约人是不关注文化背景的。

C. 如果新人想要在纽约有一番作为，那他们就必须接受纽约。

D. 波多黎各的生活更受约束。

E. 纽约的生活规则不一样。

参考答案：E

这道题比较容易，母亲认为这里不是波多黎各就不能随便出去，怕有危险，这是因为纽约的生活规则与波多黎各是不同的。故可判断选项 E 正确。

题干 24. 叙述者对文章末尾终结的态度符合下列哪项描述？

A. 冷漠且消沉

B. 愤怒且困惑

C. 挫败且无可奈何

D. 恐惧且不确信

E. 憎恨且蔑视

参考答案：D

原文“Two days in New York, and I'd already become someone else. It wasn't hard to imagine that greater dangers lay ahead.”叙述者认为“在纽约的两天里，我已经不是我了。很容易便可想象得出未来将要面对的危险更大”，这说明叙述者的态度是恐惧的，不确信的，故选项D正确，其他选项明显不符合题意。

阅读译文 7

阅读下面文章，回答问题7～18。

文章一改编自1953年对漫画书的一项著名研究。文章二改编自1965年对20世纪40年代和50年代的主要漫画书的分析。

文章一

我发现漫画书首先是反教育的。它干涉了广泛意义上的教育。对孩子来说，教育不仅仅是对知识的学习，更是心理健康的一部分。学习不仅限于在学校，在玩耍、娱乐活动以及日常与大人和其他孩子的交往中，他们同样受益良多。禁止孩子们在娱乐项目上花费过多时间——这些没有被好好利用的时间，即没有用于学习的时间——意味着阻碍他们心理的健康成长。

严格区分娱乐和学习在教育学甚至是心理学上都是不好的。大量知识都是在娱乐中获得的，而往往许多娱乐活动可以毫不费力便教会孩子一些重要的东西。无论依据哪种评论标准，漫画书中的文字都不能称之为文学，图画更不能称之为艺术。孩子们在这些漫画书上耗费大量时间，收获却寥寥无几。他们没有学习到如何阅读一本严肃书籍或杂志。他们没有从所谓的“西部片”中学习到真实的西部图景。他们也没有学习到性、爱情或生活正常的方面。据我所知，很多成人至今还珍藏着儿时所阅读过的书籍，但我从未遇到过已经过了看漫画年龄的人出于任何情感或其他因素收藏这类书。换言之，让孩子们花费大量时间和金钱的这类出版物并没有为他们带来任何收获。几乎所有利于孩子成长的读物都有些许教育价值。基于漫画书的特质，它们毫无教育性可言，甚至是和教育南辕北辙，简直是百害而无一益。

文章二

令人称奇的是，真的有一小帮老漫画迷：一些身着学生领带、粗花呢衣服或身为大学教师、广告策划、时尚杂志编辑和小说作家的成年人。他们仍然沉迷于漫画中，珍藏泛黄的旧书，购入新书，互相换书，出版自己的“爱好者杂志”——一类奇怪的刊物，顶礼膜拜现如今被他们称为“漫画全盛时期”的作品，而当时却被评论家批评得一无是处，并随着读者年龄的增长而遭遗弃。

针对20世纪50年代对漫画书的控诉——它们促进了青少年犯罪，它们美化犯罪和堕落，总体上是一股邪恶的影响力——公平地讲，只能回答说："既然如此，为什么还要读它们？"

首先，漫画书都是垃圾。指责垃圾是垃圾，无异于没有指责：没有什么不腐败的、道德的或是有教育意义的垃圾文化——尽管后者曾一次又一次被强加于我们身上。但垃圾文化的目的并不是教育（这正是为何曾经各种试图把现实和文学引入漫画的尝试都看起来如此不堪）。垃圾文化存在的目的就是要以最低俗、最伤风化的水准去娱乐大众。它从最低尺度开始向前发展。许多读者在被质问时都会直率地说："我知道是垃圾，但我就是喜欢。"这才是垃圾文化存在的全部意义——除了被当做一种喜好，别无他用。这种文化是艺术领域里的次等公民，这一点是读者以及其创作者[①]都心知肚明的。然而次等公民也有其固有的特权，不负责任是其一，不被严肃对待是其二。垃圾文化单从表象来看就已经有失体面，当然可以口无遮拦，肆意妄为。

漫画批评家们忽略了垃圾文化的优点，即它秘密的反社会影响。孩子们每天被冠有教育名义的繁重功课狂轰滥炸，他们与家长同时起床，甚至比他们更早起床，没有任何攀谈便开始学习，中间没有休息直到中午，午餐只喝一杯牛奶，然后又回到课桌继续学到三点。很少干扰到他人。在这样众多的外部压力下，孩子们仅仅为了保持神志正常，也必须进行一些秘密活动，这没什么可意外的。拥有自己的藏身地，不被大人发现；一个属于自己的解压区。而在我们那会儿，基本的解压品便是漫画书。

在漫画中，我们可以自由徜徉，任意乔装，完成最伟大的壮举，做最邪恶的事情。而如此经历的每件事，我们都不会受到处罚。至少在一小段时间内，我们可以主宰一切。精神得到重生后，我们才能再次重返现实，忍受另一段不堪受虐的日子。

题干 7. 两位作者都认为漫画书

A. 阻碍社会进步　　B. 从自律中获益

C. 毫无教育意义　　D. 极易获得

E. 过分滑稽

参考答案：C

文章一作者在倒数第三、四行指出"comics by their very nature are not only non-educational"，文章二的作者在第三段的第三、四行认为漫画书"there is no such thing as uncorrupt junk or moral junk or educational junk"，可看出，两位作者都认为漫画书毫无教育意义。

题干 8. 第 4 行中的"question"的意思是

A. 事情　　B. 要求

C. 反对　　D. 可能性

E. 疑问

① 原文中"it"指的是漫画书，但是从意义上理解，应该是作者在创作漫画时，心里很明白漫画是次级艺术，因此在此将"it"翻译成"创作者"。

参考答案：A

原句“For children，education is not merely a question of learning，but is a part of mental health./ 对孩子来说，教育不仅仅是对知识的学习，更是心理健康的一部分。”根据文意可直接判断选项 A 正确。

题干 9. 文章一的作者批评那些“make a sharp distinction”（第 11 行）的人，因为作者认为

A. 学得好的人玩得也好

B. 没有娱乐就不能学习

C. 学习和娱乐是紧密相连的

D. 通过看漫画书可以激发孩子创作自己的作品

E. 卓有成效的教材常常采用一定的幽默手段

参考答案：C

作者在紧接着第 11 行的后面一句提到“A great deal of learning comes in the form of entertainment，and a great deal of entertainment painlessly teaches important things./ 大量知识都是在边学边玩的过程中获得的，而往往许多娱乐活动可以毫不费力便教会孩子一些重要的东西。”可见作者认为学习和娱乐是紧密相连的。

题干 10. 第 18 ～ 22 行中，三句话都是以“They”开头，主要作用是

A. 为学生缺乏学习兴趣感到悲哀

B. 谴责那些为了利益而肆意迎合孩子的人

C. 细数教育体系的失败

D. 指出孩子被欺骗的方式

E. 详细论述漫画书可能通过何种方式改进

参考答案：D

原文第 17 行中提到“Children spend an enormous amount of time on comic books，but their gain is nil./ 孩子们在这些漫画书上耗费大量时间，收获却寥寥无几”，第 18 ～ 22 行中也提到孩子没有学习到如何阅读一本严肃书籍或杂志；没有从所谓的“西部片”中学习到真实的西部图景；也没有学习到关于性、爱情和生活的正确的认知。可看出漫画实际上是误导了孩子，并浪费了孩子的时间，选项 D 最为符合文意。

题干 11. 从对文章一中第 24 ～ 27 行（“I have ... reason”）的回应可以推断出文章二的作者坚持下列哪种观点？

A. 青少年似乎对于爱好和反感的事物都怀有热情。

B. 漫画书只能提供一时之乐。

C. 可收集的流行文化元素现在可以在博物馆展出。

D. 漫画书的情感价值不能用逻辑思维来解释。

E. 许多成人渴望阅读和收集漫画书。

参考答案：E

文章一中指出“I have known many adults ...for any sentimental or other reason./ 我从未遇到过已经过了看漫画年龄的人出于任何情感或其他因素收藏这类书”，文章二中，作者提到“adults wearing school ties and tweeds ... publish mimeographed fanzines”，一些身着学生领带、粗花呢衣服的成年人是老漫画迷队伍中的组成部分，他们沉迷于珍藏泛黄的旧漫画书，不断购入新书，彼此互通有无，出版自己的“爱好者杂志”。这说明许多成年人渴望阅读和收集漫画书，因此，选项 E 正确。

题干 12. 文章二驳斥文章一中第 27 ～ 29 行（“In ... it”）的陈述主要针对漫画书

A. 相比其他娱乐活动来说花费少

B. 公开承认它们真正的目的

C. 帮助孩子们应对压力

D. 对于缺乏幽默感的人来说是无法欣赏的

E. 从没有任何证据表明它让孩子们分心

参考答案：C

文章一中“In other words ... show for it.”提到孩子们花费大量时间和金钱在漫画中，但是却没有任何的收获。文章二却提到“It should come as no surprise ... comic books”，在这样一种强大的外部压力下，只要神志清醒的孩子都会转入地下做自己喜欢的事情，不让大人察觉。那是他们的精神乐园，而乐园里最基本的寄托便是漫画。可见文章二的作者认为漫画可以帮助孩子缓解压力，故选项 C 正确。

题干 13. 第 40 行中，引号的作用是

A. 强调传统意义上的含义

B. 引出一个专业术语

C. 将其归于一种小说概念

D. 嘲笑一种错误的假设

E. 支持一个具有挑战性的主张

解析

参考答案：B

文章二的第 40 行中，“strange little publications/ 怪异的小出版物”已经解释了“fanzines”的意思，根据文意可直接判断选项 B 正确。

题干 14. 从文章中可以推断出文章二的作者认为“attempts at the latter”（第 52 行）是

A. 粗糙的产物

B. 不受推崇的改变

C. 被曲解的创造　　D. 考虑不周的失败

E. 愚蠢的模仿

参考答案：D

原文“But education is not the purpose of junk ...”表明了垃圾文化的目的并不是教育，各种试图把现实和文学引入漫画的尝试看起来都是如此不堪。可看出这种尝试并未考虑到垃圾文化的真正意义，所以失败了。

题干 15. 第 57 行中“compromised”的含义是

A. 已确定的　　B. 危险的

C. 结合的　　D. 调解的

E. 降级的

参考答案：E

原文“But education is not the purpose of junk. Junk is there to entertain on the basest, most compromised of levels.”表明了垃圾文化的目的并不是教育，这样的垃圾文化只能满足最基本，甚至是最低级的娱乐需求。故可判定选项 E 贴切文意。

题干 16. 第 68 ～ 87 行中（“What ... victimization”）文章二的作者认为漫画书里的幻想世界

A. 唤起每个孩子心中隐藏的恐惧

B. 没有经得起进一步严谨的审查

C. 对于具有孩子般好奇心的大人来说具有吸引力

D. 有益于年轻读者的健康

E. 激励孩子们学习写作

参考答案：D

文章二中提到“It should come as no surprise ... in my day, comic books”，在这样一种强大的外部压力下，只要神志清醒的孩子都会转入地下做自己喜欢的事情，不让大人察觉。那是他们的精神乐园，而乐园里最基本的寄托便是漫画。漫画可帮助孩子缓解压力，对孩子而言是有益的，故选项 D 正确。

题干 17. 文章一的作者认为文章二中的第 81 ～ 83 行（“With ... them”）是下列哪项的论据？

A. 学生不能阅读难度较高的小说。　　B. 学校没能监督好学生的活动。

C. 需要把教育和娱乐相结合。　　D. 漫画书中老套的叙事形式。

E. 漫画书潜在的有害影响。

解析

参考答案：E

原文“With them we were able to roam free，disguised in costume，committing the greatest of feats—and the worst of sins. And，in every instance，getting away with them.”描述了学生在漫画的虚拟世界里自由漫步，任意乔装，逞英雄，做罪犯。而每一个场景下，可以逃避惩罚。显然漫画会误导学生，是一种潜在的有害影响，故选项 E 正确。

题干 18. 相较于文章二的语调，文章一更加

A. 随意
B. 诙谐
C. 严肃
D. 讽刺 / 嘲笑 / 尖刻
E. 具有分析性

参考答案：C

通读两篇文章，可以发现文章一严肃地批判漫画书毫无教育意义，可能给学生带来的不良影响。

SAT OG TEST 3（2007年5月真题）

阅读译文 1

阅读下面文章，回答问题 9 ～ 12。

文章一

一场新闻业的改革运动在全国的编辑部和会议室中进行开来。新闻行业的各个组织正发起提议，提供培训，鼓励关于新闻报道和新闻效应的新思维方式。改革的目的是重建新闻业的核心价值，重塑信用，逐渐改善媒体的表现。新闻业到底哪出错了？缺少精准和有失公平，太追求轰动效应和存在偏见均是存在的问题。但是首要问题是“人们不信任我们的动机”，“卓越新闻”项目的创始人 Tom Rosenstiel 如是说，他希望更多的记者可以思考一下他们的职业准则。

文章二

新闻业发展环境从未这么好过：丰厚的传媒利润，强大的法律保护，成熟的技术。但是该行业的精英们发起了一场颇具影响的运动，竭力说服我们一切并不是很好。Bill Kovach 和 Tom Rosenstiel 两位可以说是美国最卓越的媒体评论家成了代言人，所有感叹电视新闻太过煽情或其他媒体弊端的人们，都可以引用他们二人的话作为凭证。他们在最近的新书《新闻业要素》中暗示，除非遵循某项“新闻理论”，否则美国也许会被毁灭。如此简明夸张的话语，不仅引人敬畏，同时也看似合理地违反了他们的第一准则：“新闻的首要职责是忠于事实。”

题干 9. 哪句话最恰当地描述了文章一和文章二的关系？

A. 文章一描述了一场为改变而生的特殊活动，文章二怀疑这种改变的必要性。

B. 文章一描述了新闻业追求轰动效应的原因，文章二探究了它的效应。

C. 文章一称赞了个体对新闻业的影响，文章二质疑了个体的贡献。

D. 文章一暗示新闻业的发展，文章二则认为新闻业正在变得萧条。

E. 文章一定义了新闻的目的，文章二检验了新闻业对社会的影响。

解析

参考答案：A

文章二中提到“Yet there is an influential movement, representing the consensus of the profession’s elite, dedicated to convincing us that all is not well. / 但是该行业的精英们发起了一场颇具影响的运动，竭力说服我们一切并不是很好”，可见作者质疑这场变革的必要性，故选项 A 正确。另外，文章一并没有描述新闻业追求轰动效应的原因，也未提及个体对新闻业的影响，故可排除选项 B 和 C。文章二没有认为新闻业正在变得萧条，故选项 D 也可排除。文章一中“The goals are to reinstall journalism’s core values, regain credibility, and generally better the media’s performance. / 目的是重新建立新闻业的核心价值，重塑信用，逐渐改善媒体的表现。”描述的是这场运动的目的，并非是新闻业的目的，故选项 E 不正确。

题干 10. 与文章一不同，文章二暗指新闻业的

A. 价值核心　　B. 专业评论家

C. 复杂的历史　　D. 轰动效应的趋势

E. 经济福利

参考答案：E

cconomic well-being 是“经济福利”的意思。这道题难度较高。根据排除法，我们快速排除三个无关项 A、C、D，文章二并未提及新闻业的核心价值、复杂的历史以及轰动效应的趋势，故可排除这三个选项。剩下 B、E 两个选项二选一。文章一提到“The goals are to reinstall journalism’s core values, regain credibility, and generally better the media’s performance. / 这场运动的目的是重新建立新闻业的核心价值，重塑信用，逐渐改善媒体的表现”，但文章二则认为“Conditions for journalism have never been better: robust media profits, strong legal protections, and sophisticated technology./ 新闻业发展环境从未这么好过：丰厚的传媒利润，强大的法律保护，成熟的技术”。故二选一时我们选择 E。

题干 11. 文章二的作者最可能把文章一第 3 行的“initiatives”描述成

A. 及时的　　B. 合理的

C. 无法解释的　　D. 无正当理由的

E. 模棱两可的

参考答案：D

此题综合考查词汇和作者的态度观点。A 选项表“及时的”；B 选项是指“合理的”；C 选项是“无法解释的”；D 选项解释为“无正当理由的”；而 E 的意思是“模棱两可的”。前面做题时读者可以得出，文章二作者的写作意图是质疑文章一的观点，那么针对文章一

所说的 initiatives，我们可以揣测出文章二作者最有可能认为其是盲目的，无理由的。

 12. 第 25 ～ 28 行（"Such ... truth'"）在文章二中的作用是

A. 缓和读者的担忧
B. 推测后果
C. 夸大问题的深度
D. 定义科学术语
E. 强调讽刺

解析

参考答案：E

原句"Such factually uncluttered hyperbole does not merely invite a certain awe but also quite plausibly violates their number one axiom: 'journalism's first obligation is to the truth'./ 如此简明夸张的话语，不仅引人敬畏，同时也看似合理地违反了他们的第一准则：'新闻业首要职责是真实'"表达了作者强烈的讽刺，故选项 E 正确。同时读者并没有在担忧什么，无所谓缓和读者的担忧，故排除选项 A；尽管文中的"hyperbole"同选项 C 的"exaggerate"都有夸张的意思，但作者在这里并不是在夸大某个问题的深度，选项 C 也可排除；选项 D 较容易排除，因为很明显，这句话并没有在定义科学术语。

阅读译文 2

阅读下面文章，回答问题 13 ～ 24。

此篇文章改编自 1996 年出版的关于睡眠研究的书。

为了进行某些形式的睡眠研究，我们必须找到一种可以追踪一整天睡意的方法。一些人或许认为估量睡意是件小事。难道你不能简单地数出一个人每天在规定时间里打哈欠的次数？

大多数人认为，打哈欠——慢慢张开嘴深深吸口气后较快速地把气呼出——是最明显的瞌睡标志。这是许多动物都会有的行为，包括我们的宠物狗、猫、鳄鱼、蛇、鸟，甚至是鱼。困的人确实比清醒的人打哈欠次数多。那些对正在进行的事感到无聊的人也确实会更频繁地打哈欠。然而，到底打哈欠是你准备入睡的标志，还是你成功击退睡意的标志，我们不得而知。只是舒展一下身体——就像你在同一个位置坐了很久时就会这样做——也经常会打哈欠。

不幸的是，哈欠不只是瞌睡的象征。在某些动物身上，哈欠是压力的标志。当宠物训练员见到狗在训练课上打哈欠，通常说明狗正处在巨大压力下。或许训练员太过强求，或是跑得太快使狗感觉无法控制局势。经过一两次的游戏，然后进行另一项训练，通常就能使狗在相当一段时间里不再打哈欠。

哈欠也是人类面临压力的标志。曾经在观察空降兵部队进行第一次跳伞训练时，我发

现几个军人坐在飞机里打哈欠。那时是上午十点，刚刚过了咖啡时间，我不相信他们是累了。而且我知道他们都很紧张，不可能是感到无聊。当我问及此事时，负责的军官笑着回答说这是一个很普遍的表现，尤其是在第一跳时。

打哈欠也有其社会的一面。心理学家把演员置于拥挤的房间和观众席，让他们故意打哈欠。没过多久，屋里每个人打哈欠的次数通常都会增加。相似地，在看到电影或录像中的人打哈欠时，观看者也很可能会打哈欠。甚至读到有关打哈欠的段落也会如此。

事实是我们根本不知道打哈欠有什么作用。科学家们起初认为，打哈欠的目的是增加血液中氧气的含量或是释放出积累的二氧化碳。我们现在知道这不是正确的，因为加大空气中二氧化碳的浓度好像并没有使人们更容易打哈欠，而是让他们呼吸得更快来得到更多氧气。另一方面，呼吸百分之百的纯氧看起来也不能减少打哈欠的可能。

既然打哈欠的意义远不限于瞌睡，我们显然不得不寻找其他方式估量睡意。一些研究人员试图简单地用一种自评量表随时询问被调查者有多困。然而，让人们去做此类判断存在一定的问题。有时受调查者在被问到有多困时会对研究人员撒谎。会发生这种情况是因为在社会的许多领域，承认疲乏困顿者会被认为是懦弱或是缺少抱负和活力。另一种情况是，人们会承认整个上午需要喝四杯咖啡，但是他们从来没有意识到这是因为自己太困，需要咖啡因的刺激才能完成工作任务。基于这些原因，许多研究者开发出了另外一种衡量人们有多困的方法。它以睡眠需求的简单定义为依据：你越需要睡眠或越困，在有条件睡觉时你的入睡速度就会越快。

题干 13. 第 4 ～ 5 行的问题是以以下哪个假设为根据？

A. 直接观察是唯一可信的实施睡眠研究的方法。

B. 人们在入睡前打哈欠最频繁。

C. 打哈欠和瞌睡有直接关联。

D. 打哈欠是很难用意识控制的行为。

E. 实施睡眠研究浪费时间。

参考答案：C

这是考查逻辑的题目，不能单独看每个选项中的那句话是否符合事实，要将选项与题干进行逻辑推理再做出选择。这道题比较容易，原句“Couldn’t you，for instance，simply count the number of times a person yawns during any given hour or so?”用反问句的形式指出有些人认为可以通过观测在给定时间内的打哈欠次数估测人们的睡意，之所以有这种想法，其前提假设便是他们认为打哈欠与瞌睡有直接关联。根据文章的第二句“Some people might believe that measuring sleepiness is a fairly trivial task.”也可推断出选项 C 正确。选项 A、D、E 较容易排除，与第 4 ～ 5 行中的问题没有什么逻辑上的关联。选项 B 有一定的干扰性，但仔细推敲其中的逻辑，我们发现，选项 B 的条件限制得太死，我们可以从下文的“无论打哈欠是你准备入睡的标志还是你成功击退睡意的标志我们不得而知”得到启发，即无论打哈欠是入睡前的标志还是击退睡意的标志，只要它与睡眠有关，我们就可以用它来实施睡眠研究。

题干 14. 第 6 ～ 8 行中的破折号的意义是

A. 明确要求
B. 下定义
C. 注释限制条件
D. 给予幽默的旁白
E. 说明个人观点

参考答案：B

这道题比较容易，原句“In most people’s minds，yawning—that slow，exaggerated mouth opening with the long，deep inhalation of air，followed by a briefer exhalation—is the most obvious sign of sleepiness.”，我们看两个破折号之间的句子，很明显，这是在描述打哈欠的过程，即在对“打哈欠”下定义。其他选项显然不合题意。

题干 15. 作者在第四段（第 29 ～ 37 行）使用下列哪种修辞手法？

A. 含蓄陈述，轻描淡写
B. 拟人法，象征
C. 类比
D. 暗喻
E. 轶事

参考答案：E

本题考词汇，首先需要弄懂各个选项的意思。选项 A 为轻描淡写的意思；选项 B 为拟人手法的意思；选项 C 为类比的意思；选项 D 为暗喻的意思；选项 E 为轶事的意思。根据第四段中的“Once ... I noticed ...”可判断作者是通过回忆轶事来证明打哈欠并不是与睡眠唯一相关的，故选项 E 正确。其他选项显然都不是作者运用的手法。

题干 16. 作者提到“咖啡小憩”（“coffee break”）（第 33 行）是为了强调

A. 非常需要暂时休息
B. 不恰当的态度
C. 可以理解的特殊反应
D. 特别行动是不必的
E. 某些行为是出乎意料的

解析

参考答案：E

本题较为简单，原句“It was 10 A.M.，just after a coffee break，and I doubted that they were tired”，作者用“just”来强调时间为早上 10 点，刚刚过了早休时间，按道理士兵们

不应该感到累才对，然而作者却看到有几个士兵坐在那里打哈欠，这是出乎他意料的，故可直接判断选项 E 正确。其他选项均不符合文意。

题干 17. 文中讨论的“社会性”（“social aspect”）（第 38 行）最直接论证了

A. 心理暗示的力量

B. 个人责任的需要

C. 人格和行为的关联

D. 从众的心理成本

E. 交往的意愿

解析

参考答案：A

暗示的力量，suggestion 在这里是心理暗示的意思，是指人接受外界或他人的愿望、观念、情绪、判断、态度影响的心理特点，它是人或环境以非常自然的方式向个体发出信息，个体无意中接受这种信息，从而做出相应的反应的一种心理现象。显然，这一整段都是在讨论打哈欠的传染性，而打哈欠之所以具有传染性，是人们心理暗示的结果。

题干 18. 如果下列句子真实，哪句最能直接反驳“科学家最初的想法”（“scientists originally thought”）（第 46 行）？

A. 二氧化碳不能影响人类的呼吸速度。

B. 尽管打哈欠可以缓解疲劳，但不能减少困意。

C. 因为打哈欠能让肺部进入更多空气，所以它可增加氧气吸入量。

D. 人们在空气中含氧量低的高海拔地区不容易打哈欠。

E. 人们锻炼后血液中的二氧化碳含量提高，故经常打哈欠。

解析

参考答案：D

原文提到“Scientists originally thought that the purpose of yawning was to increase the amount of oxygen in the blood or to release some accumulated carbon dioxide. / 科学家们起初认为，打哈欠的目的是增加血液中氧气的含量或是释放出积累的二氧化碳”，选项 A 和选项 B 与“科学家最初的想法”之间没有逻辑关系，更谈不上反驳；选项 C 和选项 E 具有逻辑关系，但它们是证明了“科学家最初的想法”，而非反驳。选项 D 是正确的，因为假如选项 D 为真，我们可以推出氧气含量与打哈欠没有直接关系，从而反驳了“打哈欠是为了增加血液中的氧气含量”这一说法。

题干 19. 第 55 ～ 57 行（“Since ... sleepiness”）主要是为了

A. 介绍一个轻松的题外话

B. 在转向新话题前提供过渡

C. 提供证据支持先前的观点

D. 承认前文所提倡的方法的缺陷

E. 将话题转回前文讨论的主题

参考答案：E

原句“Since yawning seems to be associated with a lot more than the need for sleep, we obviously have to find some other measure of sleepiness. / 既然打哈欠与睡意关联甚小，很明显，我们不得不寻找其他方式估量睡意”，与文章的首句“To conduct some forms of sleep research, we have to find a way to track sleepiness over the day. / 为了进行某些形式的睡眠研究，我们必须找到一种可以追踪一整天睡意的方法”遥相呼应，同时文中第一段提出，有的人认为可以通过观察打哈欠来测量人们的困意。文章接下来便指出打哈欠与多种因素有关，并不仅仅是由于困意引起的。故用来测量困意恐怕不合适，需要寻找另外一种更合适的测量方法。因此通过第 55 ～ 57 行“Since ... sleepiness”这句话，将话题又转向了文章开头的“测量睡意方法”这一话题，故可判断选项 E 正确。选项 A、B、C 是容易排除的，因为下文的内容不是题外话，不是新话题，也不是新证据。选项 D 有一定的干扰性，但仔细辨析起来，前文中作者并未提倡哪种方法，作者仅仅只是对“有些人认为可以通过观察打哈欠的方法来测量睡意”进行了陈述。

题干 20. 在第 65 行中“drive”与下列哪个词意思最近？

A. 推进力
B. 本能，直觉
C. 运动，活动
D. 生命力，活力
E. 动量，势头，动力

参考答案：D

原句提到“This occurs because in many areas of society admitting that one is fatigued and sleepy is considered a mark of weakness or lack of ambition and drive./ 会发生这种情况是因为在社会的许多领域，承认疲乏困顿者会被认为是懦弱或是缺少抱负和活力”，将五个选项分别取代“drive”放进句子中，可看出选项 A 及选项 B 明显不正确，同时选项 D 比选项 C、E 更贴近文意。

题干 21. 作者在第 65 行所说的“其他例子”(“other instances”)是为了证明人们

A. 经常故意隐藏他们的睡眠需求
B. 不能准确判断自己的睡意
C. 经常不能安然入睡
D. 有时使用咖啡因赶走疲倦
E. 经常害怕疲劳影响自己的工作

参考答案：B

原文“In other instances ... required tasks./ 另一种情况是，人们会承认整个上午需要喝四杯咖啡，但是他们从来没有意识到这是因为自己太困，需要咖啡因的刺激才能完成工作任务”，证明了人们不能准备判断自己的睡意，从而说明了通过直接询问来测定人们困的程度是不可取的，故选项 B 正确。选项 A 是前面的例子所要证明的问题，故不正确。同时这个例子并未说明“喝咖啡”与“疲劳”、“困意”之间有什么联系，故可排选项 C、D、E。

题干 22. 下列哪句为真时，将最有效地质疑第 72 行的“简单的定义”（“simple definition”）?

A. 当人们被研究者观察时，他们或许会表现不同的睡眠方式。

B. 人们极度困倦时，他们或许很难入睡。

C. 一些人可以在很长一段时间里不需要睡觉。

D. 一些人不管是否疲劳都打哈欠。

E. 一些人几乎不打哈欠，无论他们多疲劳。

解析

参考答案：B

原文表明“the simple definition”是“The greater your sleep need, or the sleepier you are, the faster you will fall asleep if given the opportunity to do so./ 你越需要睡眠或越困，在有条件睡觉时你的入睡速度会越快”，选项 B 明显与原文意思相违背，且直接质疑了原文的观点，故选项 B 正确。文章到这里已经不是在讨论打哈欠了，D、E 两个选项与“simple definition”没有什么逻辑关系。A、C 两个选项逻辑关系没有 B 选项那么直接，故我们选择直接项 B。

题干 23. 以下所有有关打哈欠的例子中，不能解释说明文章的例子是

A. 学生在上无聊的课时会打哈欠

B. 音乐家在重要演出前会打哈欠

C. 飞行员在起飞前为了让耳朵听清楚会打哈欠

D. 参加舞会的人会在周围人都打哈欠时打哈欠

E. 研究者在阅读有关打哈欠的科学文章时会打哈欠

参考答案：C

这道题是比较容易的，用排除法来做。A 选项的例子说明“无聊时会引起打哈欠”，文章第二段的“It is also true that people who say they are bored by what is happening at the moment will tend to yawn more frequently.”能证明此观点，故排除；B 选项的例子说明“面对压力时会引起打哈欠”，文章在第四段的首句“Yawning can also be a sign of stress in humans”也有提及，故排除；D、E 选项的例子说明“心里暗示会引起打哈欠，即打哈欠具有社会性（传染性）”，文中的第五段“There is also a social aspect to yawning.”也有提及，故排除。

题干 24. 全文的特点是

A. 说明性的，告知性的

B. 忏悔的

C. 哲理性的

D. 幽默性的

E. 争辩的

参考答案：A

根据我们的方法论，先排除三个无关项。这里 B、C、D 三个选项为无关项，显然，文章并未在忏悔，也没有含有哲理和幽默，故首先排除。剩下 A、E 两个选项二选一，A 更符合题意。文章开头讲到为了研究睡眠需要寻找一种测量睡意的方法，接着说明为什么通过观察打哈欠和直接询问受访者来测量睡意不可行，最后指出有的研究者开发出基于“简单定义”的测量方法，从头到尾都是在陈述，而并未争辩某个论点。

阅读译文 3

阅读下面文章，回答问题 6 ～ 7。

我在四五岁的时候与诗歌结缘。我需要在教堂里朗诵妈妈写给我的一首诗。很快，我便开始自己写诗。那时，我最初的表达艺术的方式是用蜡笔画画。我们也叫它“着色”。由于我的绘画能力比写作能力要强得多，从某种意义上说，绘画变成了我的诗歌。12 岁左右的时候——仍然画画，并且倾注了更多的感情——我开始认真地致力于写诗（太过认真！）。我想成为一名文艺复兴派[①]的艺术家：写作、绘画、作曲、发明新玩意儿。

题干 6. 在第 6 ～ 8 行（“Since...poem”），作者认为绘画与写作是

A 天生的，不是由大人促进而形成的

B. 同样是为了实现自我展现的一种方式

C. 供大家取乐的一种才艺

D. 已经达到作者天分极致的能力

E. 爱好，在作者长大成人过程中将会被取代

参考答案：B

根据我们的方法论，先排除三个无关项。这里 A、C、D 三个选项为无关项，显然文中未提及“天生，天分”，故排除 A 和 D 选项；文中也未提及绘画与写作是供他人取乐的，

① 文艺复兴的影响波及文学、美术、音乐、建筑、天文学、物理学等多个方面，作者在此想表达的意思是想成为一名在多个方面都有所作为的艺术家。

故排除 C 选项。剩下 B、E 选项。作者认为，"Since my command of the crayon was greater than my command of writing, in a sense my drawings became my poems. / 由于我的绘画能力比写作能力强得多，从某种意义上说，绘画变成了我的诗歌"，可见作者认为在一定意义上绘画与诗歌是等同的，都是表达艺术展现自己的一种方式，故正确选项为 B。尽管作者说 12 岁时致力于写诗，但从原文"while still drawing and now painting with a passion"中可得知作者也并没有停止画画，这说明在作者成长过程中这些爱好并不是一种取代的关系，故 E 不正确。

题干 7. 在文章中，对作者小时的梦想是"成为文艺复兴派画家"（"to be a Renaissance artist"）（第 11 ～ 12 行）的最准确的理解是

A. 艺术能力的早期预兆
B. 年轻人的一个很普通的目标
C. 一个天真而且宏大的抱负
D. 辛劳并且痛苦的学徒生涯的开端
E. 开始投入到视觉艺术的萌芽

解析

参考答案：C

这道题比较容易，小时候就想成为文艺复兴派的大师，确实是一个天真且宏大的抱负。A 不正确，有这个想法并不代表就有这个艺术能力，且文中也并未说明作者具有此能力，故排除；B 不正确，这显然不是一个"普通的"目标；D 不正确，文中丝毫未提及艺术与痛苦之间的联系；E 不正确，因为小作者不仅是想成为绘画方面的大师，还包括写作、作曲等，选项 E 中仅提及"视觉艺术"，故排除。

阅读译文 4

阅读下面文章，回答问题 8 ～ 9。

第二次世界大战对所有美国人来说都是一个转折点。经济大萧条时期结束，妇女和少数民族在社会经济和政治方面开始发生重要改变。美籍华人女性在这些长期的改变中扮演了很重要的角色。

在华人的爱国心、美国的爱国主义以及女权主义这一系列动机的驱使下，美籍华人女性在资金募集、政治宣传、民防组织和红十字会等领域发起了众多具有高度组织性的活动。旧金山唐人街的一些女性入伍服军役，很多女性首次走出家门到企业及国防工业领域工作。

题干 8. 文章的基本目的是

A. 突出旧金山的唐人街在战争的状况下所做出的贡献
B. 描写第二次世界大战中女性所从事的不同工作
C. 解释第二次世界大战是怎样帮助结束经济大萧条

D. 讨论第二次世界大战对美籍华人女性的影响
E. 突出女权主义对美籍华人女性的影响

参考答案：D

这道题比较容易，文章的中心句为“Chinese American women played an important role in these long-term changes”，即“美籍华人女性在这些长期的改变中扮演了很重要的角色。”根据文意可判断选项 D 正确。选项 A、B、E 太片面，选项 C 不是文章所讲的内容。

题干 9. 下列选项哪一个是对第一段和第二段关系的最准确的描述？
A. 第一段讲述了一件轶事来举例说明第二段中所做的概括。
B. 第一段提出了一个论断，第二段证明了它。
C. 两段对同一现象进行不同的阐释。
D. 第二段离开了第一段所讨论的主题。
E. 第二段对第一段的论证持怀疑态度。

参考答案：B

这道题也是很容易的，第一段提出了一个论断“Chinese American women played an important role in these longterm changes. / 美籍华人女性在这些长期的改变中扮演了很重要的角色”，第二段紧紧围绕着这个论断，列举了几个第二次世界大战期间美籍华人女性所扮演的角色的例子来进行论证，所以选项 B 正确。选项 A、C、D、E 明显与文意不符。

阅读译文 5

阅读下面文章，回答问题 10 ～ 14。

以下文字选自一篇小说，背景是 19 世纪 70 年代的伦敦。

被磨得铮亮的希腊街两旁，店主们都起床了，第二波早起者。当然，他们认为自己是最早起的一波。不到一小时前已在熹微晨光中走过街道的工厂工人们，原该发生在另一个国家，另一个时代。欢迎来到真实的世界。

在店主们看来，像他们一样早起是禁欲的英雄主义，是那些懒散的俗人们理解不了的。不是他们对这些勤劳的工人残忍，只是希腊街上的店主们对这些模糊的人们，这些为他们制造物品去卖的工人们毫不关心。世界的发展已不再允许古朴的亲密接触，已经进入现代化时期：下订单购买 50 块煤焦油牌香皂，几天后送货车就会把货物送到。香皂是怎么来的对于现代人来说不是个难题，世界上的所有东西都是从一个叫“制造”的温和的魔鬼那产生的：分质量等级，一模一样的产品从烟幕下不断流出。

你可能会说伦敦汉默史密斯区及朗伯斯区工厂烟囱里喷出的大团煤尘把整个城市都染

成了黑色，以令人感到羞辱的存在提醒着我们富饶的源泉在哪里。可是现代人鲜有会感到羞辱的，污浊的空气还是可以呼吸的，唯一的缺点是会弄脏橱窗玻璃。

店主们发出一声叹息，缅怀过去的时光有什么用呢？机器时代已经来临，世界再也不会重返洁净了，但是，哦，补偿也是如此之大！

店主们都已经累出汗了，他们每天只需在打开店门时这么辛苦一次。他们用温水沾湿的海绵除去橱窗上污浊的白霜，用硬笤帚把雪泥扫进排水沟。踮着脚尖，伸长着胳膊，拉开保护他们货物夜间安全的门帘、嵌板、铁栅栏和支柱。整条街上，钥匙在锁眼里发出碰撞的声响，每家店华美的金属外套都被揭去。

人们都急匆匆的，以防那些带着钱的顾客光临那些完全敞开门的店，而不是半开的。早晨的这个时候行人还很少，但是各种人都可能会闲逛进希腊街，谁也说不准哪一个人就会买东西。

题干 10. 根据本文第4～6行的描述，可以看出小店主对工人的态度是

A. 矛盾的
B. 轻蔑的，鄙视的
C. 好斗的
D. 害怕的，担心的
E. 猜疑的，多疑的

参考答案：B

这道题是比较容易的，原句提到“The grim procession of factory workers less than an hour ago might as well have happened in another country in another age. Welcome to the real world.”，通过句子的形容词“grim / 讨厌的，令人不愉快的”可看出店主们对工人的态度并不友好，故选项B贴切文意，其他选项都很容易排除。

题干 11. 在第13行，“an order”最接近的意思是

A. 军方的一个命令
B. 为提供某物而下的指示
C. 创立的组织系统
D. 习惯上的程序
E. 富含逻辑的准备工作

参考答案：B

原文“an order is put in for fifty cakes of Coal Tar Soap, and a few days later, a cart arrives and the order is delivered. / 订购50块煤焦油牌香皂，几天后送货车就会把货物送到”，明显“an order”的意思为“订单”，即选项B“为提供某物而下的指示”。从下文中提到的“manufacture/ 制造业”，也可推断出其他的选项均不符合上下文意思。

题干 12. 作者使用短语“温和的魔鬼”（“benign monster”）（第17行）是为了

A. 批评希腊街的商人的贪婪
B. 唤起人们对工厂工人的同情

C. 描写现代社会的物品是怎样造出来的
D. 暗示大批量生产产出品不具有一致性
E. 强调希腊街的众多艰难生活

参考答案：C

原文“Everything in this world issues fully formed from a benign monster called manufacture./世界上的所有东西都是从一个叫‘制造’的温和的魔鬼那产生的”，显然，这一整句都是在描述物品是如何制造出来的，很容易排除 A、B、E 三个选项。这一句也没有说大批量生产的后果，故排除 D 选项。如果错误理解“of graded quality”的意思可能会误选 D 选项，“of graded quality”是分质量等级的意思，而不是产出品质量不一致的意思。

题干 13. 本文第 30 行提到的“compensation”，应理解为

A. 被污染的环境的经济成本
B. 商人有效卖出货物的能力
C. 制造商从店主那里获得的利润
D. 意识到现在的成功不能弥补过去的失败
E. 工业化带来的财务利益

参考答案：E

原句提到“The machine age has come，the world will never be clean again，but oh: what compensation! / 机器时代已经来临，世界再也不会重返洁净了，但是，哦，补偿也是如此之大！”，此处“compensation”为“补偿”的意思，是环境被污染后得到的补偿，根据题意可直接排除选项 B、C、D。选项 A 的“cost”是“成本，代价”的意思，与“compensation”是一对相对的概念。本文中的“世界变得不干净，环境受污染”是“代价，成本”，而付出此代价而获得的收益是“工业化带来的财务利益”，因此正确答案为 E。如果两者概念弄混淆，则很容易错选 A。

题干 14. 根据最后一段，对店主最为确切的描述是

A. 对他们的货品的交付感到疯狂
B. 为他们大量的利润而欢欣鼓舞
C. 很迫切地等待顾客的到来
D. 对他们作为商人所取得的成功感到无所谓
E 怀疑他们附近的店主

参考答案：C

这一段描写了店主们着急地做好营业前准备，生怕开店慢了，顾客不光顾自己的店而去别的店，这说明了他们在迫切地等待顾客的到来，故选项 C 正确。其他选项均不符合文意。

阅读译文 6

阅读下面文章，回答问题 15 ～ 24。

以下文章分别选自 1999 年和 2000 年发表的文章。

文章一

1929 年，有一个叫里奇里·惠特曼的少年写信给华盛顿区的史密森尼博物馆，讲述了他在克洛维斯附近发现的他称之为弹头的东西。这些“弹头”实际上是石矛头，两边被凿成精致却很锋利的石刃，矛头两面末端的中央处各有一个凹槽。最后，这些有凹槽的矛头被证明是北美考古发掘到的最古老的物品。

石头不可能通过放射性碳元素法测定其存在的年代，但是通过对这些工具里有机物的测定表明，使用这些工具的人群到达美国的时间最早为 13 500 年之前。大部分考古学家以这些远古工具为基础提出一个故事：克洛维斯人经由西伯利亚来到北美，向南穿过没有结冰的通道，然后就分散开来，他们的后裔在 1 000 年内占据了北美和南美。因为他们的工具经常与猛犸象及其他大型动物的骨头一起被找到，所以科学家们通常将他们讲成是大型猎物狩猎者。1996 年，一位著名的考古学家 Frederick Hadleigh West 声称“克洛维斯人是美国人的始祖”。但是之后的几十年中，这个说法遭到强烈质疑。

向这个故事发出最直接怀疑的是时间问题。克洛维斯人居住的时间不可能在 13 500 年之前：有地理证据可以证明西伯利亚与北美之间的无冰通道在此之前没有出现。但是在 1997 年，一个由考古学家组成的蓝丝带小组参观了智利的一个名为蒙地维德的地方，一致认为人们在那里起码生活了 14 500 年以上，比在北美发现的首个克洛维斯人的迹象要早 1 000 年。接受蒙地维德的日期不仅解释了时间障碍，还将人们的兴趣聚焦在寻找更早期的地点之上。

文章二

接受存在先于克洛维斯文明之前的历史地点，最大的障碍之一是地理因素。在最近的冰河时代，新大陆几乎不允许步行通过：加拿大西北部的走廊被冰覆盖着。虽然古人可能精通于史前冰鞋*，乳齿象肯定没有；并且在当时的环境下，寻找食物和躲藏处也是很困难的。但是最新流传于考古学家与人类学家之间的观点是，古人使用的工具并不是冰鞋和矛，而是外部包有兽皮的船。或许最早一批到达美国的人不是从陆地上走过来，而是通过水路到达冰河时代的海岸。

航海理论在 20 世纪 70 年代中期被提出时，因为缺乏证据而沉寂了。但是当新大陆最早有人居住的时间变化时，即使没有充分的证据，这一理论也好像非常合乎情理。太平洋沿岸有很多大马哈鱼和海洋生物，人们只需要用最简单的工具就可以捕捉它们：网，鱼梁①，棍棒，刀子。古代不习惯航海的人在通过不同的陆地地形时，可能需要不断改造他们捕猎、觅食及建房的方法；但是古代的水手们却可以很顺利地驶过变化不大的沿海地区。而且近期的地理研究表明，即使当冰川延伸到北美西北部时②，海岸线上也有个别融化的

① 用小木桩或小枝编成的篱，置于河中捕鱼用。
② 即上文提到的冰河时代，大片陆地都被冰川所覆盖。

地带，可以供人们在此避难或觅食。考古学家罗宾森·邦尼森说：“大多数考古学家都有大陆的思维定式，但是美洲的居民史很可能和海洋适应论的传播和发展有关。”

* 是一种在冰上爬或走时防滑的靴子。

题干 15. 两个作者都同意的是下列哪个观点？

A. 海洋环境对早期的美洲人是唯一的挑战。

B. 最早的美洲人以猎杀乳齿象和其他大型动物为生。

C. 在远古的冰河时代，由陆上到达新大陆是很困难的。

D. 可能永远都不能确定什么时候美洲有人移居。

E. 克洛维斯人可能是第一拨到达美洲的人。

参考答案：C

此题考查两篇文章作者观点的一致性。碰到这类型的题，最佳解题思路就是选项与两篇文章中任何一篇有矛盾的即可排除。A 选项，抓住关键字眼“unique”，两篇文章虽提到海洋环境，但是并没有说明这是对早期美洲人发现新大陆的唯一挑战，有可能有其他的挑战文中并没有提示出来；B 选项，文章一中只说了美洲人猎杀大型动物用其骨骼作为工具，并没表示他们以此为生；D 选项两篇文章都有部分讨论关于美洲移居的时间，但没有表明这个时间无法确定；文章一中的“But in the past decade such certainty has been dramatically shaken.”指出了克洛维斯人是美国人始祖的这一说法，在几十年后被动摇了，故选项 E 不正确。

题干 16. 在第 5 ～ 6 行，“finished off”最接近于以下哪个意思？

A. 击败

B. 终止，使终结

C. 完成

D. 击败，解决

E. 全部消耗掉

参考答案：C

五个选项中只有选项 C 的“completed”有“完成”的意思，与目标词“finish”相近，故可判断选项 C 正确。另原句具体描述了“warheads”的形状，将其他四个选项分别代替目标词放入原句中，可发现其他四项并不符合文意。

题干 17. 第 21 ～ 22 行的引用是用来

A. 提供具体的证据

B. 怀疑一个被大家普遍接受的假说

C. 支持一个挑衅意味的主张

D. 提供一个反面的观点

E. 对一个普遍的认知做总结

解析

参考答案：E

文章一中引用著名的考古学家 Frederick Hadleigh West 的话“Clovis is taken to be the basal, the founding, population for the Americas.”，是对当时条件下人们认为克洛维斯人是美洲人始祖这一认知做了总结。在这句引用之后，文章才提供证据质疑人们的这种普遍认知，对比五个选项，选项 E 最为贴切文意。

题干 18. 第 33 行“sign”最接近于以下哪个意思？

A. 预兆　　B. 符号，标志

C. 姿势，手势　　D. 迹象

E. 图形

参考答案：D

这道题考词汇，首先需清楚每个选项的意思。选项 A 为“预兆”的意思；选项 B 为“符号，标志”的意思；选项 C 为“姿势，手势”的意思；选项 D 为“象征，迹象”的意思；选项 E 为“图形，算式”的意思。根据原句“about 1,000 years before the first sign of Clovis people in North America”的描述，可直接判断选项 D 最为贴切。

题干 19. 文章二的作者最可能认为于文章一第 25 ～ 36 行所提供的信息

A. 证实美洲人出现在最近的冰河世纪这个观念

B. 为证明第一批美洲人是乘船到达而增加可信度

C. 表明从陆上到达新大陆是不可能的

D. 论证早期的美洲人必须依赖海洋来提供食物

E. 显示考古学家可以提出不同于最基本的事实的意见

参考答案：B

文章一中提到“there is geologic evidence that an ice-free corridor between Siberia and North America would not have been open much before then/ 有地理证据可以证明西伯利亚与北美之间的无冰通道在此之前没有出现”，证实了西伯利亚与北美之间的通道在 13 500 年之前没有出现过，所以在此之前不可能有人通过陆地到达美洲大陆。然而下文又提到“people had lived there at least 14,500 years ago”，证实美洲在 14 500 年以前就有人居住，这说明，这些人不是通过陆地来到美洲大陆的，据此推测，在当时条件下只有通过划船横越海洋了，这也正是文章二所认为的一种观点，故选项 B 正确。其他选项均未能在原文找到相应的暗示。

题干 20. 如果在美洲西海岸找到以下哪一样事物，可以最好地支持第 44 行提出的最新的观点（“latest idea”）？

A. 9 000 年前的最原始的鱼钩
B. 11 000 年前简单的做饭工具
C. 13 000 年前石头做的箭头
D. 15 000 年前粗糙的锚
E. 17 000 年前乳齿象的骨骼化石

参考答案：D

第 44 行新观点是“people ditching their crampons and spears for skin-covered boats/ 古人使用的工具并不是冰鞋和矛，而是外部包有兽皮的船”，如果找到跟船有关的物品，那么将最直接证明这一观点，而这些选项中，只有 D 选项“粗糙的锚”跟船有关，故这一项最合适。

题干 21. 文章二的作者提到的“地理学的研究”的发现（第 59 ～ 60 行）是

A. 证明一个特殊理论是正确的证据
B. 几乎确定被独立证实的
C. 实验方法非必不可少的特性
D. 对一个并不反对的假说的批评
E. 为一个理论提供理由以增加可信度

参考答案：E

原文中提到“And recent geologic studies show that even when glaciers stretched down into North America, there were thawed pockets of coastline in northwest North America where people could take refuge and gather provisions.”，表明北美可以提供避难所并且供应食物，这增加了“远古人类通过海上航行到达美洲”这一说法的可信度，但并未能直接证实这一说法正确，故可判断选项 E 贴切文意。

题干 22. 下列哪个选项可以在两段文章中找到？

Ⅰ. 原始人是怎样到达美洲的理论
Ⅱ. 第一次移居到美洲的人群的确切日期
Ⅲ. 早期美洲人可能的食物渠道的一个参考

A. 只有Ⅰ
B. 只有Ⅱ
C. 只有Ⅰ和Ⅲ
D. 只有Ⅱ和Ⅲ
E. Ⅰ，Ⅱ和Ⅲ

解析

参考答案：C

文章一中的“who came into North America via Siberia ... within a thousand years”及文章二

中的“Maybe the first Americans came not by land but by sea，hugging the ice-age coast”均在讨论原始人是如何到达美洲的，故结论Ⅰ正确，排除选项B、D；两篇文章都没有远古人类第一次移居美洲的确切日期，故可排除E选项。文章一中提到“Since their tools were often found with the bones of mammoths and other large creatures，scientists usually described the Clovis people as big-game hunters”，文章二中也提到“The Pacific Rim has vast resources of salmon and sea mammals”，这都是早期美洲可能的一个食物渠道，故Ⅲ也可以在两篇文章中找到，所以选项C正确。

题干 23. 两段文字都用了以下的哪种方式？

A. 政治上的暗示
B. 直接引用
C. 修辞性疑问
D. 个人轶事
E. 隐喻扩大化

参考答案：B

这道题不适合用排除法，选择直接项更快。文章一直接引用了考古学家Frederick Hadleigh West的观点“Clovis is taken to be the basal，the founding，population for the Americas”，文章二直接引用了人类学家Robson Bonnichsen的观点“Most archaeologists have a continental mind-set”，显然都是直接引用。

题干 24. 哪一个可以最好地描述两段文字之间的关系？

A. 文章二反驳文章一里详细讨论过的假说。
B. 文章二检验文章一中定义的术语的含义。
C. 文章二追踪文章一中讨论的古老技术的起源。
D. 文章二展示一个理论，这个理论或许可以帮助解释文章一提到的一个发现。
E. 文章二描写一个考古发现，证实了文章一中提出的中心论点。

参考答案：D

文章一中，作者给出的发现是“The era in which the Clovis people lived is limited by a time barrier that stops about 13,500 years ago: there is geologic evidence that an ice-free corridor between Siberia and North America would not have been open much before then.”，西伯利亚与北美之间的通道在13 500年之前没有出现过，所以在此之前不可能有人通过陆地到达美洲大陆，但紧接着的下一句则提到“考古学家发现美洲在14 500年以前就有人居住”，但文章一的作者并没有给出解释。而文章二提到了“Maybe the first Americans came not by land but by sea，hugging the ice-age coast./或许最早的美国人不是从陆地上走过来，而是通过水路到达冰河时代的海岸”。这一理论，恰好可以解释文章一中的这个发现。

阅读译文 7

阅读下面文章，回答问题 7 ～ 19。

本篇文章取自 1998 年的一篇回忆录。在文章中作者回忆了 20 世纪 60 年代在芝加哥的童年生活。

到图书馆的路途就如同是到一个不同的国度旅行。为了到达那儿，我们必须走上一英里。但是我们住的地方和我们要去的地方相距更远。要去那儿，我们通常要经过一所学校、一座教堂、一条常去的购物街，穿过一个被修剪过的草坪和海德公园。我喜欢整个路途，就像我喜欢目的地一样。从家的争吵和世界的变动中（这个变化的世界中好想没有我的一席之地）抽身而出，每个月去两次图书馆使生活更加完美。我深爱的所有人都会在我的身边，我的妈妈、兄弟和姐妹；我喜欢的所有东西也在我身边——安静、空间和书。

我们去的 T.B. Blackstone 图书馆离密歇根湖不远。如果你不知道自己在找什么的话，就会很容易错过这个建筑物。但是，一旦你进入其中，就永远都不会把它与别的东西混淆。我们穿过了二扇厚重的黄铜门进入图书馆的大厅，一个巨大的拱形入口，入口处的天花板上雕刻着我曾经想象是书之天使的图案——怀抱竖琴、书卷和其他学习工具的镀金人像。

如果向右走，我们可以看到一个摆有桌子的角落，通往一间宽敞的阅览室，一个又大又老的地球仪摆在最大一扇窗户前面。每次去图书馆，我都会找时间进到这间屋里摸一摸地球仪，用手指拨弄一番上面突起的地方和已经磨损并脱离球体的帆布图案。我喜欢看非洲，看它上面用不同颜色标示出来的不同的国家，像比利时、刚果和罗德西亚等；边看边试图回忆当我们在进行民权运动的时候，哪些国家正在为自由而战。我听过爸爸讨论这些战斗，当电视新闻报道中讨论这些时，他还对着电视机争论；我也在新闻上看过人们聚集起来游行的照片。但是除了在电影《人猿泰山》中看到的，我对非洲真的知之甚少。《人猿泰山》我看过多次了，但是还是觉得很奇怪（为什么那个白人会住在树里？）。

我看了很多神话故事类的书，然后是很多科学类的书：不是哥哥喜欢的关于导弹和太空飞船的书，而是关于鸟和蜜蜂之类的书。我借了一本关于鸟的厚书，在天空和树木中寻找过除知更鸟和鸽子之外的其他鸟类。我读关于蜜蜂的书，是因为我喜欢它们对蜂后的忠诚，离开她便无法生活。曾经有一段时间，我非常喜欢看介绍实用科学类实验的书籍，将一整瓶白醋倒到我们公寓的建筑物上，来证明它是由石灰石建成的。

一个星期六，我在青年读者区浏览时，看到一个书名：《小妇人》，作者 Louisa May Alcott。看着书架我就知道她写过很多书，但是我却对她一无所知。过去的经验告诉我书名不能代表作品内容。摆在书架上从书名来看[①]貌似不错的书，一旦带回家可能就会很枯燥。任何一本借回家的坏书都意味着两个星期内少读一本书，所以我坐在临近架子的椅子上浏览前几段：

"如果圣诞节没有礼物的话就不能称之为圣诞节。"乔躺在小地毯上抱怨着。

"贫穷真可怕！"梅格发出一声叹息，低头望着身上的旧衣服。

① 原文"sound"的主语是"book"，但是书不会对应"听起来"，只有书名在意思上可以对应"sound"，因此译文翻译成"书名"。

“我认为有些女孩拥有很多漂亮的东西，而其他女孩却一无所有，这很不公平。”艾米鼻子轻轻一哼，三分出于轻蔑，七分出于嫉妒。

“但我们有父母和姐妹。”贝媞从角落里开心地说。

庆幸的是我已经决定带回家其他几本书。因为那天我并没有再浏览青年读者区的其他书。我一直阅读着《小妇人》，直到该回家的时候。除了睡觉和吃饭这些必须的事情之外，没有什么可以打断我的阅读，即使周末可以自由看电视也无法吸引我放下Alcott的故事。它讲述的是关于女孩们的故事，跟我很相像的女孩们，特别是Jo，遗憾的是她不是黑人，要不我们就完全相似了。她喜欢阅读，喜欢编造戏剧，不喜欢表现得像个淑女，脾气暴躁。我找到了一个志趣相投的人。

题干 7. 作者对“每半个月一次的短途旅行”（“semimonthly excursions”）（第10行）的态度是

A. 忧虑，恐惧
B. 超然
C. 愤怒
D. 自豪
E. 高兴

解析

参考答案：E

这道题比较容易，作者用“were a piece of perfection”来形容这每半个月一次的短途旅行，可见作者的心情是很高兴的。

题干 8. 第16～18行（“You could ... else”）作者区分了

A. 宽泛和具体印象
B. 客观和主观经历
C. 外部和内部表现
D. 公众和私人观察
E. 真假假设

参考答案：C

“But once you were inside”，说明作者观察角度不同，分别从外部和内部来观察图书馆，故选择C选项。

题干 9. 第17～18行（“But once...else”）作者描述的语气是

A. 傲慢
B. 预感
C. 确信
D. 缺乏自信
E. 讽刺

解析

参考答案：C

这道题考词汇，关键要明白各个词的意思。选项A是“傲慢”的意思；选项B是“预感”的意思；选项 C 是“确信”的意思；选项 D 是“缺乏自信”的意思；选项 E 是“讽刺”的意思；原文“But once you were inside，you could never mistake it for anything else. / 一旦你进入其中，永远都不会把它与别的东西混淆”，作者用了“never”一词，可见其语气是相当肯定的，故选项 C 正确。其他选项明显不符合文意。

题干 10. 作者对“天花板”（“ceiling”）(第 20 行) 的反应，表达了她

A. 成为一个作家的渴望
B. 对宗教肖像的厌恶
C. 艺术标志的困惑
D. 对图书馆教育材料的尊敬
E. 在高雅文化中感到不舒服

参考答案：D

原句中“a ceiling adorned with what I used to imagine were the angels of books”，作者用“were the angels of books”来形容，足以显示她对这些教育材料的尊敬，故选项 D 正确。其他选项明显不符合文意。

题干 11. 对于作者来说，在地球仪上“看非洲”（“look at Africa”）(第 30 行) 意味着回忆

A. 美国的社会运动
B. 自己在国外的经历
C. 世界文化的多元化
D. 她周围邻居的道德的多元化
E. 非洲政治对美国的影响

参考答案：A

作者在第 33 行中提到“and try to remember which countries were fighting to be free just as we were struggling for civil rights. / 试图回忆当我们在进行民权运动的时候，那些国家正在为自由而战”，可见作者在回忆美国的社会运动，故直接判断选项 A 正确。

题干 12. 第 34 ～ 36 行（“I had ... show”）的描述表明作者的父亲

A. 跟自己的孩子讨论政治感到不舒服
B. 不同意大多数的电视新闻报道
C. 对人权运动感觉强烈
D. 大体上有消极的世界观
E. 是追求平等权利的公众倡议者

参考答案：C

通过原文的描述“I had heard Daddy talking about the struggle，arguing with the television as someone discussed it on a news show. / 我听爸爸说过这些战斗，当有人在电视新闻报道中

讨论这些时，他还对着电视机争论”，可看出作者的父亲对人权运动的强烈感觉。A、B、D 三个选项明显无关，比较容易排除，剩下 C、E 两个选项。作者说她父亲对着电视争论，而不是在电视的新闻报道里与人家争论，这说明她父亲并不是一个公众人物，故排除 E。

题干 13. 作者第 39 行提到的电影“Tarzan movies”是为了表明作为一个孩子，她

A. 不在乎电影的真实性

B. 喜欢看电影而不是读书

C. 对电影演员着迷

D. 对非洲的知识有限

E. 对小说人物基本不感兴趣

解析

参考答案：D

这道题很容易，根据原文的描述“But I didn’t really know anything about Africa”，可看出作者对非洲知识的认知非常有限，故选项 D 正确。其他的选项均不符合文意。

题干 14. 第四段（第 41 ～ 51 行）的主要目的是

A. 对比作者读过的神话和科学类书籍

B. 讨论为什么作者喜欢关于鸟和蜜蜂的书

C. 表明作者特定时期的阅读兴趣

D. 比较作者和她哥哥各自喜欢的书籍

E. 列举几个作者做过的科学实验

参考答案：C

第四段的首句“I read a lot of books about mythology, and then about science”及第 47 行的“I went through a phase of loving books with practical science experiments”，分别陈述了作者的阅读兴趣，包括神话学类、科学类及科学实验类，故可直接判断选项 C 正确。

题干 15. 第 52 ～ 60 行（“One Saturday ... paragraphs”）表明作者对书的观点可以概括为

A. 在图书馆读书要比在家枯燥

B. 好书在最开始的几段都比较枯燥

C. 小说比没有情节的书更加有趣

D. 书的题目有时候具有误导性

E. 书很少像它们的题目一样吸引人

解析

参考答案：D

这道题比较容易，作者提到“A book that sounded great on the shelf could be dull once you got it home/ 摆在书架上从书名来看貌似不错的书，一旦带回家可能就会很枯燥”，说明书的题目有时候具有误导性，题目听起来很好，实际内容却很枯燥，故选项 D 正确。

题干 16. 作者在第 61 ～ 69 行的引用（“Christmas ... comer”）是为了进一步

A. 表达一个意外发现的影响
B. 说明一个决定的突然性
C. 激起孩子的错觉
D. 批评对年轻人的人为的分类
E. 描述一个年轻读者对历史的感觉

参考答案：A

前文说到，作者意外发现书的题目有时具有误导性（“A book that sounded great on the shelf could be dull once you got it home”），为了避免误导性，“So I sat in a chair near the shelves to skim the first paragraphs/ 所以我坐在临近架子的椅子上浏览前几段”，作者就先看前几段，以确定书的好坏。第 61 ～ 69 行的引用就是作者列举的这样一个具体的例子。

题干 17. 与第 65 行中“fair”意思最相近的是

A. 清秀的
B. 温和的
C. 公平的
D. 有利的
E. 普通的

参考答案：C

此题主要考词汇，首先须弄清楚各个选项的意思。选项 A 的意思是“清秀的，好看的”；选项 B 是“温和的”；选项 C 是“公平的”；选项 D 是“有利的”；选项 E 是“普通的”。原文“I don’t think it’s fair for some girls to have plenty of pretty things，and other girls nothing at all”将“some girl”和“other girls”想对此，可直接判断“fair”的意思为“公平的”，故选项 C 正确。

题干 18. 第 70 ～ 75 行的描述（“It was ... end”）表明作者认为《小妇人》是

A. 令人困惑的
B. 寻常的
C. 愉快的
D. 意义深远的
E. 有魅力的，使人着迷的

参考答案：E

此题主要考词汇，首先须弄清楚各个选项的意思。选项 A 的意思为“令人困惑的”；选项 B 是“寻常的”；选项 C 是“愉快的”；选项 D 是“意义深远的”；选项 E 是“使人着迷的”。文中提到“I read and read and read *Little Women* until it was time to walk home，and，except for a few essential interruptions like sleeping and eating，I would not put it down until the end. ”，除了睡觉和吃饭这样的大事才能打断作者的阅读，足以说明《小妇人》这本书是令人着迷的，故选项 E 正确。

题干 19. 第 80 ~ 82 行（“She loved ... temper”）最主要是为了

A. 支持一个假设

B. 挑战一个说明

C. 强调一种不一致性

D. 证实一个对比

E. 生成一个批评

参考答案：D

作者在文章末尾说“I had found a kindred spirit./ 我找到了一个志趣相投的人”，可见她是将自己和书中主人公进行对比，证实两人有太多的相似点，故选项 D 正确。同时通过前文的“girls who could almost be like me”也可看出作者将自己和书中主人公进行对比。

SAT OG TEST 4（第一版 SAT OG TEST 2）

阅读译文 1

阅读下面文章，回答问题 9～10。

19 世纪法国小说家霍内·巴尔扎克在作品中表现出高超的理财能力，但是在现实中却濒临破产，这种矛盾也体现在其他方面。例如，巴尔扎克在作品中对女性心理敏锐的洞察使他深受女士喜爱，但是这些女士却惊异地发现巴尔扎克本人竟会是如此的感觉迟钝、愚笨木讷。事实看来，巴尔扎克真正的创作源泉不是他的敏感，而是他的想象力。巴尔扎克的小说最初起源于他在悲惨的孩童时期被关在寄宿学校一个黑暗的储藏室里产生的直觉：生命是一座监狱，只有想象力才能打开它的大门。

题干 9. 第 4～8 行的文字主要说明了

A. 巴尔扎克的作品在女性读者中并不是很流行

B. 巴尔扎克有关财政方面的描写并不能令人信服

C. 巴尔扎克对作品中人物的洞察力在他的日常生活中并未明显体现

D. 和巴尔扎克有亲身交往经历的人都不会尊他为艺术家

E. 读者对于巴尔扎克本人有着不切实际的期望

解析

参考答案：C

例子一般论证上下文的内容。例子后的第一句为转折句，意思为，事实看来，他真正的创作源泉不是他的敏感，而是他的想象。所以可以推断出该例子为上文服务，与上文为承接关系。并且 for instance 与上句的 other matters 对应。例子中提到巴尔扎克生活中木讷迟钝，但作品中有很强的洞察力，与上文中他在作品中很善理财但生活中却一文不名相对应。所以这个例子主要说明了巴尔扎克对作品中人物的洞察力在他的日常生活中并未明显体现。

题干 10. 作者描述巴尔扎克学生时期的经历是为了

A. 解释为什么巴尔扎克不能打理好自己的财政事务
B. 指出（该经历是）巴尔扎克丰富想象力可能的来源之一
C. 证明寄宿学校的经历并不是他表现平庸的原因
D. 暗示巴尔扎克是一名不受管教、不受拘束的学生
E. 描述巴尔扎克年幼时期在寄宿学校的生活条件

解析

参考答案：B

文中提到 Balzac’s fiction originally sprang from，该句后面紧接着他学生时期的经历，下文接着写道：“生命是一座监狱，只有想象力才能打开它的大门。”前后内容均提到了想象力，所以该经历是巴尔扎克丰富想象力可能的来源之一。

阅读译文 2

阅读下面文章，回答问题 11 ～ 12。

简·赖特医生晚年时坚持说：她的父亲，外科医生刘易斯·赖特从未逼迫她学医；事实上他还曾警告她，想成为一名医生将是多么的困难。无论是在非洲裔美国人群体之内还是之外，他的名望都让她在某些方面学习得更加困难。1945 年简·赖特从医学院毕业后，在一次接受记者采访时说道：“他的优秀确实让我的学习过程更加艰难。每个人都知道我的父亲是谁。”

题干 11. 这篇文章阐述出，简·赖特医生学习医学的过程变得更加困难是因为

A. 她的父亲曾警告她不要去学医学
B. 她的父亲炫耀他的成功
C. 她没有在学习上花费足够的时间
D. 她和他的父亲一样垂涎于名望
E. 人们自然而然地把她和她的父亲相比

参考答案：E

文中提到她学习医学的过程变得更加困难的前后，都出现对她父亲成功的描写，如 his very fame，his being so good，everyone knows who Papa is，正是因为她父亲的成功和名望使得别人都自然而然地把她和她的父亲相比。其余四个选项在文章中均未提到。

 12. 这篇文章主要是关于简·赖特

A. 对医学专业的某些观点

B. 童年的回忆

C. 对作为榜样的父亲的理解

D. 不情愿和她的父亲合作

E. 感激她父亲的鼓励

解析

参考答案：C

文章中多次提到了她对父亲的赞扬和父亲对她的影响，所以 C 选项正确。使用排除法也可以很容易得到答案，本文并未提到她的医学观点，A 选项排除；本文的时间点定位于她学习医学期间，并且提到了从医学院毕业，显然不是童年，B 选项排除；在文中并未提到合作，D 选项排除；"her father, surgeon Louis Wright, never pressured her to study medicine; indeed he warned her how hard becoming a doctor would be." 她父亲并未鼓励她学习医学，E 选项排除。

阅读译文 3

阅读下面文章，回答问题 13 ～ 24。

下面两篇文章写的是 19 世纪维多利亚女王在位期间（1837—1901 年）英国中产阶级女性的经历。第一篇选自一部社会历史学著作；第二篇出自一篇旅游写作研究。

文章一

19 世纪的英国，中产阶级女性通常承担着家庭责任，可供选择的职业数量极其有限。当然，有人可能会指出当时英国的君主维多利亚女王就是职业女性的例子；除此之外，工人阶级中，也有千百万的女性在工厂、私人家庭、农场、商店和市场里工作以赚取薪水。但是贵族阶级通常不会遭受中产阶级所受到的社会束缚，而工人阶级的女性所付出的辛劳则被视为"不体面"，通常会受到藐视。随着 19 世纪社会的发展，人们认为从事商业活动的女性，要么是因为没有财产可以继承，要么就是没有男人来养活她。中产阶级女性与中上层阶级的男性一样，受到社会束缚无法积极从商，因为社会认为劳动有失身份，不适合那些想要跻身上流社会的人。男性的自我价值往往会随着经济上的努力而提升，不同的是，女性如果也在经济方面努力的话，则冒着为自己招来骂名、给身边人蒙羞的危险。工作中的男女不平等使得中产阶级女性独立养活自己都极其困难，更不用说养活别人了。因此，在一个职业日趋成为界定男性身份核心因素的时代，任何与男性无关、由中产阶级女性独自担任的职位都会被视作不合适。在 1851 年的人口普查中，英国的注册总署署长首次引入了劳动者的第五阶级概念，而此阶级只包含女性：

第五阶级由大量没有正式工作的人群组成。但是英国家庭中的妻子、母亲和女主

人，也担任着一定职位，而且她们所履行的职责也很重要，这是不争的事实；又如，子女担当着或应该担当的赡养义务或家庭责任，在家中或学校里接受教育，这些都是不争的事实。

关于女性的这种概念是长久以来发展起来的。例如，在17世纪晚期，地方的商店老板或家庭作坊雇主们所使用的贸易牌上往往标记着男女双方名字的首写字母和夫妻俩的姓氏，但是到了18世纪晚期，只有男性经营者名字的首写字母被保留了下来。这可以证实一个生于1790年的维多利亚时期男性的观点：虽然他的母亲曾欣然地去参加过家用品拍卖会，但两性间不断加大的差距已经见证了妇女从商业生活中的退出。

婚姻比任何时候都更加成为女性想要取得经济富裕的唯一选择；在商业中，女性只是幕后模糊的影子。由于商业和金融资料中没有关于女性的记载，我们对中产阶级女性究竟做过什么，以及她们靠何经济来源生存都知之甚少。我们唯一确信的是，在19世纪时期，女性想要独立生存下去变得日益困难。

文章二

19世纪下半叶由维多利亚女王统治的英国，由于长期的和平与渐盛的繁荣，越来越多的女性发现她们可以在无人陪同的情况下到欧洲旅行。伴随着旅游的兴盛出现了很多的旅行指南、旅游注意事项集和旅行者的日记——其中很多是女性撰写，或是针对女性游客所撰写。

即使19世纪的女性因为各种各样的原因而旅游，从希望进行科学研究到加入传教工作，其中最主要的动机无疑是希望逃离国内对维多利亚时期的女性施加的各种束缚和限制。正如桃乐丝·米德尔顿所观察的那样："旅游是被家庭所困、被男性所支配的维多利亚女性们所持有的个人姿态。"维多利亚会客厅里的"笼中鸟"找到了她们的翅膀，纷纷飞往其他国家。在相对宽松的环境里她们获得了身体和内心的自由，甚至还有些许自治的快感。在《19世纪著名女性旅游家》(1883)一书里，达文波特·亚当斯如是评论："欧洲女性被各种专制的、人为的约束、义务和责任所束缚……当有机会时，她们会为旅行带来的短暂自由而欢呼雀跃，这是很正常的。"

19世纪后期，女性旅游家被挑选为体现女性新的社会、政治自由和展现女性英勇一面的榜样。讽刺的是，玛丽·金斯利以及其他女性旅游家竟然对维多利亚后期女性为争取更多政治权利而发起的运动持反对态度，或者只是漠不关心。因此，当玛丽·金斯利在1895年从西非回国时，很懊恼地发现自己由于旅行而被大众欢呼为"新女性"。但是尽管她经常公开表达自己对那些为争取更多自由而抗争的"新女性"的反感，但是正如保罗·福赛尔说的那样，她和其他人所写的旅游书中仍旧蕴藏着"对自由含蓄的颂扬"。

题干 13. 第18～21行文字说明，对于维多利亚时期的中产阶级女性，"自我价值"和"经济上的努力"被认为是

A. 相互排斥的

B. 持续不断进化的

C. 成功的两个要素

D. 找到一个丈夫所必不可缺的要素

E. 轻松可以达到的

解析

参考答案：A

该句意思为："男人的自我价值往往随着经济上的努力而提升，不同的是，女性如果也在经济方面努力的话，则冒着为自己招来骂名、给身边人蒙羞的危险。"关键词 unlike，对于男人来说，"self-worth" 和 "economic exertions" 是相辅相成的，女人的情况与男人不同，则应该是相互排斥的。

题干 14. 第 24 行 "occupation" 的意思最接近于

A. 军事征服　　B. 舒适的娱乐

C. 职业　　D. 定居

E. 政治压迫

参考答案：C

occupation 所在句子的上一句提到了 working world，推测该词的意思应该与工作有关，并且 occupation 对应后文的 position。所以选项 C 正确，意为 "职业"。

题干 15. 文章一的作者认为贸易牌（第 37 ～ 38 行）是驳斥第五阶级在 17 世纪开始流行一说的证据，因为这些贸易牌

A. 作为法定的流通货币

B. 供给中产阶级女性和劳动阶级女性两者使用

C. 帮助抵制了当时对性别的陈旧观点

D. 未能通过女性的名字和地位来鉴别其身份

E. 将男性和女性视为商务伙伴

参考答案：E

文章提到 17 世纪晚期，贸易牌上还有夫妻双方的名字，而到 18 世纪晚期贸易牌上就只有男方的名字，此时第五阶级流行，说明在之前的 17 世纪晚期，女性被视为同等的商务伙伴。

题干 16. 在文章一中，以下选项中除去哪一项，其余都可以视为女性在维多利亚时期的英国社会地位丧失的证据？

A. 男性和女性在就业机会上的差距。

B. 想要进入商业的女性需要承受被羞辱的风险。

C. 女性名字的首写字母不能再标记在贸易牌之中。

D. 女王的影响。

E. 缺乏能够提供女性行为数据的财务记录。

解析

参考答案：D

Of course，one can point to England’s monarch，Queen Victoria，as a famous example of a woman at work，意为“当然，有人可能会指出当时英国的君主维多利亚女王就是职业女性的例子”，所以女王为女性具有身份地位的典范，与题干中社会地位丧失不符。

题干 17. 如果是事实的话，下面关于英国社会的选项中哪一项最直接地支持在第42 ～ 46 行所描述的观点？

A. 17 世纪的女性劳动者可以通过承担更大的责任来提高她们的地位。

B. 女性在 19 世纪早期写的小说数量要比 18 世纪早期多。

C. 在整个 19 世纪妇女和女孩在工厂里工作。

D. 夫妇双方共同操持生意的现象在 19 世纪早期销声匿迹。

E. 在 17 世纪，女性无法进入正式的学术研究机构。

解析

参考答案：D

首先确定时间点为 the nineteenth century，所以 A、E 选项排除。B、C 两项是与题干中所说观点（我们所确信的是，在 19 世纪时期，女性通过她们自身想再生存下去变得日益困难）相反的证据，所以排除。所以 D 选项正确。

题干 18. 在文中，“hail”（第 80 行）意思最接近于

A. 向……大声叫唤

B. 向……做手势

C. 来自

D. 欢迎

E. 召集

参考答案：D

“hail”在上下文中的意思是“欢迎”，或者说是“迎接”。第 80 行来自达文波特·亚当斯关于女性被拘束，或者被压制是自然的论述，维多利亚社会应该欢迎解放，或者自由，而这些是旅行可以提供的。A 不正确。说女性应该“大声喊出”一个观念，是毫无逻辑的。B 不正确。这种关于“hail”的定义是不合适的，根据第 80 行的上下文。自由不能以一种身体上的姿势被“hailed”。C 不正确。说维多利亚时期的女性“应该来自”解放，然而事实上，她们在家里并不自由，这种观点是没有意义的。E 不正确。“hail”在这里并不是“召集”的意思，或者是“要求”的意思。联系上文，由于长期的束缚，她们对待自由的态度应该是积极的，从感情色彩来说，welcome 一词恰能表现出她们对短暂自由的兴奋。

题干 19. 在文章二中，玛丽·金斯利对于女权运动的态度说明

A. 对两性平等的真诚贡献

B. 一种解决方法，在此方法中对于一种事业的贡献会导致和其他事业的矛盾

C. 她作为英国公民的身份和作为女性身份两者之间明显的矛盾

D. 对于女性努力奋斗和其他人群的奋斗间的关系的理解

E. 她的个人动机以及别人对她行为的解释这两者间的矛盾

参考答案：E

She was chagrined to discover that she was being hailed as a "new woman" because of her travels. 意思是：她发现自己由于旅行而被大众欢呼为"新女性"，为此而感到气愤和懊恼。chargined 表明她并不希望被大众理解为新女性，与 E 选项相对应。

题干 20. 根据文章二，19 世纪的英国女性喜好旅行，其旅游的动机包括

Ⅰ. 上学

Ⅱ. 人道主义关切

Ⅲ. 商务动机

A. 只有Ⅰ　　B. 只有Ⅲ

C. 只有Ⅰ和Ⅱ　　D. 只有Ⅰ和Ⅲ

E. 只有Ⅱ和Ⅲ

参考答案：C

文章二指出，女性由于科学研究或传教而旅行。A 不正确，这个选项否定了女性同样为了人道主义目的旅行的事实。B、D、E 均不正确。这篇文章没有暗示女性旅行是为了追求经济利益。

题干 21. 哪一类维多利亚时期的英国旅游家最好地刻画了文章二的观点？

A. 一位去希腊和埃及考察古代遗迹的中产阶级女性

B. 一位居住在亚洲某国首都的贵族女性，其父亲是英国驻该国的大使

C. 一对传教士夫妇，他们永久定居在一个遥远的国家

D. 一名育婴女佣，陪伴她的贵族雇主一家去了他们在纽约的新家

E. 一个出身贫穷的年轻姑娘，被她的亲戚们送到澳大利亚谋生

参考答案：A

文章二仅仅涉及了那些在维多利亚时期通过旅行来逃避束缚和限制的女性。她们旅行的理由包括"科学研究"，因此那些去希腊以及埃及研究古代遗址的中产阶级女性证明

了这篇文章的主题。B 不正确。文章二描述了中产阶级女性在旅行中寻找到的“自治权”，一个和她父亲居住在国外的贵族既不是中产阶级也不是独立的。C 不正确。文章二提到那些独自旅行的女性工作人员逃避国内的限制，但是一个在国外和她丈夫再次定居的女性不是单独旅行，也不是逃避限制。D 不正确。一个育婴女佣是依附于她的雇主的，因此并不属于文章二提出的论点的范围，该论点主要集中在通过旅行来获得独立的中产阶级女性。E 不正确。一个来自穷困家庭并被送到国外工作的女性既不是中产阶级也不是一个独立的旅行者。文章二通篇提到的一个词是 travel，是自由的旅行，很显然和 A 选项中的 tour 对应，并且 A 选项体现了本文中所说的女性通过旅游实现对自由的追求。所以 A 选项正确。

题干 22. 文章一中的“第五阶级”（第 29 行）和文章二中的哪一种群体最接近？

A. 从事传教工作的女性
B. “笼中鸟”（第 71 行）
C. “新女性”（第 89 ~ 90 行）
D. 桃乐丝 · 米德尔顿和玛丽 · 金斯利
E. 达文波特 · 亚当斯和保罗 · 福赛尔

参考答案：B

本题可以使用排除法，其中 Dorothy Middleton，Davenport Adams 和 Paul Fussell 在本文的出现是因为本文引用了这些人的说法，文中并未叙述他们是怎样的人，所以 D、E 排除，进行传教工作的女性属于新女性，她们与对第五阶级的描述中 have no occupation 矛盾，所以排除 A、C 选项。

题干 23. 文章一和文章二拥有的共同语气是

A. 浓郁的怀旧之情
B. 中立的分析
C. 个人的惋惜
D. 义愤填膺
E. 公开的敌意

参考答案：B

两篇文章的语调都可以被描述为客观的和不诉诸感情的。A 不正确。两篇文章都没有传达出一种怀旧的感觉。C 不正确。两篇文章都没有表达出一种个人化的感受。D 不正确。虽然文章一讨论了维多利亚时期女性面临的不平等，但是作者保持了客观性。另外，两篇文章都没有表达出公开的愤怒。E 不正确。两篇文章中都没有丝毫表现出敌意的语气。

题干 24. 文章一中的信息支持哪一种对文章二中女性描述的总结？

A. 她们在本国寻找工作时受到挫折。
B. 她们试图在别国创立自己的事业。
C. 她们和孩子们以及其他家庭成员一起旅游。
D. 她们普遍受到英国各个阶层女性的羡慕。
E. 她们是忠诚的社会改革支持者。

参考答案：A

文章二中对女性的总结有这样一句话：Undoubtedly a major incentive was the desire to escape from domestic confinement and the social restrictions imposed on the Victorian female in Britain. 意思是其中最主要的动机无疑是希望逃离国内对维多利亚时期的女性施加的各种束缚和限制，与A选项中她们在本国寻找工作时受到挫折相对应。

阅读译文 4

阅读下面文章，回答问题 6～9。

文章一

只有通过常人难以忍受的高强度劳动，农户才能实现高效率。明尼苏达州政客、农民出身的达瑞尔·迈克基尼写道："农户们每天至少得做14个小时的高强度体力劳动（在收获季节通常每天至少18个小时），一星期7天，一年365天，没有假期也没有周末。农民必须忍受这一切，不享受大多数美国工会所规定的任何福利。"例如，一个奶农不可能休两个星期的假而不去挤奶。一位心理学家曾写道："农民们看不到生活的其他方面，农场（的工作）几乎已将他们耗尽。"

文章二

除了偶尔会怀念起家族农场是他们优良价值观的源泉，美国人已经与粮食生产的伦理道德疏远了。 难怪一项由《纽约时报》进行的民意调查显示，大多数美国人把农场生活视为美国最好的生活。作为消费者，美国人享受了相对廉价的食物。如果家庭农场消失，将会发生什么呢？如果没有家庭农场监管我们的体制，被我们利用，牺牲自己的舒适为我们创造优越的环境，我们该怎么办？

题干 6. 和文章二不同，文章一主要关心

A. 食物生产的伦理含义
B. 许多农场艰苦的工作条件
C. 农民们需要组成工会
D. 美国有充足而丰富多样的食品
E. 很多美国人对农场生活的信仰

参考答案：B

文章一集中在大体以家庭农场为特点的恶劣的工作环境上。根据这篇文章，很多农民在没有假期或者福利的情况下辛苦地工作很长时间。文章二中提到"牺牲自己的舒适"，但是没有详细解释他们实际的工作环境。文章一的核心语句为"Farm families are able to achieve efficiency only through a brutal work schedule that few people could tolerate."意思是通

过执行一张几乎无人能够忍受的残酷的时间安排表，农户才有可能做到有效率地工作，并通过举例说明了农民没有休息日的艰苦工作条件。

题干 7. 两篇文章论点有助于抵制

A. 为了获取确切信息而依赖民意调查
B. 很多农民过年休假的期望
C. 美国人购买便宜食品的倾向
D. 非农人群对农场生活的浪漫想法
E. 家庭农场所产农产品的价格上涨

参考答案：D

文章一主要侧重农场艰苦的工作条件，文章二侧重于美国人并不了解食物生产的伦理道德，即并不了解农民的真实生活和价值，所以两篇文章都反对非农人群认为农场生活是最优越的生活的想法。

题干 8. 文章一的作者最有可能是在说以下哪一种“大多数人”（文章二第 19 行）？

A. 他们会对农场上例行的工作杂事感到厌倦。
B. 他们对农场生活的实际情况一无所知。
C. 他们羡慕普通家庭农场的工作效率。
D. 他们希望能够改善许多农民的辛苦生活。
E. 他们对当前经济食物生产的研究印象深刻。

参考答案：B

关键词 little wonder 译为“难怪”，既然对民意调查的结果并不意外，可以推测上一句已经提到了大多数人认为农场生活是最优越的生活的原因。从原因中我们可以看出，他们除了能从食品中怀念起家庭农场是优良价值观的源泉之外，并不了解真实的农场生活，所以 B 选项正确。

题干 9. 和文章二的作者不同，文章一的作者做了以下哪件事情？

A. 解释一个研究成果。
B. 提供一个解决方法。
C. 表明一个立场。
D. 讨论一种现象。
E. 引用一个权威。

参考答案：E

文章一引用了明尼苏达州政客、农民出身的达瑞尔·迈克基尼的话，而文章二并未运用些方法。

阅读译文 5

阅读下面文章，回答问题 10 ～ 15。

这篇文章摘录自一部由美国华裔作者撰写的小说，内容有关一个名叫琼的美国华裔女人。在一次琼的一些华裔朋友参加的家庭晚宴上，一个名叫薇弗莉的税务律师和琼探讨了琼为自己创作的一则广告。

薇弗莉开怀地笑着。“我的意思是，真的，琼。”然后她的声音突然装得像电视主持人那样低沉：“三种益处，三种需求，三个理由去购买……保证满意……”

她说话的方式如此滑稽，以至于每个人都认为这是个好笑话，都笑了起来。就在那时，更糟糕的是，我听到我妈妈对薇弗莉说道：“是真的，个性是教不来的。琼不像你那样精明能干，她天生就是这样的。”

我被自己当时的感觉吓到了，我当时感到自己好没面子。我总是没有薇弗莉机灵，而这次又被自己的妈妈背叛了。

…………

5 个月前的一天，晚饭过后，妈妈给了我“具有人生意义”的礼物，一个挂在金链子上的翡翠挂坠。这个挂坠不是我想为自己选择的那种首饰。她几乎有我的小手指那么大，白绿相间，雕刻精致。对我来说，所有的感觉都不对劲：太大，太绿，装饰太过俗气。我把它塞进了我的首饰盒，从此忘记了它的存在。

但是这些日子来，我思考着自己人生的意义。我想知道人生究竟意味着什么，因为我妈妈在 3 个月之前，离我 36 岁生日仅 6 天时去世了。她是唯一我可以咨询该问题的人，唯一我想让她帮助我去理解生命中不幸的人。

我现在每天都带着她送给我的那个挂坠。我觉得那个雕饰意味着什么，因为那些在经人指点之后我才注意到的图形和细节，对中国人来说通常带有某种含义。我知道我可以去问林多阿姨，阿美阿姨，或者其他中国朋友，但是我也知道他们告诉我的意义肯定和我妈妈想要告诉我的内容不同。如果他们告诉我那汇成三个椭圆的纹线代表三个石榴，我妈妈希望我能多生子嗣；而实际上我妈妈认为那个雕刻是三个梨，希望我能纯洁诚实，那该怎么办？

由于时刻在想着这些事情，我经常注意到其他人也戴着一样的翡翠挂坠——不是那种平面的长方形奖章或者中间有洞的圆形白色挂坠，而是和我一样的挂坠，一个两英寸椭圆形的亮苹果色挂坠。就好像我们对着同一个秘密契约许下誓言，而契约内容太过机密以至于我们自己都不知道它的内容是什么。例如，上个周末，我就看到一个酒吧服务生戴着这么一个挂坠。就像我问自己那样，我问他：“你的挂坠是从哪来的？”

“我妈妈送给我的。”他回答说。

我问他为什么，这是在管闲事，只有中国人才会问彼此这类问题。在这么一群白人之中，我们两个中国人已经感觉像是一家人。

“她在我离婚之后送给我的。我猜我妈妈是想告诉我，我依然是个有价值的人。”

从他有所怀疑的口气中，我已经明白，他根本不知道那挂坠的含义是什么。

题干 10. 在第 1 ～ 4 行，薇弗莉形容琼的广告

A. 肤浅和拙笨
B. 压抑和令人费解
C. 清晰和简明
D. 幽默和令人印象深刻
E. 聪明和活泼

解析

参考答案：A

关键句：True, one can't teach style. June is not sophisticated like you. 意思是："是真的，个性是教不出来的。琼不像你那样精明能干。"该句为琼的妈妈对薇弗莉的说法的赞同，所以可以推测出薇弗莉同样认为 June is not sophisticated。

题干 11. 在文章中，"我被自己当时的感觉吓倒了"（I was surprised at myself）（第 10 行）说明了琼

A. 不知道自己能够承受感情打击的上限
B. 对于母亲纵容使薇弗莉在众人面前羞辱自己而愤怒
C. 对于自己能够这么强烈地厌恶一个人而震惊
D. 还未发觉她的母亲倾慕她的朋友薇弗莉
E. 对于她那么怨恨自己的母亲而感到难过

参考答案：A

该题为推理题，应从前后文中寻找答案，上文为对事件的叙述，则答案在下文。该句的下一句说的是我再一次被薇弗莉捉弄了，并且现在我的妈妈也背叛了我。指的都是感情上的打击，与 A 选项对应。

题干 12. 第 10 ～ 11 行中（"I had ... again"）琼的评论说明了

A. 琼曾预料到薇弗莉会羞辱她
B. 琼本来希望这次羞辱薇弗莉
C. 薇弗莉和琼的母亲有切身的理解
D. 薇弗莉曾在以前让琼感觉到不舒服
E. 相对于琼，薇弗莉是一个更有才能的作家

解析

参考答案：D

短语"再一次"清楚地表明琼对薇弗莉的批评并不陌生。该句的意思是威弗利再一次戏弄了"我"，again 表明这并不是第一次，所以 D 选项正确，薇弗莉在以前就让琼感觉不舒服过。

题干 13. 对于琼来说，晚宴上发生的一起非常重要的事件是

A. 为了让薇弗莉感到受欢迎，她的妈妈经历了很大的痛苦

B. 她妈妈责备她不应该和薇弗莉争吵

C. 她妈妈在家人和朋友面前并不站在她那一边

D. 薇弗莉激怒了她的妈妈

E. 薇弗莉对她的妈妈撒了谎

参考答案：C

当琼的母亲公开赞同薇弗莉的批评的时候，琼在晚宴上被深深地羞辱了。“琼不像你这么精明能干，”琼的母亲在客人们面前对薇弗莉这么说。这种背叛看上去对于琼之后对她母亲的死的不依不饶有着特殊的意义。“I had been outsmarted by Waverly once again, and now betrayed by my own mother.”该句是对晚宴上发生的事情的总结。被薇弗莉羞辱已经让琼很不舒服，而妈妈也背叛了她，使她更加难过。

题干 14. 文章对琼和酒吧服务生的相遇的那段描写有利于说明

A. 母亲和儿子的关系不同于母亲和女儿之间的关系

B. 琼并不是唯一一个思考翡翠挂坠意义的人

C. 一个翡翠挂坠象征了生命和死亡的神秘

D. 琼最终理解了她的翡翠挂坠的意义

E. 和家庭成员以及朋友比起来，陌生人更容易交谈

参考答案：B

事件是为上下文服务的，上文说到“And because I think about this all the time, I always notice other people wearing these same jade pendants—not the flat rectangular medallions or the round white ones with holes in the middle but ones like mine”，意思是还有其他的人也带着和June一样的项链，并且文章的结尾说到那个戴着一样项链的人也不知道这个翡翠挂坠的意义。

题干 15. 这篇文章显示出，赠送翡翠挂坠的行为可以被描述成

A. 常见的传统行为

B. 母亲请求原谅

C. 母亲铺张浪费的典型例子

D. 没有先例的慷慨赠予

E. 琼生命中不值得注意的小事

参考答案：A

因为本文中提到有很多人戴着和琼一样的由长辈送的翡翠挂坠，并且并没有什么特定的意义，由此可以推断出赠送翡翠挂坠是很普遍的传统行为。

阅读译文 6

阅读下面文章，回答问题 16 ～ 24。

这篇文章选自 1991 年出版的有关自然写作的书籍。

在北美洲，蝙蝠属于可预测的物种范畴：它们昼伏夜出，喜食昆虫，并且块头较小。但是穿梭于黑暗的绿色丛林中的热带蝙蝠比它们生活在温带地区的同类数量更多，并且有着更加奇异的生活习性。它们中的一些喜食花蜜，通过这些蝙蝠来授粉的植物从中受益颇多。肉食性的蝙蝠最喜欢从树叶或月夜下的池塘里捕食当地的青蛙、蜥蜴、鱼类或鸟类。当然，一些蝙蝠是吸血鬼，喜食血液。电影里的吸血鬼非常引人注目，行为很夸张，但是吸血蝙蝠则是用自己尖锐的三角形前齿，偷偷在猎物身上刺出一个小的切口而吸血。它们的猎物往往是熟睡中的牲畜，它们行动时也会很小心，以免弄醒这些牲畜。首先，它们在猎物身上咬出引号形状的伤口，然后借助它们的唾液中富含的抗凝血剂，使猎物的血液缓缓流出，然后就这样舔食猎物血液，直到吃饱为止。因为这种抗凝血剂对人类没有毒性，吸血蝙蝠也许有一天将对人类治疗心脏疾病起到重要的作用——如果我们能够克服自己对吸血蝙蝠的恐惧。通过对它们进行紧密细致的研究，我现在知道蝙蝠是一种性情温顺、利用价值高并且很吸引人的生物。很多人长期以来对蝙蝠的惧怕使得我们除了自身的恐惧之外，对它们知之甚少。

昼伏夜出的动物生活在“正常”时间之外。享有优越感的人类依据自己白天活动夜里睡觉的习性，总是将黑夜的居民和不怀好意的人联系到一起——抢在我们所有人之前，违反大自然，违反 24 小时节律[*]的人。并且，夜晚是我们休息做梦的时间，所以我们总是想象蝙蝠们是在我们的睡梦时间里活动。然而事实却正好被扭曲了。别忘了，我们在夜晚里看得并不是十分清晰真切；我们也没有必要看得那么清晰真切，但是这却使得我们在夜幕降临之后自我保护的能力下降。尽管我们习惯于在白天做我们的事情，但是到了夜晚我们却变得非常羸弱，成为被袭击的对象。把蝙蝠看成是暗夜里的主人，这是对我们日常所需安全感的威胁。即使我们是在食物链的最上层，但是如果我们不得不生活在雨林里，并且不得不保护自己不受那些到处游逛的猎食者的袭击的话，我们将会生活在恐怖当中，所以那些所有生活在规则常理之外的生物，我们都会认为是歹徒，是袭击者。

蝙蝠在世界各地的神话、宗教、迷信中经常被视为令人恐惧的超自然生物。芬兰的农民曾迷信他们的灵魂会在他们夜晚睡觉时离开身体而变成蝙蝠四处游荡，等到天亮之时再回归身体。古埃及人认为蝙蝠的器官是治疗各种疾病的良药。也许两千年前的玛雅人对蝙蝠和人类关系的认识要算最神秘、最恐怖并且最亲密的了。Zotzilaha Chamalcán，他们的蝙蝠之神，有着人类的身体、独特的蝙蝠的头和翅膀。在玛雅人的祭坛、陶器、黄金饰物和石柱上经常会出现他的形象。一幅尤其令人恐惧的雕版图中是这样表现这位蝙蝠之神的：他伸展着双翼和他那类似问号的鼻子，吐着舌头好像饥饿万分，一只手拿着一具人类的尸体，另一只手则握着一颗心脏。很多其他中美洲文化都将蝙蝠推向一个极高的地位：它代表着死亡之神和黑暗世界。但是，还是布拉姆·斯多克的畅销小说《惊情四百年》把蝙蝠这种渺小、多毛的哺乳动物变成了英语国家人们心中的巨大的吸血鬼。如果吸血鬼是半人的怪物，那么他们令人发指的残忍肯定会使充满恐怖的小说将人类对吸血鬼的恐惧推向顶峰。

* circadian rhythms：指由日夜的更替而决定的人体内部 24 小时的生理周期规律。

题干 16. 这篇文章作者主要的观点是

A. 世上仅存几种蝙蝠

B. 人类是夜间捕食者的猎食对象

C. 蝙蝠的唾液可能入药

D. 只有神话和小说真实地描绘了蝙蝠的习性

E. 我们对蝙蝠的感觉是基于人类的心理作用

参考答案：E

关键句："The long-standing fear that many people have about bats tells us less about bats than about human fear." 该句为承上启下的句子，意思是很多人长期以来对它们的惧怕心理使得我们除了恐惧之外其他的知之甚少。上文介绍了蝙蝠实际上是一种性情温顺、利用价值高并且很有吸引力的生命，下文介绍了人类认为蝙蝠恐怖的原因，由此说明了人类对蝙蝠的认识是基于心理作用而非客观了解。

题干 17. 与第 14 行的"classic"的意思最相近的是

A. 文学的

B. 不朽的

C. 优雅的

D. 知名的

E. 重要的

参考答案：D

classic 有"文学的，不朽的，著名的"意思，"文学的"和"不朽的"显然不符合此处的意思，所以应该是对于吸血蝙蝠来说，那个引号形状的伤口是闻名的。

题干 18. 第一段（第 1 ～ 24 行）对吸血蝙蝠的讨论主要是为了说明

A. 吸血蝙蝠是有潜在利用价值的生物

B. 电影中的吸血鬼形象仅来自北美洲蝙蝠

C. 大多数热带蝙蝠不是肉食性的

D. 吸血蝙蝠的唾液比人们通常想象中的更具毒性

E. 科学家对大多数蝙蝠的行为知之甚少

参考答案：A

第一段总结性的语句为："Having studied them intimately, I now know that bats are sweet-tempered, useful, and fascinating creatures." 意思是通过对它们进行了紧密细致的研究，作者现在知道蝙蝠是一种性情温顺、利用价值高并且很有吸引力的生命。并且上文提到了"Because this anticoagulant is not toxic to humans, vampire bats may one day play an important role in the treatment of heart patients"，即因为这种抗凝血剂对人类没有毒性，吸血蝙蝠也许有一天将对人类治疗心脏疾病起到重要的作用。都说明了吸血蝙蝠具有潜在的利用价值。

题干 19. 在第 26 行，"normal" 一词中的引号是为了

A. 强调是作者写作中的独创
B. 批评人类对时间的痴迷
C. 强调一种观点的局限之处
D. 展示作者同意该词的通常用法
E. 显示出该词在阅读时要重读

参考答案：C

normal 一词所在的句子为该段的总起句，呼应该段的总结句，即最后一句"so anything live outside the usual rules we suspect to be an outlaw, a ghoul." 意思是所以那些生活在规则常理之外的生物，我们都会认为是歹徒，是袭击者。通过该段的叙述可以得出，是否是 normal 都是人类自己定义的，所以引号表明了该定义的局限性。

题干 20. 下面哪 ·个选项的叙述与作者在第二段（第 25 ～ 42 行）的观点偏离最小？

A. 很多人在夜间工作，白天睡觉。
B. 夜间猎食的猫头鹰不会引起我们的恐惧。
C. 大多数的危险猎食者在白天猎食。
D. 一些文化将蝙蝠和美好的事物联系在一起。
E. 一些梦中的景象源于做梦者的个人生活。

参考答案：E

本题可使用排除法，A 选项与"Chauvinistic about our human need to wake by day and sleep by night"相反；而 B、C、D 与文中"anything living outside the usual rules we suspect to be an outlaw, a ghoul"相反。综上所述，A、B、C、D 选项均与作者的观点截然相反，相比之下 E 选项是与作者在第二段中观点偏离最小的。

题干 21. 第三段 (第 43 ～ 66 行) 所应用的例子主要来自

A. 人类学
B. 自传
C. 科幻小说
D. 精神病学
E. 生物学

参考答案：A

该例子是为了论证上文，即玛雅人对蝙蝠和人类关系的神秘、残忍的认识。第三段选取了神话、宗教以及迷信里的例子，这些都是人类学的中心话题。符合 A 选项人类学的范畴，所以 A 选项正确。

题干 22. 作者通过阐述以下哪一项所述而引申出第三段文字(第 43 ～ 66 行)？

A. 同一问题的不同面
B. 上升为真理的具体细节
C. 有具体例证的论文
D. 一个论点并进行反驳
E. 一个意见及其所持的根据

参考答案：C

第三段具有显然的总—分结构，第一句话为总起句，接下来的内容是对第一句的论证，并且用芬兰农民、古埃及、玛雅等例子具体论证蝙蝠在世界各地的神话、宗教、迷信中经常被视为令人恐惧的超自然生物这一观点，所以 C 选项正确。

题干 23. 在最后一段所阐述的各个人类群体中，哪一个群体的具体行为最好地支持了“useful”（第 21 行）这个观点？

A. 芬兰的农民
B. 古埃及人
C. 古玛雅人
D. 很多中美洲的文化
E. 说英语的人

参考答案：B

本题需要对每个选项回归原文。回归原文之后不难发现，“Ancient Egyptians prized bat parts as medicine for a variety of diseases”，古埃及人认为蝙蝠的器官是治疗各种疾病的良药。符合题干中 useful 的意思，所以 B 选项正确。其他选项均未体现 useful。

题干 24. 第 60 ～ 66 行对 Stoker 的作品的引用扩展了作者哪种观点？

A. 蝙蝠是一种性情温顺的动物。
B. 我们对蝙蝠的恐惧更多的是来自我们自身，而不是蝙蝠。
C. 人类总是对夜间行动的生物充满好奇。
D. 蝙蝠比人类在夜间的视力要好。
E. 蝙蝠甚至在遥远国度的民间传说中也被视为超自然生物。

参考答案：B

本文最后一句的意思是“充满恐怖的小说将人类对吸血鬼的恐惧推向顶峰”，并且上文提到蝙蝠并非是我们想象的那么恐怖，相反是有益的温顺的动物，所以蝙蝠本身并不恐怖。

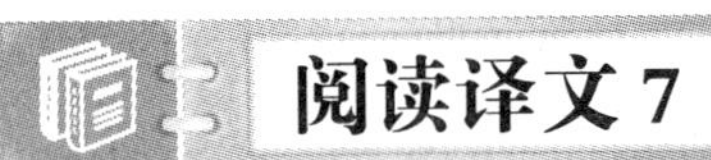

阅读译文 7

阅读下面文章，回答问题 7 ～ 19。

自从电视机发明以来，社会评论家们已经对其在现代社会中所扮演的角色做出了评价。下面这篇文章选自 1992 年发表的一篇论文，在这里一位德国社会评论家提供了较为直率的评价。

“电视让你变得愚钝。”

事实上现在所有有关媒体的理论都集中到了这一句简单的话中。按照惯例，人们忧郁而低调地发表了该结论。有四个主要理论值得仔细阐述。

操纵理论属于意识形态的范畴。它认为电视首先是政治统治的一个工具。媒体被认为是一个无偏倚、无倾向的平台，向被动接受信息的大众传递、输送着各种观点和理论。被其诱导且失去怀疑思想的电视观众由此被电视节目背后的操纵者所迷惑，他们根本不知道对于他们来说究竟发生了什么。

效仿理论则主要来自道德范畴。根据此理论，收看电视会导致道德风险。任何一个为媒体所包围的人都会自然而然地产生自由玩乐、不负责任、犯罪和暴力这样的心理。从个人角度来讲，这会导致个人迟钝呆板、冷酷无情和倔强固执；从公众角度来讲，这会导致社会伦理的沦丧和大众道德的衰败。乍看上去，这种批评模式运用了传统资产阶级的素材。这篇论文中不断出现的主题可以追溯到早在 18 世纪就存在的徒劳的警告，那时的早期文化批评认为阅读小说是危险的举动。

而最近的则是模拟理论。根据此理论，电视观众根本无法区分事实和虚构。最主要的事实无法辨认的，或者被次要的似有若无的事实替代。

所有这些都可以用麻木理论来总结。麻木理论认为，电视不仅会破坏人们批评辨别能力，有损于他们作为道德和政治的人而存在，还会削弱他们所有的感知能力。因此，电视创造了一种新型人类。根据品味不同，他们可以被归为“僵尸”和“异形”。

所有这些理论都不怎么令人信服。它们的提倡者认为证据是多余的，他们甚至没有考虑到证明其理论的标准是否可行。举一个例子，还没有人能够真正找出这么一个观众，他甚至无法区分流行肥皂剧中的家庭纠纷和现实中自己家中的纠纷这两者的区别。然而这并没有影响模拟理论的支持者们对该理论的看法。

这些理论共有的另外一个特征就是它们要求的条件苛刻，要有更严格的因果关系。基本来说，电视观众表现得更像毫无自卫能力的受害者，而电视节目的制作者则像阴险狡诈的罪犯。这种极端现象需要非常苛刻的条件来支撑：操纵者和被操纵者，表演者和效仿者，欺骗者和被欺骗者，蛊惑者和被蛊惑者，他们要在一个完美平衡的条件中相互对称存在。

这些理论家们和电视之间的关系引发出了一些重要的疑问。要么这些理论家们根本不看电视（这种情况下，他们无从谈论电视的问题），要么他们就沉迷于电视，那么问题就产生了——究竟发生了什么神奇的事情，让这些理论家们能够不受他们所谓的那些电视负面效应的影响？和其他所有人都不同，这些理论家在道德上完美无缺，他们能够以一种独立自主的姿态区分虚伪和现实。还能够从我们之中判断出谁是真正的愚蠢之人，并在他们面前对其影响完全免疫。面对这一问题中的一个致命漏洞，我们逆向思考一下，会不会是在所有人都麻木之时，这些所谓的理论本身也是受电视毒害所致？

很难说这些理论家们没有产生过任何影响。有一点是肯定的，他们对实际播放的内容产生的影响是有限的。取决于不同人的心态，这些被播放的内容可能会被认为令人痛苦，也有可能被认为帮助颇多。另一方面，他们在政客中间找到了心甘情愿的听众。这并不奇怪，因为说服数百万"其他国家民众"本来就是职业政客的一项基本心理技能。当人们看到电视竞选转播中的政界老手们针对对方的豪华轿车、历次检阅仪仗队时的着装、对方在竞选台上的发型以及竞选演讲而进行不停攻击的时候，他们会重新考虑这些理论家们的影响。转播的总时长、摄像机的角度、人们鼓掌的热烈程度都会通过一种可触摸到的激情而为观众们所铭记。政客们的行为已经被经典而古老的操纵理论所言中。

题干 7. 在第 11 行，"背后的操控者"（"wire-pullers"）指的是

A. 电视节目工作室中枯燥乏味的技术人员

B. 公众舆论的无形的塑造者

C. 自私自利的电视批评家

D. 观念守旧的落魄穷作家

E. 精明的消费品广告制作人

参考答案：B

上文说到媒体"pours out opinions over a public thought of as passive"，即向被动的大众传递各种观点，按照操纵理论的说法，媒体操纵大众舆论，可以被称为大众舆论的无形的塑造者。

题干 8. 和第 14 行用到的"consumption"意思最接近的是

A. 破坏

B. 观察

C. 侵蚀

D. 购买

E. 困扰

解析

参考答案：B

选项 B 正确。“viewing” 的意思是 “观看，观察”。如果要把这个解释带到文中的话，这个从句就可以理解为 “看电视首先导致的就是道德上的危险”。作者指出因为效仿理论警醒人们看电视会带来的道德危险，可以轻易地推断出电视消费和看电视是有关的。选项 A、C、D、E 都没有这层意思。

题干 9. 第 21 ～ 24 行对 18 世纪的引用传达了对基于道德范围的文化评论怎样的印象？

A. 它们是起始于文明初期的传统的一部分。

B. 它们曾是当时社会评论家们的主要工作。

C. 它们曾经具有说服力，但是现在却为公众所忽视。

D. 在当今它们已经不再像过去一样适用。

E. 它们继续吸引着那些对艺术缺乏真正理解的人们。

参考答案：D

作者所举的 18 世纪关于小说阅读的例子是为了证明作者本文的观点，而不仅仅是为了说明例子本身。该例子中有明显表达感情倾向的词语 “vain warnings”，徒劳的警告，并且现在已距离 18 世纪很久远，这些警告不再像之前那样适用于现在的情况。也呼应了后文作者对这些理论的质疑。

题干 10. 作者在第 21 ～ 24 行和小说做了比较，是为了

A. 指出电视在文学上的起源

B. 强调大众文化的衰落

C. 强调电视依靠的是可视的图像

D. 揭露出对新生媒体的狭隘抵制

E. 攻击电视制作人在文化上的缺陷

参考答案：D

该题涉及作者的写作意图，从后文中不难找出作者的观点：“All these theories are rather unconvincing.” 所有这些理论都不怎么令人信服。显然作者对这些理论持怀疑态度，并且认为这些理论的提出过于牵强。例证是为主题服务，若局部不容易得到答案，可以从全文的主旨中提取有效信息。

题干 11. 词汇 “primary”（第 27 行）和 “secondary”（第 28 行）用来指出哪两者的不同？

A. 理想的民主政治和我们的政治系统

B. 自然事物和人造事物

C. 现实的世界和它对应的虚幻世界

D. 社会名流的道德和大众的道德

E. 科学家和神秘主义者对世界的认知

参考答案：C

指代题回归原文并联系上文，“primary”和“secondary”分别对应上文的“reality”和“fiction”，不难选出答案C。

题干 12. 模拟理论的支持者可能通过指出作者做出了以下哪一项，来反驳第37～44行的批评？

A. 过于字面化地应用该理论，使其失去正确性。

B. 在相对不重要的地方过于较真。

C. 并不是心理学家，所以不能合理正确地评价他们的观点。

D. 攻击他们的理论，来鼓吹其他三个。

E. 没有考虑电视在大众文化中的作用。

参考答案：A

选项A正确。作者通过阐释看电视的人能够很好地辨别出一条电视上的论断和家里的论断来批评了模拟理论。但是模拟理论的支持者很可能主张，他们的观点比作者描述的情况要复杂得多。可能有一些电视扭曲现实的方式并没能在作者的基本观点、字面的例子中体现出来。B不正确，作者声称模拟理论蔑视了证明和能言善辩的问题。这是使一个理论变得不可信的很重要的一点。C不正确，我们并不知道作者的职业是什么。D不正确，作者对每个理论都有同样的怀疑，他没有尝试攻击其他理论来支撑某一个理论。E不正确，作者确实考虑到了电视在流行文化中的冲击并指出看电视并不是像评论家们所说的那样有害。

题干 13. 作者针对电视评论者的态度可以最合理地描述为

A. 感兴趣的

B. 轻蔑的

C. 模棱两可的

D. 纵容的

E. 冷漠的

参考答案：B

作者对电视评论者提出的观点持怀疑态度，并且认为他们的观点过于牵强或者不现实，持否定态度，选项B“轻蔑的”可以表达这一感情倾向。

题干 14. 作者主要通过哪种方式回应这四种理论？

A. 提供反面证据

B. 发动各个权威

C. 增加历史视角

D. 将操控者和被操控者之间的界限模糊化

E. 暗示没有通情达理的人会重视它们

解析

参考答案：E

文章从各个方面阐述了这四种理论的不合理性，首先，“Even the minimal criterion of plausibility does not worry them at all.”他们没有证明其理论的标准是否可行；其次，“Another common feature of the theories is just as curious but has even more serious consequences.”他们的理论需要苛刻的条件，更加严格的因果关系。再次，“The relationship of the theorists themselves to television raises some important questions.”理论家是否真的不受电视影响令人怀疑。所以由于理论是不合理的，即 unreasonable，就不会得到 reasonable person 的重视。

题干 15. 根据文章，最近对电视的评论是基于下面哪一种或哪些对观众的假设之上的？

Ⅰ. 观众们对喜剧节目最感兴趣。

Ⅱ. 观众们从不分析思考。

Ⅲ. 观众无中生有地在节目中看到政治内容。

A. 只有Ⅰ

B. 只有Ⅱ

C. 只有Ⅰ和Ⅱ

D. 只有Ⅱ和Ⅲ

E. Ⅰ、Ⅱ和Ⅲ

参考答案：B

此题可使用排除法。文中并没有明确提到观众对什么节目最感兴趣，所以Ⅰ不正确。Ⅲ选项与最后一段中民众受到政治节目的影响不符，所以只有Ⅱ正确。从下文中检验可以发现，文中多次提到了观众没有分析能力，如“view is rendered incapable of distinguishing between reality and fiction”，又如“Seduced, unsuspecting viewers...”

题干 16. 作者通过下面哪一种方法对这四种理论进行分类？

A. 认真的重新评价

B. 怀着怀疑的态度去分析学术资料

C. 对未来悲观的警告

D. 故意对数据弄虚作假

E. 带有讽刺的描写

解析

参考答案：E

本文整篇意在阐述关于电视的理论的牵强，并且提出这些理论的理论家们并没有给出足够的证据使人信服，意在批评，但文章中并没有直接指责的描述，而是运用讽刺的描写来达到预期的效果。比如在第33~35行，他对于麻木理论的总结充满了挖苦：“因此，电视创造了一种新型人类。根据品味不同，他们可以被归为‘僵尸’或者‘异形’。”

题干 17. 第59行中“sovereign”的最佳理解为

A. 卓越的

B. 丰富的

C. 杰出的
D. 绝对的
E. 难忍的

参考答案：D

词语需要放在句子中理解其含义。“Unlike everyone else, the theorist has remained completely intact morally, can distinguish in a sovereign manner...” 该句中 completely 和 sovereign 相呼应，意思相近，D 选项 absolute 和 completely 意思最接近，意为“完全的，绝对的”。

题干 18. “fatal loophole”（第 62 行）可以由下面哪一选项来解释？

A. 理论家们和政治家们串谋。
B. 理论家们本身也是电视的受害者。
C. 所有的人类有时会像僵尸和异形一样。
D. 即使最认真的思考者有时也需要没有杂念地放松娱乐。
E. 理论家们已经漠视电视所带来的娱乐。

参考答案：B

“fatal loophole”所在的句子为启下句，需要联系下一段的第一句“One can hardly say that these theorists have failed to have any effect.”意思是很难说这些理论家们没有受到任何影响，意在指出理论家们不受任何电视负面影响是不可能的。

题干 19. 最后一段，作者对于政客们的态度最主要的是

A. 幽默的蔑视
B. 凶狠的羞辱
C. 担忧的困惑
D. 放心的顺从
E. 吝啬的同情

参考答案：A

文章的最后一句体现了作者的态度：“The politicians have been particularly taken by the good old manipulation thesis. ”政客们的行为已经被经典而古老的操纵理论所言中，表现了作者对于政客运用媒体对民众进行操纵的蔑视。但是使用的是一种幽默的语气，并非凶狠。

SAT OG TEST 5（第一版 SAT OG TEST 3）

阅读译文 1

阅读下面文章，回答问题 6 ～ 7。

评论家 Edmund Wilson 不是一个刻意而为的书信家，不会去恪守某种风格，也不会借助一些技巧或是费心去迂回曲折地进行表达。无论是青年、中年还是老年，Wilson 在他的信件里都直言不讳。信中大部分内容都很口语化，却都毫不掩饰地反映出他的情绪变化。有时——或许是在对朋友的不幸、公众的愤怒或私人挑战做出回应时——他就会变得非常雄辩，甚至激情澎湃，但那不是他的主要风格。

题干 6. 根据文中的信息，对 Wilson 的书信最确切的描述为

A. 愤世嫉俗的　　B. 自发的

C. 批判的　　D. 爱说教的

E. 机智的

参考答案：B

本题为定位态度题。文章说 Wilson“在他的信中直言不讳”（第 5 行）而且那些信件“毫不掩饰地反映出他的情绪”（第 6 ～ 7 行）。文章同时用“口语化”描述了他的信件（第 5 行）。综合这些描述可以很明显看出 Wilson 的信件是自发的。这种暗示被文章说 Wilson 在他的信件中没有做的事情所加强：他没有依赖于“恪守某种风格”（第 2 ～ 3 行），并且避免“技巧”（第 3 行）和“迂回曲折地”表达（第 4 行）。换句话说，在他的信件中，他并没有使用细心雕琢的语言来达到某些特定的效果。由文中可知，作者对 Wilson 为正评价，所以可以排除负评价以及中立评价选项 A、C、D。选项 E 为干扰项，由文中关键词“直言不讳”等，可以排除选项 E，得到正确选项 B。

题干 7. 文中提到了（“young, middle-aged, and old Wilson”）（第 4 行），其目的在于表明

A. Wilson 多面的文学形象

B. Wilson 在年轻时就表现出来的成熟

C. 随着岁月流逝，Wilson 的性情发生的改变

D. Wilson 长期从事文学事业

E. Wilson 的书信风格的连贯性

参考答案：E

本题为定位题。根据题意可知考查的是时间相关的题目，故而排除选项 A，但由于并未强调 Wilson 中年和青年时期的风格对比，故而排除选项 B、C。选项 D 为干扰项。由于文中一再强调“都直言不讳”，“都很口语化”，可知是突出其风格的一贯性，而不是突出长期。故排除选项 D。

阅读译文 2

阅读下面文章，回答问题 8 ～ 9。

作家们发掘领袖人物人性化的一面对黑人群体是有害的这一观点，可能会招致麻烦。至少，它宣扬了一种观点：我们的英雄必须完美才有价值。最糟糕的是，它会阻碍我们全面了解黑人的生活。如果我们对黑人生活的展现既陈腐又狭隘，既沉闷又不变，那么我们所呈现出来的文化很可能是不真实的。这些并不能反映黑人特征的广度和复杂度。

题干 8. 本文暗示，黑人领袖有时被描述为

A. 过于多愁善感

B. 相当复杂

C. 无可指责

D. 毫无遗憾

E. 难以理解

参考答案：C

本题为定位态度题。文中首句说明探索领袖的人性对黑人群体是有害的，会招惹祸端。可以推出，探索领袖人性有害观点不对，所以应该探索领袖人性。所以可知现在并没有探索领袖人性，故而现在的领袖是完美的，是无可指责的。故选项 C 为正确答案。选项 A、B、E 为负面评价，故排除，选项 D 在文中并没有提到。

 9. 文中的 “paintings”（第 5 ～ 6 行）指的是

A. 现实的雕塑
B. 历史传记
C. 滑稽离奇的小说
D. 政治漫画
E. 有趣的定理

解析

参考答案：B

本题为定位题。第 2 行的说法表明这篇文章是关于书面作品的。确切地说，这篇文章主要谈论的是关于黑人领袖的书面作品。换句话说，这些作品大部分可能是历史性的传记。首先因为文中并没有提到与雕塑、小说、漫画、定理相关的东西，故可以排除选项 A、C、D、E。

阅读译文 3

阅读下面文章，回答问题 10 ～ 18。

下面的文章写于 1986 年，作者是一位物理学家。

当天文学家把望远镜指向离我们最近的星系——仙女座时，他们所看到的是它 200 万年前的样子，（对于地球来说，）那大概是南方古猿* 正在非洲晒太阳的时候。这种程度的时间旅行之所以是可能的，是因为光从仙女座到达地球需要 200 万年的时间。遗憾的是，我们不能反过来，从仙女座中某个舒适的星球上观察地球。

但是（在地球上）观看从遥远星球上照射过来的光并不是真正的时间旅行，不是文学作品中那种穿梭于过去和未来的切实体验。从我能够读懂科幻小说的时候开始，我便对时间旅行憧憬不已。时间旅行可以带来很多令人难以置信的可能性。例如，你可以将药物带回 14 世纪的欧洲，阻止疫病的蔓延；也可以穿越去 23 世纪，那时人们会在空间站中度年假。

作为一个科学家，我知道，根据物理学规则，时间旅行的可能性微乎其微。原因之一在于这会造成因果违逆。假如你能回到过去，你就可以凭借对事态发展趋势的了解去改变一系列相关事件。因果关系将不复存在。例如，你可以阻止你的父母见面。而这一举动所产生的后果会让你很头疼。几十年来，科幻小说家一直对于时间旅行所带来的自相矛盾乐此不疲。

当然，因果违逆的想法让物理学家们震惊。（因果违逆的结果会导致）那些事物在给定的初始条件和施力作用下所致行为方式的方程式将不再有效（即产生预期的结果），因为此刻发生的事情将不一定会决定随后发生的事情。物理学家确实依赖于一个客观的宇宙以展开工作，而时间旅行几乎一定会造成他们和其他大多数科学家的永久性失业。

然而，我对时间旅行依然心驰神往。“时间”是一件很私人的事情。当第一批以清脆

的声音规律性提醒人们时间的机械钟表问世时，一定震惊了很多人。他们惊奇地发现，时间流逝于他们的思维过程和生理过程之外。人体时间有其自身变化的节奏，实验室中最精准的钟表也干预不了。事实上，人体内有很多精准的钟表，每个钟表都有自己独立的节奏。比如大脑中有阿尔法波；还有另一个钟表就是心脏。这些神秘无情的钟表滴答滴答，一刻也不停歇地走向衰老。

最近，我找到了曾祖父曾经最喜欢的那根烟斗。大家都称我的曾祖父为Joe爷爷。Joe爷爷在70年前就去世了，那时我还没有出生。他留下的照片或其他纪念物都很少。不过，我还有一根他的烟斗。这根烟斗躺在某个抽屉里，已被尘封多年了。直到我找到它时，仍然完好无损。我用一根通条将它擦拭干净，在手边找了一些烟草装进去，然后就坐定，边看书，边抽烟。片刻之后，一种既奇妙又陌生的味道就从烟管里飘了出来。此时，这根烟斗中蕴藏的一切，Joe爷爷曾经点燃烟斗的所有场合——所有他曾经到过而我却无从知晓的地方——都从烟斗中被释放了出来，充满了整个房间。我隐约地意识到，有那么一会儿，过去的种种穿越了时间隧道，令人欣喜地跃然眼前。假如你不是很执著于时间旅行发生的原理，那么在这里，某种时间旅行真的发生了。

* 一种已经灭绝的类人猿

题干 10. 作者在第3行提到了南方古猿，目的是

A. 指出物理界里一个革命性的进步

B. 戏剧化地表明200万年前的地球有多么不同

C. 称赞天文学家在辨别过去某个时刻方面的杰出工作表现

D. 将非洲自有人居住以来的历史和仙女座星系的发现联系起来

E. 强调较之宇宙更长久的人类生命

解析

参考答案：B

本题为定位题。根据文章，天文学家能够看到仙女座，虽然从他们望远镜中看到的是它200万年前的样子，因为200万年正是光从仙女座星系射到地球所需要的时间。为了给读者一个生动的描述以明白200万年间事物能有多大的变化，作者指出早已灭绝的类人灵长类动物南方古猿就生活在200万年前的地球上。由上下文可知，文中提到南方古猿是为了形象地突出时间的长度。由关键词可以排除选项A、C、D、E。

题干 11. 第6～7行的"遗憾的是……上观察地球"（"Too bad ... Andromeda"）暗示了

A. 科学家喜欢观察地球上发生在遥远的过去的事情

B. 可能在仙女座中的某些星球是可以通过太空旅行到达的

C. 研究仙女座，将之与地球做比较，可能会发现一些有趣的东西

D. 在将来，仙女座中的某个星球可能会变成观察地球的地点

E. 仙女座比地球要古老得多

参考答案：A

本题为主旨相关题。本文讨论的是时间相关问题，故可排除选项 B，C，D。选项 E 为干扰选项，但由文中可知，科学家所关注的更重要的是地球上的事件，并无仙女座与地球之间的比较，故可排除选项 E。

题干 12. 作者提到“疫病”（“plague”）（第 13 行）和“空间站”（“space stations”）（第 15 行），主要是为了

A. 举例说明时间旅行这一小说主题
B. 表明对于未来的截然不同的观点
C. 嘲笑时间旅行造成的科学后果
D. 举例说明科学家感兴趣的主题
E. 表明时间旅行如此具有吸引力的原因

参考答案：E

本题为定位态度题。由文中可知，定位处为例证部分，首先判断出对时间旅行为正评价，可以排除选项 C，此外看到例证所需证明的问题：“从我能够读懂科幻小说的时候开始，我便对时间旅行憧憬不已。时间旅行可以带来很多令人难以置信的可能性。”主要并不是讨论小说、未来等，由此可以排除选项 A、B。选项 D 为干扰项，但文中主要表达的是作者的态度，并不代表所有科学家，故可排除。

题干 13. 作者用“作为一个科学家”（“Being a scientist”）引出第三段，是为了

A. 表现对这一话题的浓厚兴趣
B. 用一种权威的口吻讨论时间旅行的话题
C. 表明为何某种文学形式如此吸引人
D. 激怒科幻小说的捍卫者
E. 阐释术语“因果违逆”

参考答案：B

本题为定位态度题。由文章可知，科幻小说、文学形式并没有被讨论，所以可以排除选项 C、D。另外选项 E 中的术语并不是整个文章的论点所在，论点是时间旅行，故可排除。选项 A 为干扰项，但因为科学家和浓厚兴趣之间并不存在因果关系，故可排除。得到正确选项 B。

题干 14. 在讨论因果违逆时（第 16 ～ 35 行），作者表现出了一些担心，这些担心不包括

A. 未卜先知的能耐
B. 对于宇宙确定性的信仰

C. 太空旅行的方法　　　　　　　D. 因果关系

E. 基于已知力量的不同的方程式

参考答案：C

本题为定位题。在第 16 ～ 35 行中，作者讨论了一些和时间旅行相关的理论问题，太空旅行的方法没有产生这样的问题，而且也没有在文章中被提及。由文中可知，因果关系是作者担心的，故可排除选项 D，选项 A、B、E 同样在文中可由关键词找到。选项 C 并没有在文中提到。

题干 15. 下面的选项如果成立，哪个对作者在第 37 ～ 42 行关于机械钟表影响力的臆断（当第一批用轻快的……之外）（When the first ... the laboratory）会起到减弱其有效性的作用？

A. 在钟表出现之前，人们关于时间的认识并未提到物理层面上来。

B. 人们一直以为时间是由分离的、一致的时间间隔组成的。

C. 在发明钟表以前，人们不用担心时间。

D. 精神和心理过程是很容易预测的。

E. 人体计时器的速度不是恒定的。

参考答案：B

本题为推断题。题目需要找到与机械钟表功能相对应的选项。由对应文章可以排除选项 C、D、E。选项 A 为干扰选项，虽然这句话正确，但就算人们并未提高到物理层面，也不会减弱机械表带来的震撼效果，故排除，得到正确选项 B。

题干 16. 作者提到了大脑和心脏（第 44 ～ 45 行），是为了

A. 证明时钟的节奏性

B. 解释机械钟表的历史意义

C. 强调两个器官是如何相互作用以调解间隔和节奏的

D. 说明体内存在着不同的钟表

E. 使器官运动的精确性不再神秘

参考答案：D

本题为定位例证题。由对应文章可知，大脑和心脏是例证前文“事实上，人体自身有其精确的计时器，所有的计时器都有自己的节奏”。与机械钟表没关系，故可排除选项 A、B。两个器官之间的相互作用并没有在文中讨论，排除选项 C。选项 E 为干扰项，但并没有讨论器官运动，故可排除选项 E。

题干 17. 作者用了“无情的”（“ruthless”）（第 46 行）这个词，是为了表明

A. 人们对于衰老的必然趋势感到很困惑

B. 人体拥有神秘的能力

C. 有些人老得更快些

D. 人们的时间观念会随年龄增长而改变

E. 衰老的过程是无情的

参考答案：E

本题为定位题。作者说到“无情的钟表”（第 46 行），是用这个词语来表示老化的过程是无法阻止的，是无情的。由对应文可知，“无情的”修饰“衰老”，故可排除选项 B、C、D。选项 A 为干扰项，但由于文中并没有困惑的意味，可以排除选项 A。

题干 18. 作者提到“有那么一会儿，过去的种种穿越了时间隧道，令人欣喜地跃然眼前”（“something ... skipped upward on the page”）（第 60 ～ 61 行），是为了表明

A. 他重读了这页的一部分内容

B. 他的视觉受到了烟雾的影响

C. 他借助想象回到了过去

D. 读书使他想起了 Joe 爷爷

E. 他认为阅读是最好的再现过去的方法

参考答案：C

本题为定位题。通过写“我隐约地意识到，有那么一会儿，过去的种种穿越了时间隧道，令人欣喜地跃然眼前”（第 59 ～ 61 行），作者指出烟的味道帮助他回到了他想象中的时光。根据对应文章以及本文主要讨论问题为时间旅行，可以排除选项 A、B、D、E。

阅读译文 4

阅读下面文章，回答问题 19 ～ 24。

以下文章节选自一本关于 20 世纪的艺术发展方面的书。作者在这里提到了 20 世纪初期出现的现代艺术。这本书被很多人认为是惊人之作。

假如新艺术不为每个人所接受，当前此例即是如此，这就表示这种艺术表现出的情感不是全人类共有的。它也不是面向大众的，而是面向一类特殊人群。较之他人，这类人不

一定更好，但却显然是与众不同的。

在我们进一步讨论之前，有一点必须澄清：多数人所说的审美享受是什么呢？当他们“喜欢”一种艺术，比如戏剧时，他们脑中想的是什么？答案很简单。当他们被剧中所呈现的人物命运所吸引，会被剧中人物的爱与恨、欢与悲感动到产生共鸣，如自己正在现实中亲身体会这些感情一般。一部作品如果能使人产生幻觉，将虚构的人物视作现实中的人物，那它就是“好”作品。大多数人在诗中寻找的是其中隐藏的人类的激情和痛苦。被画作吸引的人们，是因为在画中找到了想要遇到的人。

因此，似乎对大多数人而言，审美享受意味着一种思想状态。这种思想状态与其他日常行为没有本质上的区别，它只是在一些偶然的性质上有所不同。或许，它没有太多功利性，更强烈，而且不会产生痛苦的结果。但是，他们关注的目标以及随后的所有心理活动与日常生活都是一模一样的，即人物和激情。在被迫考虑合适的艺术形式，如超现实主义或抽象艺术时，只有不会妨碍他们展现自己对人物形象和人物命运看法的形式才会被容忍。一旦纯粹的审美因素占主导，John 和 Susie 的故事就变得费解。大部分人会觉得这超出了他们的理解范围，而且对于该如何理解这个场景，这本书，或这幅画感到茫然不知所措。对只是在作品中寻找 John、Susie、Tristan 和 Isolde* 感人命运的人来说，他们看到的便不是一件艺术品了。大多数人都只习惯于能激发感情和情绪的艺术模式，而对于不能引发情感参与的作品就不知如何欣赏。

现在有一点必须得到彻底的澄清。真正的艺术享受，开始要求对于艺术作品中呈现的人类命运既不悲亦不喜。事实上，对作品中人性内容的关注与审美享受是互斥的。

* Tristan 和 Isolde 是中世纪浪漫爱情故事中一对不幸的爱人。

题干 19. 这篇文章主要写的是

A. 艺术家和他们想象中的人物的生活

B. 画作主题中蕴含的情感冲击

C. 对大多数人来说，艺术作品所带来的乐趣的本质

D. 观众面对不同的艺术作品所产生的各种各样的反应

E. 关于新、旧艺术构成要素的对比

参考答案：C

本题为概括题。文章用来阐释一个观点：“什么是大部分所说的美的享受。”尝试回答这个关于很多人在艺术作品中体会到的享受的本质，是这篇文章的重点。文中并没有重点讨论关于画作主题、不同艺术作品以及新旧艺术构成要素的问题，故可排除选项 B、D、E。选项 A 为干扰项，但由于文章讨论的主要是艺术品而不是艺术家，故可排除选项 A。得到正确选项 C。

题干 20. 第 18 行的“figures”的意思最接近于

A. 粗糙的未经修饰的形象　　B. 抽象概念

C. 图画　　D. 数字

E. 名人

参考答案：C

本题为定位题。由对应文章可知，18 行提及可能会在画作中找到的男性和女性的形象。所以“figures”是用来表达描述或是描画。figures 对应的是画中表达与上一句“隐藏的人类的激情和痛苦”对应的部分，故可排除选项 B、D、E。选项 A 为干扰项，但因为选项 A 和上一句中的“激情和痛苦”并不对应，可以排除。

题干 21. “John 和 Susie 的故事”（“the story of John and Susie”）（第 32 行）最有可能是指

A. 作者接下来要评论的一部小说

B. 一种典型的形容人际关系的说法

C. 以神话形式叙述的一件事

D. 一对具有传奇色彩的夫妇，多年来一直使艺术家们着迷

E. 著名历史人物的一段神秘历史

参考答案：B

本题为定位题。对应文中“John 和 Susie 的故事”为一个人们熟知的事件，可以排除选项 A、C、E。选项 D 为干扰项，但由后文可知，“John 和 Susie 的故事”在这里只是一种借代的修辞方法，并没有提到使艺术家一直着迷的事情，故可排除选项 D。

题干 22. 作者表明，大多数人抵制现代艺术是因为他们

A. 认为现代艺术是精英的

B. 受到来自评论家过多的影响，而不能给艺术公正的评价

C. 因为其中的社会信息而不胜其扰

D. 发现里面没有人情味，不能吸引他们

E. 认为很难猜想艺术家的灵感源泉是什么

参考答案：D

本题为概括题。由文中所提到的（第三段最后一句话）“大多数人都只习惯于激发感情和情绪的艺术模式，而对于一个没有情感干预的作品就不知如何欣赏”，了解大多数人抵制现代艺术的原因是激发感情的艺术模式和不激发感情的艺术模式之间的矛盾。故可排除选项 A、B、C、E。

题干 23. 作者对大多数人的态度最接近于

A. 相当困惑
B. 充满敌意
C. 尊重的，尊敬的
D. 一般性的冷漠
E. 纡尊降贵的容忍

参考答案：E

本题为概括题。由文中可知，作者的态度并不是负面的，故可排除选项A、B、D。选项C为干扰项，但由于文中并没有强烈的正面词汇出现，故可知态度并不是强烈正面的，故可排除选项C。

题干 24. 作者在最后一段的推断（第42～47行）是

A. 审美情趣是对艺术作品中的纯粹的艺术成分的反应
B. 欣赏艺术作品，就要给予艺术家的本意及其实际取得的效果同样的关注
C. 对艺术作品的反应各不相同，很难定义
D. 传统艺术作品引起人们情感上的共鸣靠的是艺术家所在社会的道德传统
E. 大多数人在解读一件艺术作品时，都将注意力集中于其中包含的艺术技巧

参考答案：A

本题为定位题。由对应文章可知，作者并没有提及艺术家、艺术作品的反应问题、社会道德传统，故可排除选项B、C、D。选项E为干扰项，但由文中可知，人们在解读艺术品的时候注意力集中在人性内容方面，故可排除选项E，得到参考答案A。

阅读译文5

阅读下面文章，回答问题9～12。

文章一

巨大的运动休闲车（SUV）势不可挡地闯入了我们的生活，这是为什么呢？为什么我们会想要带有四轮驱动和大若攻城撞槌般的前保险杠的高底盘卡车呢？很大一部分原因在于它们所使用的虚假的西部名称。没人会很关心这些名字代表的含义（湖泊，边陲小镇，山脉），真正重要的是这些名称言外之意的粗犷的个人主义风范，对荒野的主宰，牛仔的忍耐力。这些名称只是增强这些车的吸引力。而这些车就是我们个人热衷和渴望的弗兰肯斯坦式的混合物。

文章二

一家大生产商投产了一款以 Alaskan mountain 命名的运动休闲车。一份汽车贸易出版物讨论了这个名称中的微妙之处。它指出，大多数的购买者永远不会冒险去一个比当地大型购物中心的停车场还人迹罕至的地方，然而厂家还是做了这样的营销广告宣传。其重要目标在于，将其征服崎岖地域的形象根植于消费者的脑海里。或许，我们是在尝试驯化另一种野性。确实，在这个时代，那些有购买能力的人居住的是有限地域的社区，他们的房子周围装满复杂严密的监视系统。而运动休闲车恰恰提供了一个完美的交通庇护所，保护我们远离来自现实和想象的恐惧。

题干 9. 对以下关于运动休闲车的购买者的说法，文章一和文章二都持支持态度的是

A. 他们打算在崎岖的路段开这种车

B. 他们希望住在山区

C. 他们比其他车的购买者更富有

D. 他们受到了市场营销策略的影响

E. 他们对于自己的社会地位没有安全感

参考答案：D

本题为合并式小双的 both 题。题中选项 A、B 仅属于第一篇，选项 C、E 仅属于第二篇。都可以排除。

题干 10. 下面关于运动休闲车的哪一点在文章一中提到了，但未在文章二中提到？

A. 令人印象深刻的体积

B. 不断增加的成本

C. 其拥有者的心理

D. 对环境的影响

E. 名称的意义

参考答案：A

本题为合并式小双的取非题。选项 B 两篇文章都未提到，选项 C、D 仅在文章二中提到，选项 E 两篇中都提到，都可排除。

题干 11. 以下出现于文章一的选项中哪个能例证文章二第 15 行处提到的“微妙之处”（“subtleties”）？

A. “势不可挡地闯入”（第 1 行）

B. “攻城撞槌”（第 4 行）

C. “湖泊，边陲小镇，山脉”（第 7 行）

D. “言外之意”（第 8 行）

E. “弗兰肯斯坦式的混合物”（第 11 行）

解析

参考答案：D

本题为合并式小双题目。微妙之处在于名称、保险杠、势头等，包括选项A、B、C，故可排除。选项E为干扰项，但由于Frankensteinian是一个修饰性词汇，故可排除。

题干 12. 两篇文章都表示出运动休闲车（SUV）的推销中使用了意象，其目的在于

A. 对驾驶者的原始本能产生吸引力

B. 唤起人们对于一种更简单的生活方式的渴望

C. 激起人们的权利欲和控制欲

D. 唤醒未被践踏的自然之美

E. 产生一种不一致的氛围

参考答案：C

本题为合并式小双的both题。文章一和文章二都表述了人们关心的不是那些SUV的名称，真正关心的是名称的“言外之意”，带给买者的感觉。文中并没有都提到原始本能、简单生活方式、自然美和不一致的氛围，故可排除选项A、B、D、E。

阅读译文6

阅读下面文章，回答问题13～24。

这两篇文章从不同的角度探讨了第一次世界大战（1914—1918）对英国人民和社会的影响。文章一节选自一本书，书中涵盖了文学、书信和报纸中对第一次世界大战的描述。文章二描述了男人和女人不同的战争经历。

文章一

即使国内的平民想了解真实的战争，倘若没有亲自经历过，他们还是不能窥知一二：第一次世界大战的情势太“新颖”了，当时工业化带来的恐惧也是史无前例的。这场战争简直就是无法想象的。从一开始，一条裂痕就在军队和平民之间打开了。

平民对战争的不解是由多方面原因造成的。士兵们为了避免不必要的不安，很少有人会在家书中记录真实的战争。假如他们写了真话，也会被负责审查对外信件的长官给删掉。战争期间，报刊必须接受严格审查。只有那些愿意递交有益“健康”的、积极的报道的记者才会被允许参观法国。即便如此，他们也很少获得批准到前线战场附近去。George Adam就是这群记者中颇具代表性的一个。他是《泰晤士报》的驻法记者，于1915年发表文章*Behind the Scenes at the Front*。文章中流露出了欢乐的气氛，表现出对普通英

国士兵的热情与屈尊。据他描述，这些士兵的伙食很好，穿得暖和，他们很安全，很开心——确实，他们比在国内过得还要好。

Lord Northcliffe 是《泰晤士报》的发行商。他最终全权代理了政府所有的政治宣传。所以，读到 Northcliffe 发行的 1916 年 7 月 3 日的《泰晤士报》，你也不会感到吃惊了。当天报纸报道了索姆河战役*的第一天进攻。其间流露出一种不切实际的自信，更加加深了在战场上的人和国内人士之间的鸿沟。报纸上写道："昨晚 Douglas Haig 爵士打来电话说，总体形势很乐观。"然后报道很快变成了一种浪漫英雄传奇式的颂歌："这是一次公平的战斗……我们选择了用武力解决和德国人之间的争端。他们想要打仗，我们就和他们打个够。"难怪国内的人会不了解军队的情形，因为他们居然相信把那样的散文当做事实证据。

* 英国军队伤亡近 60 000 人，是这支军队历史上最惨重的一次。

文章二

说起官方的男性主导的历史和非官方的女性历史的差别，一个典型的例子就是第一次世界大战。第一次世界大战中的灾难性事件不仅对男人和女人有着不同的意义，这些事件事实上对于男人和女人来讲就是不同的。关于这点，Vera Brittain 那辈人几乎立马就能心领神会。当提到和她当兵的未婚夫之间的关系时，她指出："战争中那些无法描述的经历在男人和他们所爱的女人之间竖起了一道高墙。有时（我当时写道）我害怕，就算他能幸免于难，那些在外面的经历也可能完全改变他的思想和风格。"

然而，横亘在 Vera Brittain 和她未婚夫间的高墙的本质，可能比她自己意识到的还要复杂。因为，阻挡两人思想结合的不仅是未婚夫不一样的经历，还有她的。尤其是，小伙子们与其战前的本性越来越疏远了，越来越被禁闭于战争的泥沼之中，越来越被他们表面上继承的文明所抛弃。而与此同时，女性却似乎在历史钟摆的羽翼下变得更加强大了。女性在战争前是毕恭毕敬低声下气的。战争期间，她们作为护士、生产军火的工人、公车司机、农业"陆军"中的"士兵"，甚至是妻子和母亲的角色显得更突出了。一位伦敦的参观者表示，在 1918 年"英国是一个女人的世界——到处都是穿制服的女人"。

战争期间，女性写成的诗歌、小说和备忘录有时隐约地，有时明确地探究了当时的政治经济变革。第一次世界大战中，因为这些变革，至少有很多男性公民被暂时剥夺了与生俱来的权利与显赫的地位，而妇女首次并永久性地得到了选举权和一些职位。类似地，许多女性作家或隐晦或明确地庆祝了女性欲望和权力的释放。革命使这一切成为可能，也使女性的团聚（甚至重新团结）成为可能。女性的再次团结正是思想解放的结果。

可能有人会认为她们的激情是病态的沾沾自喜。对此，作为一名富有同情心的和平主义者，作家弗吉尼亚·伍尔夫（Virginia Woolf）却是这样解释的：

我们怎么…… 解释 1914 年 8 月那场惊人的爆发？怎么解释受过教育的人的女儿们……冲到医院……驾驶卡车，在田间地头和军需品生产厂工作，并使出浑身解数……劝说年轻人，使其相信战争是英勇的……？（女性）对于私人教育的憎恶颇深，以至于她们愿意承担卑贱的任务，愿意施展致命的魅力，去帮助她们摆脱这种教育。因此，她在意识里渴望着"我们光辉荣耀的帝国"，却在无意识中渴望着我们光荣的战争。

题干 13. 两篇文章的不同之处在于文章二

A. 描述说战争是灭绝人性的

B. 赞同官方对战争的看法

C. 从战争对女性的影响这一角度入手讨论战争

D. 想要辨别造成冲突的根本原因

E. 批判了对战争相关信息的审查

参考答案：C

本题为合并式小双的取非题。由开头总述就可知道“文章一节选自一本书，书中涵盖了文学、书信和报纸中对第一次世界大战的描述。文章二描述了男人和女人不同的战争经历”。故可以排除选项 A、B、D、E。

题干 14. 导致“裂痕”（fissure）（第 6 行）的主要原因是

A. 平民不了解士兵们的经历

B. 男人和女人的不同经历

C. 领导战斗的官员的行为

D. 平民由于送年轻人去当兵而产生的负疚感

E. 战地记者享有的特权

参考答案：A

本题为定位题。由文中可以看到“一条裂痕就在军队和平民之间打开了”，裂痕产生于军队和平民之间，故可排除选项 B、C、D、E。

题干 15. 关于索姆河战役的脚注中的信息

A. 表明人们是如何改写历史来美化战争的

B. 轻视大部分士兵面临的危险

C. 强调报道的不准确性

D. 表明战争所带来的弊大于利

E. 给出一名记者关于战争的个人看法

参考答案：C

本题为定位例证题。找到例证所需支持论点为“平民对战争的不了解是由多方面原因造成的”中的分论点“报道是偏颇的”，故可排除选项 A、B、D。选项 E 为干扰项，但由于文中并没有提到记者对战争的看法问题，故可排除。得到参考答案 C。

题干 16. 第一篇的作者指出“国内人士”（those at home）（第 26 行）深受什么的影响？

A. 政府对政治宣传的控制力度不够

B. 士兵很少有机会写家书

C. 男人和女人在关于战争的看法上的分歧

D. 和平主义者为结束战争所做的努力

E. 报纸上经审查的报道

参考答案：E

本题为定位题。由对应文章可知，文章一列出，对媒体严格的检查制度也是导致军队和平民之间分裂的原因之一。媒体的检查制度被描述为导致平民不了解战争真实性的最重要的原因之一。《泰晤士报》报道索姆河战争的方式（第 22 ～ 26 行）就是一个特别显著的例子，它体现出媒体的检查制度是如何给那些“在家里的人”对战争的完全错误的信息。故可排除选项 A、B、C、D。

题干 17. 第 33 行的“credit”的意思最接近于

A. 奖励

B. 相信

C. 进入

D. 供应

E. 丰富

参考答案：B

本题为词汇定位题。credit 为“信任”的意思，由对应文章可知选项 A、C、D、E 与题目表达含义不符，故可排除，得到正确选项 B。

题干 18. 文章二的作者提到了 Vera Brittain（第 40 行），主要目的在于

A. 通过引用写于战争时期的材料，支持一个论点

B. 举例说明女性在战争期间获得的权利

C. 描写一名作家如何暗中操纵关于战争的事实

D. 讨论战争期间的女性文学

E. 反驳最近的历史学家关于战争的观点

参考答案：A

本题为定位题。由于文中并没有提到操纵事实、女性文学、反驳观点的问题，故可排除选项 C、D、E。选项 B 为干扰项，但由于例证都是为了证明观点服务的，故可排除选项 B。

题干 19. 第 58 行提到了“妻子和母亲”（“wives and mothers”），直接表明作者的假设是

A. 女性领导的家庭更成功

B. 士兵们没有意识到社会上发生的根本变化

C. 女性们抓住机会投身家庭之外的工作

D. 女性对于要履行的家庭义务感到焦虑

E. 作为家庭主妇的女性之前很少手握权力

参考答案：E

本题为定位题。由对应文章可知，并没有讨论关于女性领导家庭成功性对比、士兵的情况以及女性的家庭义务问题，故可排除选项 A、B、D。选项 C 为干扰项，但由于投身家庭外的工作并不能突出妻子和母亲的地位，故可排除选项 C。

题干 20. 第 64 行中的“变革”（“revolution”）指的是

A. 战时女性的文学作品

B. 女性对之前没有的权利的追求

C. 男人们在经历战争后所产生的变化

D. 权力从上层到中产阶级的重新分配

E. 男人和女人的工资水平越来越接近了

解析

参考答案：B

本题为定位题。由对应文章可知，变革针对的是女性地位，并没有提到男人的变化、阶级之间权力的分配和工资水平，故可排除选项 C、D、E。选项 A 为干扰项，但由于文章是讨论女权变革，而不是重点讨论文学作品，故可排除选项 A。

题干 21. 文章二的作者指出，女性的激情“可能是病态的沾沾自喜”（might ... seem like morbid gloating）（第 74 ～ 75 行），因为

A. 女性的进步造成了男性地位的岌岌可危

B. 在战争中，女性和平缔造者的形象得到了认可

C. 女性吹嘘说，如果没有她们，就不可能赢得这场战争

D. 女性很庆幸，因为她们不必上战场杀敌

E. 在男人打仗时，女人在享受权力

参考答案：E

本题为定位题。由题干可知，女性一定是有得有失的状态，排除单一评价方向选项，如选项 A、C、D。选项 B 为干扰项，但由于文中并没有提及和平缔造者，故可排除。

题干 22. 在第 84 ～ 85 行，作者讨论了女性从事卑贱的工作，并施展“致命的”魅力，这主要是为了强调

A. 战争期间女性角色的深远影响

B. 女性受传统角色的压抑之深

C. 女性理想化的战争和真正的战争之间的对比

D. 女性对逃离战争的渴望

E. 女性参战所冒的风险

参考答案：B

本题为定位题。文章提到女性愿意做卑微的事情并且施展致命的魅力来展示她们逃脱这种教育（第 83 行）的决心。这种逃离的决心表现出女性在传统角色中感到多么被抑制。由于对应文中在讨论女权的问题，和战争无关，故可排除选项 A、C、D、E。

题干 23. “*Behind the Scenes at the Front*”（第 16 ～ 17 行）和“战时的诗歌、小说和备忘录”（“wartime poems, stories and memoirs”）（第 62 行）的共同之处在于

A. 都在平民中引起了不必要的不安

B. 都故意地反映出政府的观点

C. 都改变了战时英国女性的现状

D. 都鼓励作家们严肃对待自己的职业

E. 都没有将注意力集中于战场上的实际情况

参考答案：E

本题属于合并式小双的 both 题。选项 A、B 仅属于文章一，选项 C 仅属于文章二，选项 D 并没有被提到，故都可以排除。

题干 24. 对以下关于第一次世界大战影响的观点，两篇文章都持支持态度的是

A. 官员憎恶政府的自鸣得意

B. 在战后，英国女性获得了独立

C. 士兵感到自己与一部分平民疏远了

D. 作家们没能成功描述出战争的暴行

E. 战争作为解决欧洲争端的方式是不受欢迎的

参考答案：C

本题为合并式小双的 both 题。文章一指出军队和平民之间的“裂痕”，军人觉得被孤立在平民社会之外；文章二“战争中那些无法描述的经历在男人和他们所爱的女人之间竖

起了一道高墙”（第 41 ～ 42 行），“越来越被禁闭于战争的泥沼之中，越来越被他们表面上继承的文明抛弃”（第 53 ～ 54 行），这两篇文章都表达了相同的观点。选项 A、D 仅属于第一篇文章，选项 B 仅属于文章二，选项 E 并没有在文章中提到，故都可以排除。

阅读译文 7

阅读下面文章，回答问题 7 ～ 19。

本篇文章节选自一部 1992 年的小说。小说的背景设置在 20 世纪 70 年代初期。主人公 Virginia 和 Clayton 是一所大学交响乐团的大提琴手。

她也见识过不少音乐演奏者了，但是没有一个像 Clayton 那样的。他和别人一样痴迷，但是他却有一种离奇的幽默感，一种对他自己的信仰的讽刺的对应物。他确实非常与众不同。他的头发接近中分，并且梳成 Cab Calloway[1] 那样的小波浪。但是有时鉴于学校对于非洲式发型的压力，他也会把末梢弄得微微上扬一些。他那焦糖色的皮肤在强烈的阳光下会变成太妃糖那么暗。但是有时，也会呈现一种金色的光泽，尤其是在她经常偷看他的那个他最喜欢的练习室，当一束垂直的太阳光束投射下来的时候。那是一种怪异的肤色，就像阴影在表面下都卷曲了。

Virginia 的朋友教她如何接近他。她们咯咯地笑着说：“你们两个可以合作演奏二重奏。”

事实上，她什么都不用谋划。一天下午，她在美术大楼外面读书。突然，天变冷了。如果她回宿舍取一件毛衣，就不能准时赶上交响乐排练了。所以，她一直撑到四点钟，那时距离排练还有几分钟。此时，她的手指头都僵硬了。所以她只好用热水冲冲，以使手指放松些。然后，她匆忙地赶到大提琴室。在那里，所有的乐器都像见习修女[2]一样排成一排；每次她跨过门槛，走进冷冷的宁静的大提琴室，她都会感到一种奇怪的敬畏感。乐器们顺从而妖娆地待在自己的模塑盒子里。在暗淡的灯光下，它们那丰盈的体态看起来好像是有人性的，充满忧愁的。好像它们明知道不可能，可还是在等待更好的事情的到来。

Virginia 抓起大提琴就走。走到大厅中央，才意识到自己忘了把书搁下。她决定不回去了，径直走向地下室。那里充满了放学前的喧嚣。只见 Clayton 正在往他的衣帽柜里装书。

“嗨，Clayton，怎么样了？”

他就像例行公事一样，把她的书拿过来塞到他的书旁边。然后他们向交响乐大厅走去了。Virginia 偷偷向上瞄了一眼；不过还差几分钟到 4 点，Clayton 还不着急。那瘦高的身形就像被糖浆黏在了一起；他在拥挤的人群中间从容地踱着步子，嘴里还哼着 Schumann[3] 作的一段微妙的歌曲。

排练过后，Virginia 提醒 Clayton，她的书还在他的衣帽柜里。

他说：“我想去练琴，你想去听吗？”

她回答说：“我会赶不上晚饭的。”她正要暗骂自己太诚实的时候，Clayton 说：“如果你不介意走路，我在联谊会会堂还有一些奶酪和汤。”

这段 20 分钟的路既让人狂喜，又使人痛苦。湖边吹来阵阵凉风，冻得她脸都发青了。

但是因为 Clayton 过于投入地分析交响乐队中的小号，而没有察觉。他们到了。那是一个砖式建筑，门廊上有些岩块剥落的迹象，前面小路的缝隙里长满了野草。Virginia 快被冻僵了。Clayton 热了一罐汤，嘭的一声把奶酪扔到了小餐室的桌子中央。

“不是很多。”他抱歉地说。但是她脑海中浮现的却是一片面包和一壶酒[4]，而且在吃第一勺的时候她就厌腻了。这所房子租给了 Alpha Phi Alpha，学校里 3 个兄弟会之一。屋子里弥漫着一股发霉的味道，好像有网球、鞋子，还有脏衣服。地上散落着书籍和夹克。水槽里堆满了碟子。

“你是从什么时候开始拉大提琴的？”她问道。

“恐怕，很晚才开始，”Clayton 答道，“是从九年级开始的。但是我立马就适应了。我是指适应音乐。乐器的话还要久一些。每个人都说我太高了，不适合拉大提琴。”他边做鬼脸边说。

Clayton 说话时，Virginia 注视着他。他呈现出一种和乐器一样的金黄色，他的小胡子就像大提琴卷轴中的线。

“你是怎么做的？”她问道。

“只要我一长高，我就说，‘想想大黄蜂’。”

“大黄蜂和大提琴有什么关系？”

“从空气运动学的角度，大黄蜂体形过大，不适于飞行。但是，它们从来也没听说过空气动力学，所以尽管有重力法则，它们还是能飞。我只是把胳膊和腿裹在大提琴上继续演奏。”

音乐是唯一能让他感到自在的一片风景。在那个肮脏的厨房，他用肘部抵在冷掉的汤罐两边，很是烦躁，甚至有点尴尬。但是当他坐到他的乐器后面时，就会有了一种适得其所的让人无法抗拒的美。

[1] 美国爵士乐音乐演奏者，乐队领队（1907—1994 年）。

[2] 已经加入了宗教教派，但还未正式起誓的人。

[3] 德国作曲家。

[4] 引用 Edward Fitzgerald 的话：“树荫下放着一卷诗章，一瓶葡萄美酒，一点儿干粮，有你在这荒原中傍我欢歌，啊，便是天堂！”（A jug of wine，a loaf of bread and thou）出自《鲁拜集》。

题干 7. 对这篇文章的最佳描述是

A. 对 20 世纪 70 年代早期古典音乐演奏者的社会评论

B. 对大学时代交响乐团里的学生的怀旧描写

C. 鼓舞了很多人的一个人物的故事

D. 通过一个人物的视角介绍另一个人物

E. 阐述了一段紧张却持久的关系

解析

参考答案：D

本题为概括题。由文章可知，并没有提及社会评论、鼓舞人的故事、持久关系，故可排除选项 A、C、E。选项 B 为干扰项，但由于文章并无怀旧色彩，故可排除。

题干 8. 文中提到的“强烈的阳光”（“fluorescent light”）（第 9 行）和“太阳光”（sunlight）（第 11 行）暗示了

A. 当 Virginia 在的时候，Clayton 的一举一动就变得光芒四射

B. Clayton 的拘束和 Virginia 的热情之间的对比

C. Virginia 对 Clayton 的关注

D. Clayton 的日常生活单调乏味

E. Clayton 的美很肤浅

参考答案：C

本题为定位题。由文章可知，对 Clayton 的评价为正评价，故可排除选项 D、E，而文中并没有提到举动的不同以及两人的热情对比，可排除选项 A、B。

题干 9. 第 12～13 行形象化的描述“就像……表面下都卷曲了”（“as if ... surface”）表现出了 Clayton 的

A. 复杂的本性

B. 古怪的反应

C. 不得体的沾沾自喜

D. 充满激情的忠诚

E. 好争论的本性

参考答案：A

本题为定位题。由于文章对 Clayton 为正评价，故排除选项 B、C，同时由文中可知，Clayton 并没有争论本性，排除选项 E。D 为干扰项，但因文中同样没有提到忠诚，故可排除。

题干 10. 与首段的语言描述相比，Virginia 的朋友给她的建议（第 14～15 行）所起到的主要作用是

A. 打破那种抽象冥想的状态

B. 表明一种不祥之感

C. 取笑浪漫主义音乐的自命不凡

D. 反驳 Virginia 对 Clayton 的看法

E. 反驳 Clayton 那种不寻常的幽默感

参考答案：A

本题为定位题。由文章可知，定位处为转折点，由之前的想象描写，转换为实际描述，同时由于文中并没有提及不祥、自命不凡、反驳看法、反驳幽默感，故可排除选项 B、C、D、E。

题干 11. 根据第 22 ～ 25 行，大提琴室里的气氛最接近于

A. 充满创造性　　B. 空荡荡

C. 急迫　　D. 神圣不可侵犯

E. 充满成就感

参考答案：D

本题为定位题。由对应文章可知气氛对应的是修女，故可排除选项 A、B、C、E。

题干 12. 第 42 行的“crush”最相近的意思是

A. 压力　　B. 人群

C. 力量　　D. 迷恋

E. 危笃状态

参考答案：B

本题为词汇定位题。crush 本意为“压碎”,由上下文可知,此处指拥挤的人群。选项 C、D，E 不符合题意。选项 A 为干扰项，但因为带入压力并不能使句子通顺，故排除。

题干 13. 作者在第 42 ～ 43 行提到了 Clayton 哼唱小曲儿，这给人的印象是

A. 谈话使他很不自在　　B. 他拿其他音乐演奏者的窘境来消遣

C. 他没意识到自己给他人造成的影响　　D. 他强迫自己炫耀自己的天赋

E. 沉浸在自我的世界里

解析

参考答案：E

本题为定位题。Clayton 被描述成不受人群影响就进入管弦大厅准备即将开始的练习环节。由于文中对 Clayton 为正面评价，故可排除选项 A、B、C、D。

题干 14. 在文中第 46 行，Clayton 说了一句话：“我想去练琴”（“I think ... practice”），这句话强调了他

A. 需要吸引 Virginia 的注意　　B. 愿意打破固定的生活节奏

C. 对音乐有着强烈的兴趣　　D. 厌恶竞争

E. 在其他音乐演奏者旁没有安全感

解析

参考答案：C

本题为定位题。文中并没有提到 Clayton 愿意打破节奏、厌恶竞争、安全感问题，故

可排除选项 B、D、E。选项 A 为干扰项，但由于 Clayton 这句话并不能引起 Virginia 的注意，故可排除。

题干 15. 第 52 行的“既让人狂喜，又使人痛苦”（“agonizing bliss”）表明了 Virginia 的喜悦之情消退是因为

A. Clayton 态度的冷淡
B. Clayton 表现出的不安
C. 她身体不适
D. 她过于害羞
E. 她感到快乐易逝

参考答案：C

本题为定位题。由对应文章“吹来阵阵凉风，冻得她脸都发青了”可知，Virginia 因为身体不适所以痛苦，排除选项 B、D、E，同时由于 Clayton 并没有冷淡，只是没有注意，所以排除选项 A。

题干 16. 第 59 ～ 61 行中写到了 Virginia 对这餐饭的反应，这直接表明了她

A. 就算没有食物也很满足
B. 被 Clayton 的殷勤逗乐了
C. 突然意识到了兄弟会厨房的杂乱
D. 对于引起 Clayton 的不安感到内疚
E. 没有感到一丝浪漫的气氛

参考答案：A

本题为定位题。由对应文章可知，Virginia 吃得并不是很好，让她满意的是和 Clayton 度过的时光，故可排除选项 B、C、D、E。

题干 17. 第 70 ～ 72 行的描述强调了

A. Clayton 和知名音乐家的惊人相似
B. Clayton 在社交场合表现出的局促不安
C. Clayton 受音乐的影响之深
D. Virginia 对 Clayton 的大提琴的迫切关注
E. Virginia 对于 Clayton 的处境非常理解

参考答案：D

本题为定位题。由于文中并没有提及知名音乐家、社交场合、Clayton 的处境问题，故可排除选项 A、B、E。选项 C 为干扰项，但由于对应文章描述的是两人的情形，且主要是 Virginia 方面，故可排除选项 C。

题干 18. Clayton 提到了大黄蜂（第 77 ～ 80 行），表现出他

A. 相信迷信

B. 生性机灵

C. 脆弱的骄傲

D. 坚定的决心

E. 喜怒无常

参考答案：D

本题为定位题。Clayton 引用了大黄蜂的故事来证明尽管有困难，但是他仍然对演奏有坚定的信心。由于文中对 Clayton 是正面评价，故可排除选项 A、C、E。文中并未提及他生性机灵，故排除选项 B。

题干 19. 第 82 ～ 85 行，对 Clayton 在厨房和在乐器旁的不同状态的描写呈现出一种反差，表现出他

A. 既杂乱无章又具有组织性

B. 既平庸又优秀

C. 自负却不失真诚

D. 既懒惰又兢兢业业

E. 既笨拙又优美

参考答案：E

本题为定位题。由于 Clayton 在乐器旁并不能用有组织性、真诚、兢兢业业形容，故可排除选项 A、C、D，同时由于 Clayton 在厨房的表现用平庸形容不及笨拙精确恰当，故可排除选项 B。

SAT OG TEST 6（第一版 SAT OG TEST 4）

阅读译文 1

阅读下面文章，回答问题 6～9。

文章一

18 世纪的植物学家卡罗斯·林奈对自然历史深刻而巨大的贡献，在于他设计了一套分类系统。借助这套系统，科学家可以辨别任何动、植物的身份并可以在一个完整的体系中为其找到合适的位置。然而，林奈本人很可能是首位承认分类法仅仅是一个工具而非生物学研究终极目的的科学家。不幸的是，这个事实却并没有得到林奈后继者的认同。在之后的百年中，几乎所有科学家都将注意力集中在分类上。

文章二

我是林奈的反对者。我并不质疑林奈给自然科学带来的这个工具的价值，但我对这种工具给人类与世界的关系所带来的变化时刻保持警惕。林奈以后的科学一直致力于将事物分门别类，并规整地排序。硬是如此将自然分门别类的代价，是限制了人类的远见和领悟力。比如，现代人认为通过研究一棵孤立的树（或一个树种）就可以掌握该树的一切。但实际上树木并不是孤立生长的，它们是社会生物。它们作为一个群体反过来支持着其他树种、昆虫、鸟类、哺乳动物及微生物，所有这些构成了一片完整的树林。

题干 6. 与文章二的作者相比，文章一的作者看待林奈带有更多的

A. 讽刺　　B. 困惑

C. 欣赏　　D. 怀念

E. 愤恨

参考答案：C

解此题无须阅读文章二，阅读文章一首句便可知文章一作者对林奈的态度。第二行的

关键字 contribution 表明作者对林奈的正面评价。回到选项中阅读发现除 C 选项“欣赏”外，A、B、E 皆为负面态度词，D 选项“怀旧”为中性描述，故排除之。

题干 7. 与文章一的作者不同，文章二的作者采用了

A. 科学数据　　B. 文学典故
C. 历史研究　　D. 个人观点
E. 直接引用

参考答案：D

和上题相同，解析时无须确定文章一的论证方式，直接阅读文章二全文，我们发现文章二的第一句中出现了 3 个“I”（我），呈现出明显的主观色彩。A 选项提及的“科学数据”在文章二中没有体现，因为文章二没有出现任何数字；B 选项所指的“文学典故”在文章二中没有对应，其中提到的“树”没有指代任何人或任何事；C 选项提到的“历史研究”也没有在文章二出现，其中提到的树的例子仅用来打比方；E 选项提到的直接引用在原文没有对应，原文没有出现引号。

题干 8. 两篇文章都强调了林奈工作的哪些方面？

A. 对自然科学做出的贡献
B. 对当今科学发展造成的限制
C. 重新唤起生物学研究的兴趣
D. 平息科学纷争的决断力
E. 作为林奈研究基础的科学发现

参考答案：A

通读两篇短文可知文章一的结构为，首先提出林奈在科学上做出的重大贡献，其次表达对其不能被很好传承的遗憾，关键词是“enormous and essential contribution”及“yet”和“unfortunately”。文章二的结构是，首先提出对林奈生物分类方法的疑虑，其次更加详细描述其可能带来的弊端，最后提出例证支持自己的观点，关键词分别是“but”、“wary”、“limit”、“for example”。综合起来，两篇文章都在讨论林奈的分类方法对科学的贡献，无论其影响是正面或负面。遂排除 B 选项，B 选项仅代表文章二的观点；C 选项在两篇文章都未被提到，D、E 选项的内容在原文中均未被提到，遂排除之。

题干 9. 作为对文章二的开头部分（第 12 ～ 17 行）的回应，文章一的作者很可能会声称文章二的作者

A. 表明林奈作为一名科学家应该得到比当下更高的知名度
B. 低估了那些受益于林奈的工作的科学家的成就

C. 拒绝承认适当的分类对科学发展的重要性
D. 没能将林奈的观点和他的追随者区分开来
E. 误解了林奈对自然历史作出的主要贡献

参考答案：D

文章一的作者回应文章二作者在文章开头提出的观点时会努力维护林奈的正确性，而文章一唯一可能用来证明林奈正确性的是第 6 ～ 10 行提到的内容：林奈对分类方法的作用做出了自己的客观评价，而他的晚辈们却盲从分类方法。作者如此描述，是一种“划清界限”并为林奈免责的描述。D 选项中的“追随者 (followers)”对应了文章一中的“继任者 (successors)”，“区分 (distinguish)”对应了文章一中作者的“划清界限”的描述。

阅读译文 2

阅读下面文章，回答问题 10 ～ 15。

以下文章出自一名哥伦比亚裔作家的西班牙语小说英译本。作者以神奇的手笔描绘了一个与外界隔绝的村庄中的人们。

Macondo 的村民被这么多琳琅满目的发明弄得头昏目眩，已经搞不清楚他们的惊奇始于何时了。他们通宵达旦地看着那些接通了电流的苍白的电灯泡。电流来自电厂，那是村里的火车第二次运行时 Aureliano Triste 从外面带来的。对村民来说，他们需要时间去努力适应电厂那无处不在的噪声。

村民们走进售票口装饰着狮子头的剧院后，被富商 Bruno Crespi 搬到大银幕上的角色激怒了，因为这名在一部电影中死去并下葬、其不幸已使他们洒下痛苦泪水的人物，竟然会在另一部电影中起死回生变身为一位阿拉伯酋长！他们每人花两美分目睹了演员所经历的痛苦，绝不会容忍这种闻所未闻的欺诈，他们将座椅砸了个粉碎。市长在 Bruno Crespi 的要求下发表声明，向大家解释电影只是一种制造幻象的机器，不应该激起观众的愤怒。这种颇为泄气的解释使很多村民感觉到自己成了某种新式诈骗的受害人。想到自己的麻烦已经够多了，没必要再为那些假想的角色所表演出来的不幸而痛哭，他们遂决定再也不会踏进电影院一步。

同样的事情也发生在了圆筒留声机上。那些圆筒留声机从法国买回来，原本是想替换掉乐队过时的手摇风琴的。留声机曾一度对音乐家的生计造成了严重的不良影响。起初，民众的好奇心使沿街贩卖的留声机生意骤增。更有传言说某些有头有脸的人乔装打扮成工人亲自去一睹留声机这项新发明。但经过多次仔细的观察，他们很快得出结论——留声机并非大家所想以及某些人所说的神奇磨坊。它不过是一项机械的小伎俩，根本不能与那动人心弦、充满人性、囊括真理的乐队相提并论。当留声机在村庄中流行起来以至于每家每户都有一部的时候，它们并没有成为供成人娱乐的物件儿，而是成为供孩子们任意拆卸摆弄的东西。这多么令人失望！

另一方面，当村里人有机会检查安装在火车站的电话的真实性时（因为电话有个曲柄，村民便将它看作留声机的低级版本），即使是最具怀疑精神的人都会失望。好像上帝是下了决心要测试一下人们应对惊喜的能力。因此Macondo的居民一直都处于兴奋与失望、怀疑与释疑的交替中，以至于没人明确地知道现实的边界到底在哪里。

题干 10. “obsessive”（第7行）最相近的意思是

A. 激情的
B. 持续的
C. 显然的
D. 入迷的
E. 努力的

参考答案：B

obsessive一词对应了原文中的“花费很长时间took time”和第3行的“彻夜(all night)”，因此obsessive具有时间属性。B选项意为“持续的”，具备长时间的特点，故为正确选项。A、E选项都用于形容人，遂排除之；C选项用于形容可见之物或事实等，不与噪音搭配，D选项的“入迷的（infatuated）”是正面描述，与噪音不合，遂排除之。

题干 11. 使Macondo的村民倍感失望的“欺诈”（“fraud”）(第16行)与以下哪个选项有关？

A. 高额的票价
B. 银幕角色奇异的冒险经历
C. 发生在银幕上的事件在现实生活中并不存在
D. 演员们面临的各种困难
E. 难以置信的剧情

参考答案：C

回到原文阅读，由第15行中such可知，“欺诈”指向该句之前，即观众们认为第10～14行中被描述的内容是欺骗性的，该内容为一件荒诞的事情。A选项讨论的是费用，D选项讨论了困难，遂排除之；E选项讨论的“剧情”与原文有一定对应，然而“难以置信（implausible）”没有对应“荒诞离奇”，B选项是干扰选项，原文中同样也出现了outlandish一词，然而原文描述的主角的经历过分夸张让人难以置信，outlandish adventure在现实生活中仍可能发生，遂排除之。C选项为正确选项，观众正是因为电影中呈现的一些在现实中不可能发生的“荒诞的事情”而不满的。

题干 12. 村民失去了对留声机的兴趣是因为

A. 这个机器缺乏真正音乐家的情感与灵魂

B. 没人会操作它
C. 机器复杂难懂，以至于无法亲自观察
D. 因为它们使很多音乐家丢了饭碗
E. 孩子们破坏它们的速度要比制造它们快得多

参考答案：A

问题中的 lost interest in 在原文中对应第 38 ～ 39 行提到“十分失望 (serious disappointment)”。A 选项正确，其中“heart and soul”对应的是第 35 ～ 38 行的“动人心弦、充满人性”；B 选项错误，与原文第 40 行的 popular 相矛盾，遂排除之；C 选项错误，原文提到一些体面的人故意乔装成工人去观察它，证明它很容易被观察，这些体面的人害怕有失身份而这么做；D 选项提及的音乐家失业问题在原文中没有提及；E 选项对于孩子的描述与原文不符，原文提到孩子的拆卸动作，目的是说明 phonograph 的原始、低级，也未对拆卸和制造的速度进行比较。

题干 13. Macondo 的村民对电话的到来感到很苦恼，因为他们
A. 不知道这个东西的来历
B. 期待的是更加有利于社会的发明
C. 预想到了它将给村庄的日常生活带来的变化
D. 再也不能对他们的世界做出通常的假设
E. 害怕电话会影响他们长期的就业机会

参考答案：D

用 telephone 一词回原文定位，从第 44 行开始阅读，由第 48 行的“test”一次可知关于 telephone 属性的关键语句为第 49 行的“surprise”和第 51 ～ 52 行的“没人明确地知道现实的边界”。据此可知 telephone 挑战了人们的想象力。D 选项意为再不能对世界做出通常的假设，和原文意思符合，故为正确选项。A 选项讨论了“未知”，B 选项讨论了“对社会有益”，C 选项讨论了“变化”，E 选项讨论了“就业”，与 surprise 无关，遂排除之。

题干 14. 新发明最使村民失望的方面在于这些发明
A. 并不都配备了时髦的手柄
B. 没有任何实际的教育价值
C. 与它们看上去的样子相去甚远
D. 仅仅是为了娱乐
E. 太过精细，很难操作

参考答案：C

A 选项中的“crank”仅在 telephone 中存在。B 选项的“教育价值”在两项发明中都

没有被提到，D 选项的“娱乐”在第 41 行被提到，但仅作为比喻，E 选项讨论的“难操作”在电话这个发明中完全没有提及，遂排除 A、B、D、E 四个选项。C 选项在三个发明中都有对应：人们对 film 一开始充满兴趣，而后转为“愤怒（emotional outburst）第 19 行”；人们对于 phonograph 一开始充满期待，结果却发现仅为一玩物，而后又转为“失望 (disappointment，第 39 行)”；人们对 telephone 一开始充满“兴奋（excitement，第 50 行)”，而后又转为“失望(disappointment，第 50 行)”。C 选项意为“完全不像它们看起来的那样”和“失望”的情绪完全对应。

 15. 本篇文章的主要意图在于

A. 阐述 Macondo 的高贵居民对其他居民的影响
B. 描述引进 Macondo 的最新科学发现
C. 描绘人们对于一次魔术表演的一致的反应
D. 描述人们对于科技进步产物大量涌入的反应
E. 描述自然胜过科技这一过时的观点

解析

参考答案：D

文章中出现的几个事物依次为电影、留声机、电话等，对于 Macondo 这样的一个小村落来说是新鲜的科技革新产品。同时，文章也反复出现“失望 (disappointment)”这样一个态度词汇，这体现出人们对新生事物的反应。D 选项与原文描述完全对应，故为正确选项。A 选项错误，文中没有提到上层居民对普通居民的互相影响，而且上层居民仅仅出现在第 31 行的“respectable persons”的一个例子中，不会被作为全文的描述对象；B 选项为干扰选项，“新的科学发明”确实对应了原文提到的几个事物，然而文章大部分笔墨用在描述人们对它们的反应上，故 B 选项错误；C 选项的魔术表演在原文中没有对应，排除之；E 选项提到的“自然胜过科技”在原文中没有对应，文中仅提到“科技”。

阅读译文 3

阅读下面文章，回答 16 ～ 24。

本文出自一位编舞之手。他曾经与著名舞蹈家兼编舞 Martha Graham（1894—1991）共事。文章主要讲的是舞蹈中空间和姿势的使用。

我不是个地道的美学家，不能自以为是地去分析玛莎的设计感或设计方法。但我相信她是以一种数学家或物理学家的直觉来处理线条和方向等元素，并为每个线条和方向注入了自己的情感联系。例如，直线在大自然中很不常见，但却存在于艺术中。艺术中运用的直线能传递出多样的感情。方向具有相似的魔力。一个不断靠近的身体能创造出某种情感线条，而一个隐退或渐行渐远的身体创造的是另一种情感线条。两个力量的相遇带来了

视觉、运动知觉和情感上的效果，在其周围会产生一个充满无限深意的世界，如同半明半暗的影像般激发无数的想法和情感。每当各种形式被巧妙安排时便会如此。因此，人类基本的姿势获得了一种几近神奇的力量。例如，转过脸这么一个简单的动作就可以将个性和联系移除。不仅如此，它似乎还改变了个体与所在时间和空间的关系，使这里与现在变成了另外一个地点与另外一个时间段。同时，它还将某种个性转化为象征性和共性。这就是人类脸庞和注视所具有的力量。眼神的交汇大概是这个地球上最为神奇的联系了，可媲美任何电流所带来的震撼和冲击。它代表了动力学的本质，代表了生命本身。眼神的缺失将会使所有联系都沦为空虚。

"Turning one's back"已经成为常用语，意思是不同意、否认或否定。事实上在现实中，转身行为同样意味着绝对的否定与侮辱。一位皇家成员或位高权重的人物是不会遭遇他人转身以对的，因为那样做，就没有了目光的交流与注视。如果一个人避免进行眼神的接触，就表示他在假装没看见。

对情感符号我们已经了解颇多了。中世纪和文艺复兴时期的画家所采用的那些象征性符号能被当时的学者和艺术家所理解——但更神奇的是，我们今时一看到这些符号便能体会它们在过去传达的信息，它们似乎是亘古不变的。Jung* 告诉我们，我们的梦境是经典神话的再现。根据他的观点，因为所有人都共享一套"集体无意识"，所以即使来自完全不同传统的人也都会以同样的模式做梦。因此，某种空间关系、节奏与加强音具有心理学上的重大意义。这些形式中的一部分具有普遍性并且是情感反应的关键，背离这些形式或对它们做些更改，对艺术家的生活体验是很有意义的，且这些符号的言外之意可以被观众在没有经过任何心理分析的基础上所领会。难道这些都是不可能的吗？

这些对我们这群扎根大地呼吸空气的人类存在而言是基本的。正如植物根据它们的本性会朝向阳光、岩石或湿气一样，人类会根据自己的情感需要来偏向或逃避某种空间上的安排。观察一下任何一家餐馆，除非靠边的位置没有了，否则很少有人会选择坐在餐馆的正中。然而，那些古老的君主却永远都会坐在正中间用膳，即使在公共场合也经常如此。

因此，个性不一的每个人都拥有自己独特的一套空间和节奏符号。这套符号是从他/她的生活和整个人类历史中演变而来的。而舞蹈设计的素材正是来自对时空中这些暗示的操控 。

* 一位瑞士心理学家（1875—1961 年）。

题干 16. 前两句话（第 1 ～ 5 行）的特点分别是

A. 免责声明与断言
B. 祈祷与定义
C. 道歉与坦白
D. 引证与假设
E. 反驳与分析

解析

参考答案：A

回到原文阅读第 1 ～ 5 行的内容，第 3 行出现转折"But..."，转折前作者对于自己非专业身份的描述可视为一种开脱免责（因为自己不是美学家，所以自己给出的评判会有失偏颇）。同时，“I believe”是一种断言。A 选项中的“免责声明”和“断言”完全对应了原文，故 A 为正确选项。B 选项不正确，因为下定义的标志性语句为“that’s what we called”或“...is...”，但原文没有出现类似的结构，遂排除之；C 选项中的道歉和坦白在原文中也没有对应，因原文没有出现“sorry”、“regret”或“had better do...”之类的词汇；D 选项的引证和假设同样没有对应；E 选项为干扰选项，analysis 是 analyze 一词的同根词，但“分析”的过程在原文中是从第 6 行以后展开的。

题干 17. 在第 5 ～ 6 行“直线在大自然中很不常见”（“a straight line rarely, if ever, occurs in nature”）强调作者认识到了

A. 舞蹈指导对壮观的舞蹈效果的需要
B. 舞蹈指导对数学形式的采用
C. 舞蹈指导与自然的疏远
D. 表现某种舞蹈动作的不可能性
E. 几何形式的普遍性

参考答案：B

原文第 4 ～ 5 行陈述了作者的观点：“以一种数学家或物理学家的直觉来处理线条和方向等元素”，因此第 5 ～ 6 行作者举出具体例证来支持这样的说法。B 选项和这一观点完全对应，因此 B 为正确选项。

题干 18. 在说到两个力量的相遇会制造一定的效果，即产生“一个充满无限深意的世界”（“a world of suggestibility around them”）（第 11 ～ 12 行）时，作者意指身体的动作

A. 引起了无根据的怀疑
B. 揭示了艺术家的动机
C. 作用于观众的轻信心理
D. 麻痹观众使其欣然接受
E. 引发了众多联想

参考答案：E

回到原文阅读到第 12 行发现提示性语句“like a penumbra”，随后文章用一定语从句定义了 penumbra，即会“激发无数的想法和情感”。E 选项的“联想 (associations)”与“想法和情感”直接对应，故为正确选项。

题干 19. 作者对“人类姿势”（“human gestures”）（第 14 行）的主要观点是：它们

A. 不受制于个人的控制
B. 在缺少科学术语的前提下很难分析
C. 在人群中引发了不同的反应
D. 传递了有力的、能被普遍理解的信息
E. 随着文化水平的上升而进化

参考答案：D

回到原文向第 14 行以下阅读到第 15 行，“转过脸这么一个简单的动作就可以将个性和联系移除”对应了 D 选项中的“powerful”一词，第 20 行的关键词“the general and the symbolic”对应了“universally”一词。

题干 20. 作者提到“眼神的交汇”（“the meeting of the eyes”）（第 21 ～ 22 行），暗示了

A. 等级或地位对姿势意义的影响

B. 控制情感符号的困难

C. 某种程度上身体语言不是个性的功能

D. 个人接触所能达到的力量范围

E. 令人愉悦的艺术的本质

参考答案：D

第 21 ～ 22 行中提及的眼神交汇被描述为“电流冲击”，其对应了 D 选项提到的“力量 (power)”，第 25 行提到“眼神的缺失将会使所有联系都沦为空虚”，这是对这种“力量 (power)”重要性的描述。

题干 21. 关于“中世纪和文艺复兴时期的画家”（“medieval and Renaissance painters”）的作品（第 35 行），作家暗示了

A. 它们受到了皇家资助者的影响

B. 人们认为较之现代艺术，它们更加自然，不做作

C. 人们应该珍惜它们独特的象征主义

D. 它们包含的象征符号可以直接为当代观众所理解

E. 它们是一种简单的象征主义，后来由编舞进一步开发了出来

参考答案：D

第 36 行的描述意为：当今的学者和艺术家能够理解中世纪和文艺复新时期画家所理解的那些东西；第 37 ～ 38 行的描述意为：今天它们对于我们的意义和当年一样，它们看起来是永恒的，据此排除 A、C、E 选项。B 选项是干扰选项，其中两个时代的作品的比较没有涉及“自然，不做作（spontaneously）”，遂排除之。D 选项中的“accessible to”对应的是第 35 行中提到的“理解（understood）”，此外，从第 34 行开始文章围绕“情感符号（emotional symbol）”展开讨论，而 D 选项中也出现“symbol”，因此 D 为正确选项。

题干 22. 在第 43 行中，“stresses”的意思最接近于

A. 强调

B. 重荷

C. 焦虑

D. 影响

E. 声音

解析

参考答案：A

回到原文阅读第 43 行读到和“stresses”并列的词组“space relations，rhythms”，因此“stresses”和“韵律”有相同或相近的属性。A 选项意为“重读，强调”，和“韵律”相关，且和“stresses”近意，故其为正确选项；B、C、D 三选项和“声音”无关。E 选项为干扰选项，但无“重读”之意，遂排除之。

题干 23. 在第 48 行中，“grasped”的意思最接近于

A. 黏附
B. 抓住
C. 控制
D. 拥有
E. 理解

参考答案：E

阅读文章第 48 行，意为“这些符号的言外之意可以被观众在没有经过任何心理分析的基础上所领会”，将选项逐一代入翻译，E 最为合适，且 grasp 一词本身便有“理解，掌握”之意。

题干 24. 作者表明，餐馆里的人们（第 53 ～ 54 行）表达了哪些情感上的需求？

A. 不受阻碍的交流
B. 相对的隐私
C. 陌生人的尊重
D. 他人的赞同
E. 孤立避世

参考答案：B

第 55 行中作者举“古代帝王”的例子来说明他们的情感需求。通过“永远都会坐在正中间用膳，即使在公共场合也经常如此”，来说明帝王们希望坐在显眼的位置从而被关注、被重视。文章同时也提到普通人极少坐在中间，反而是选择隐蔽的角落。通过这样的比较性描述，我们可知普通人在餐馆用餐在乎隐私。因此 B 选项“相对的隐私”为正确选项。

阅读译文 4

阅读下面文章，回答问题 9 ～ 10。

当潮水涌入，水面涨到了距离草坪还有一英尺的时候，孩子们夸下海口，说能在卧室窗户外捉鱼了。事实并非如此。我们前面的草坪一直到我们的房屋都充满了海水倒是真的。

在阳光照射下，潮水荡起，房子前面的白墙好像也随着波光粼粼的海浪动起来了。高大的立体窗户与海一色，交相辉映，在一片金光和蓝色中，整栋房子似乎都充满了海水，直到转身看到真正的大海，才震慑于它那非凡的存在。

题干 9. 叙述者在说到“我们的房屋都充满了海水”（“the house was full of waves”）（第4～5行）时，他的意思是

A. 房子装饰以大海为主题
B. 孩子们非常高兴画大海
C. 房子倒映了海水的运动
D. 房子的地下室有时会进水
E. 房子看上去已经被海水损坏了

参考答案：C

阅读全文，注意到第 6 行中的关键词“被反射的 (reflected)”。逐一阅读选项，A 选项不正确，原文中没有提到房屋被“装饰”；B 选项不正确，原文没有提到孩子们画画的事情；C 选项中的“mirrored”对应的是“被反射的 (reflected)”，故为正确选项；D 选项的“地下室 (basement)”在原文也没有提到；E 选项不正确，文章没有提到房屋被损坏的情况。

题干 10. 能最确切地描述出文中第 5～10 行的“在阳光照射下……非凡的存在”（“When ... startled”）的语气是

A. 敬畏与恐惧
B. 调皮与好奇
C. 伤心与困惑
D. 惊叹与高兴
E. 不确定与没耐心

参考答案：D

回到原文阅读文章最后一句“非凡的存在”，D 选项的“惊叹（wonder）”对应的是“非凡（miraculously）”和“震慑于（startled）”两词。

阅读译文 5

阅读下面文章，回答问题 11～12。

巴基斯坦新近出土的手工艺品引发了人们对神秘的印度河流域文明早期城镇文化的重新评估。作为四大文明古国之一，印度河流域文明与美索不达米亚、埃及以及中国的黄河文明一道构成了古代四大民族文化。但与其他三个文明相比，人们对印度文化知之甚少，因为语言学家还没能破解复原的物品上所刻的哈拉帕文。为了更好地了解这个消失的文明和它的社会结构，我和同事已经从我们发掘的杂乱无章的器皿和发掘现场中找到了一些蛛

丝马迹。在所有过程中，哈拉帕文字并非毫无用处。通过考察使用这些文字的语境，我们也得到了一些启示。

题干 11. 这篇文章的主要观点是

A. 古代器皿被发现的发掘现场可以帮助研究其社会意义

B. 能够破译一种文化的语言可以为了解这个文化提供极大的帮助

C. 古代城市文明的社会结构存在相似点

D. 一个有所作为的考古学家应该学会他所研究的文明的语言

E. 所有的古代语言破解起来都非常困难

参考答案：B

阅读原文后第7行的内容告诉我们，因为语言没有被破译，我们对哈拉帕文化知之甚少，B选项意为“能够破译一种文化的语言可以为了解这个文化提供极大的帮助”，与原文对应，故为正确选项。

题干 12. 下面哪个能最确切地描述作者最后一句话的语气

A. 挫败的

B. 已放弃的

C. 矛盾的

D. 某种程度上受到鼓舞的

E. 非常自信的

参考答案：D

回到原文阅读第11行的内容，“并非毫无用处”证明作者认为在巴基斯坦发掘的文字对获得考古结论仍有一定帮助。D选项意为“某种程度上受到鼓舞的”，“某种程度上(somewhat)”是“not totally”的同义改写，“受到鼓舞的”对应的是分析这些文字后得到了一些收获。

阅读译文 6

阅读下面文章，回答问题13～24。

这两篇写于20世纪90年代的文章介绍了增强公众环境意识的方法。

文章一

努力让更多的读者了解复杂难懂的科学发现本身并没有什么错误，但环保普及者却经常只展示片面情况，并在有关环境质量的问题上将一些重要的科学分歧隐藏起来。一味想要从科学发现中得出固定的结论，会使一些存疑的事情直接被抹去，或以与其本身不符的权威度展现出来。因为作者对这个题材的创新观点和进行科学研究的一腔热血，这些错误做法中所暗含的盲目性往往会得到谅解。一个人怎能因为崇高的冲动所引起的“微小的”困惑而扼腕后悔呢？

但片面、不完整地解读科学知识却已经导致了各种推断、预言和警告都不出意外地成了虚假的东西。没人知道未来会怎样。但有关Erie湖和海洋将会消失的报道确实是夸大其词。美国并没有遭受食品危机或遇到杀虫剂导致的癌症大爆发。小鸟每个清晨仍在歌唱，并没有受到冰河世纪或不断增加的能源生产消费所引起的全球变暖的影响。鉴于过去的记录，我们需要怎样的信心去面对预测的全球变暖、雨林消失、有毒垃圾所引起的恐惧呢？

这种预言的失败可能是知识的不牢固。但预言仍在继续，因为它为科普者提供了强有力的虚华辞藻：它将强大的恐惧释放了出来。人们早就了解这种蛊惑的情感在政治措辞中的地位了。但是激起人们的恐惧并非易事。早在亚里士多德时期，人们就发现事物距离我们越遥远，我们就越不惧怕它。因此当丘吉尔试图号召英国人奋起时，他将德军引到了“我们这个岛屿”的海岸、陆地、田野、街道以及山区。同样，为了引起读者的恐惧，科普者不得不向读者展现出一幅灾难正在逼近他们舒适优越生活的图景。但是由于遥远国度排污系统的不完备而引起的经水传染的疾病并不属于该范畴，而由于臭氧层的损耗而引起的皮肤癌却是。没有了这种直接性，人们只能产生一种类似同情的情感，这种情感根本不如恐惧那么强烈。

文章二

迫近的生态劫难在我们的政治文化中有着无与伦比的根深地位。1962年，当Rachel Carson警告她的读者污染对这个星球上所有的生命都是一种威胁时，有关环境质量的悲观评估就越发带有紧迫性。但是，很大程度上多亏了她的警告，一场强有力的政治运动应运而生，而一系列具有里程碑意义的环保议案也相继列入了法律：清洁空气法（1970）、清洁水源法（1972）、濒危物种法（1973）等。这些法律和西欧的类似法规以及许多民间的努力都取得了令人震惊的成功。在美国和欧洲，大部分的环保运动都产生了积极的意义；而并不需要耗费大量精力和资金的环保法规，也证明是极其有效的方法。执行这些法规的花销要低于预期，实施这些法规的国家经济没有被削弱，相反变得更强大。

然而，环境主义仍然被诸如无用、危机与下坡路这样的意象所主导。1988年，颇受生态学家欢迎的散文家Thomas Berry写道：“这个星球无法长期承受当下人类开发的模式。”1970年首个地球日的主要推动者、威斯康星州前任参议员Gaylord Nelson在1990年曾说到，环境问题“对地球生命持续系统的威胁比核战争还要大”。而在1993年，副总统Al Gore也曾说过地球正遭受着“严峻的、很可能是不可修复的损害”。但是，至少就现在的西方世界而言，这种思想已随着自身的成功而过时，成为老生常谈了。环保主义者并非不愿去承认好消息的唯一人群：政治阵营的两派出于自己的利益也都对好消息轻描淡写。左派惧怕环境方面的好消息是因为它冲击了时下流行的悲观主义；右派则是因为它显示出政府的规范行为有时可能不是邪恶的化身，实际上是能够在可承受的代价下带来收益的。

这个交易其实不划算——对自由主义者来说尤其如此。他们的哲学遭到了诸如犯罪、社会福利、医疗卫生、教育以及其他各个方面的夹击。因此，为什么不为环保中所取得的惊人、持久的成绩而擂鼓庆祝呢？

题干 13. 第 14 行的“state”最可能指

A. 等级
B. 兴奋
C. 领土
D. 政府
E. 情况

参考答案：E

第 14 行中读到表明转折关系词“but”，由此可知 state of scientific knowledge 一定是对应之前的描述。第 5 行中有“scientific disagreement”，“分歧”可视为一种“状态”，但其不能和 A、B、C、D 中的任一词义对应，故 E 选项正确。

题干 14. 文章一的作者指出“食品危机”（“food riots”）（第 20 行）和“杀虫剂导致的癌症”（“pesticide-induced cancers”）（第 20 ～ 21 行）是

A. 一个国家最终都会遭遇的问题
B. 世界欠发达地区面临的问题
C. 环保普及者预测的问题中的两个
D. 全球变暖的众多后果中的两个
E. 湖泊与海洋污染的潜在后果

解析

参考答案：C

第 20 行中提到“美国并没有遭受食品危机或遇到杀虫剂导致的癌症大爆发”，这些事件都是预测（第 17 行 No one knows what the future holds），而且其危害性被夸大（第 19 行 exaggerated）。A 选项和第 17 行 No one knows what the future holds 的描述相抵触，作者认为未来是不可知的；B 选项错误，本段中只提到一个国家即美国，显然美国不属于欠发达地区；D 选项错误，“全球变暖”在第 23 行中被提及，其导致的后果是“严酷的条件 (rigor)”，与预测事件不对应，遂排除之；E 选项提到的“湖泊和海洋”，在原文中的描述是“将会消失”，没有提及“污染”，遂排除之；C 选项的“prediction”对应了“预测”。

题干 15. 第 22 行的词语“rigors”指的是

A. 洁净环境所需要的努力
B. 自 1970 年以来执行的严格规范
C. 很多环保普及者的道德态度
D. 环境恶化的预期后果
E. 自然在恶化的环境中自我修复的能力

解析

参考答案：D

阅读原文第 23 ～ 24 行的内容，“冰川纪”和“全球变暖”对应的是 D 选项中的“environmental decline”，“rigor”对应的是 D 选项中的“后果 (consequence)”一词，因此 D 选项正确。

题干 16. 文章一的作者采用了第 42 ～ 43 行的例子（“而由于臭氧层的损耗而引起的皮肤癌却是”）（“The prospect...does”），这是为了

A. 描写一段个人经历　　B. 暗示这个主题不可怕

C. 引起读者的共鸣　　D. 显示一个心理学事实

E. 强调危机的普遍性

参考答案：D

作者在第 42 ～ 43 行中描述了自己的亲身体验，即臭氧层被破坏后患皮肤癌的概率增大。第 45 行意为唤起一种不如恐惧那般强烈的同情情绪，潜台词是人们被所谓的预测后果吓到。A 选项提及的“个人经历”不是引用的目的；B 选项错误，作者的目的是揭露政客们的心理伎俩，而非暗示这个话题不那么吓人；C 选项为干扰选项，sympathy 是 compassion 的同义词，然而并非是作者期望博得读者的同情，是政客们期待让公众产生恐惧情绪；E 选项错误，作者无意强调危机蔓延从而制造紧张情绪。D 选项为正确选项，对应了原文的“心理暗示”。

题干 17. 文章二的第一段（第 46 ～ 63 行）是

A. 详尽考虑　　B. 历史总结

C. 来源列举　　D. 介绍性文字

E. 科学理论

参考答案：B

阅读原文，发现第一段的结构为按照时间顺序排列的史实，如第 47 ～ 48 行的“Beginning in 1962”和第 53 ～ 55 行提及的一系列法案。B 选项“历史总结”符合原文的描述特征。

题干 18. 第二篇文章中，词组“rendered ... success”（第 76 行）是指

A. 环保主义者的诉求多年来有所变化

B. 环保运动取得的成功对保守主义的政客而言是可怕的

C. 环保运动取得的成就使其公开的宣言变得不重要了

D. 环保主义者在一个主要关注技术的领域中常表现得落伍

E. 政治自由主义者和保守主义者同样关注环境保护主义

参考答案：C

回到原文阅读可知，its 指代的是“this line of thought”，而向前阅读可知其指代的是第

66 ～ 74 行描述的环境主义者的各种说法。因此，“环境运动的成功”与“这种思想”的关系为，“成功”使得这些“思想”变成“已废弃的，已不用的 (obsolete)”。A 选项中提到环境主义者的诉求一直在变化，其与第 64 行的“continue”一词相矛盾，故排除之；B 选项对原文进行了推断，虽然第 80 ～ 85 行有“害怕 (afraid)”的表述，但仅从“obsolete”一词很难推断出 frightened 的情绪；D 选项是干扰选项，“old-fashioned”一词和“obsolete”近义，但其表述的对象是“环境主义者 (environmentalists)”，原文中讨论的是他们的“思想”，故排除之；E 选项中没有出现态度词汇，遂排除之。C 选项中“public pronouncements”对应了原文第 66 ～ 74 行描述的环境主义者的各种说法，“make ... irrelevant”也是“obsolete”的同义改写，C 选项完全对应原文。

题干 19. 词组“邪恶的化身”（“wickedness incarnate”）(第 84 行) 被用来

A. 批评官僚的不作为

B. 模仿那些有某种政治倾向的人所使用的语言

C. 幽默地表达作者的深层期望

D. 批评那些明目张胆的环境污染者

E. 建议环境主义要有一个准宗教支柱

参考答案：B

第 80 ～ 85 行对左派和右派对于环境运动成功的态度进行了描述。从“邪恶的化身 (wickedness incarnate)”词义本身来讲，其体现出左派对右派的对立情绪。A 选项的 aspersion 对应了这种情绪，但对象错误，这种情绪没有宣泄到政府无能上；C 选项认为这种说法是作者的观点，但原文是作者用旁观者的口吻进行描述的；D 选项中提到的 polluter 在原文中没有提及；E 选项是干扰选项，其中的“准宗教 (quasi-religious)”对应了 incarnate 的本义，然而“邪恶的化身 (wickedness incarnate)”本质是一种政治攻击的说辞，而非针对 environmentalism，遂排除之。B 选项中提到的“有政治倾向的人”对应了“左派 (the Left)”。

题干 20. 文章一和文章二的作者对环境主义的态度分别是

A. 愤怒，怨恨的失望

B. 怀疑主义，有限制的崇拜

C. 冷漠，急切的关注

D. 警告，勉强的接受

E. 开明，坚定的拥护

参考答案：B

两篇文章对于环境主义的评价总体来说都是负面的，文章一的第 40 ～ 45 行作者引用自己的例子来说明：环境主义者的预言只不过是心理暗示而已。可被视为“怀疑”的负态度，据此阅读选项。A 选项的情绪过于强烈，文章一的作者虽然对环境主义的很多说法充满怀疑，但未曾“愤怒”，文中没有对应的描述；C 选项提及的“冷漠”在篇章一中没有体现；D 选项提及的“警告”在文章一中没有对应描述；E 选项中对文章一作者观点的定性描述“开明（open-mindedness）”不正确，因为文章一作者对环境主义有负评价。

题干 21. 对于文章一第 17 ～ 19 行提到的报道，文章二的作者最有可能说

A. 它们试图不道德地操纵公众舆论

B. 它们反映了它们所处的时代中科学的不确定性

C. 回顾过去，它们太过幼稚

D. 它们在所处的时代有自己的功能

E. 我们在今天比任何时候都更需要它们

参考答案：D

文章一的报道为“湖泊和海洋将会消失”的悲观主义论调，其对应了文章二中第 67 ～ 74 行各种政客们的统一悲观主义论调。文章二中作者对它们的态度描述在第 86 ～ 88 行。相似的报道也会出现在犯罪、福利、医疗等领域。D 选项正确，这些报道都是为特定的目的（打击犯罪、改善福利等）服务。

题干 22. 对于文章一所说的“这种思想”（line of thought）（第 75 行），文章一的作者最有可能会说

A. 曾经是新颖的，但现在已经过时了

B. 过去完全建立在科学的基础上，现在却被政治所驱动

C. 根本不能按字面意思理解

D. 对其他遥远的国家来说毫无意义

E. 从一开始其合法性就值得怀疑

参考答案：E

文章一的作者对于第 17 ～ 19 行中报道的情形产生质疑，对第 67 ～ 74 行各种政客们的统一悲观主义论调也有同样质疑的态度。E 选项中的 dubious 一词对应了这种态度。

题干 23. 文章一的作者会怎样回答文章二的作者在文章最后提出的问题？

A. 因为好消息不像可怕的警告那样能刺激人们采取行动。

B. 因为环保主义者既害怕与左派拉开距离又害怕与右派拉开距离。

C. 因为环保主义者自己在他们的任务是否已经完成的问题上都产生了分歧。

D. 因为吹牛仍被自由主义精英看作不合时宜的行为。

E. 因为外行缺乏训练，不足以评价环保成绩。

解析

参考答案：A

文章一的第 40 ～ 45 行中作者引用自己的例子来说明，环境主义者的预言只不过是心理暗示而已。这些预言多为灾难性的警告，他们很容易引起人们的恐惧，从而导致行动。A 选项中的 dire warnings 对应了文章一中第 17 ～ 19 行的描述。

题干 24. 第一篇和第二篇文章的作者都认为

A. 环境状况继续恶化

B. 环保运动缺乏政治影响力

C. 国民所获得的大部分环境信息都太过技术化

D. 环保运动的发言人都不够博学

E. 环保运动都采用了夸大的言辞

参考答案：E

两篇文章的共同观点是环境主义者“言过其实”。因为灾难性的预言没有发生，而这些环境主义者又寄希望于利用它们制造民众的紧张情绪。E 选项中的“夸大的言辞(exaggerated rhetoric)”对应了两篇作者的态度。

阅读译文 7

阅读下面文章，回答问题 7 ～ 19。

Frederick Douglass（1817—1895）在逃脱了奴隶主的控制后，成了一位作家和出版商。他因在废奴运动中所起到的关键作用而闻名世界。

虽然各种报刊都在嘲笑妇女运动，但 Frederick Douglass 却继续积极支持这项运动。事实上，19 世纪 50 年代召开的女权大会很少，Douglass 当时还不是重要的发言人，在他自己的报纸中也并没有完整记录大会的进程。每份报纸的报道之后都会始终如一地附一篇主编评论，对大会作一番赞扬，并表达编辑对“它能在公众那里造成巨大影响”的殷切希望。1853 年，当 Douglass 在考虑为自己的报纸改名时，拒绝了将名字改为《兄弟情》的提议，因为这个名字“暗示着将姐妹之情排除了出去”。他将报纸命名为《弗莱德里克·道格拉斯报》，报名的下方印着“为了所有人的全部权利！”

因为女性不允许在州立禁酒协会召开的大规模集会上发言[1]，纽约的女性组成了“州立女性禁酒协会”，并任命伊丽莎白·卡蒂·斯坦顿为主席。Douglass 非常支持这个协会，但对于协会干事 Amelia Bloomer 将协会所有成员限制为女性的做法却持反对意见。他与 Stanton 和 Susan B. Anthony 一道反对这一做法，认为这样做侵犯了“人人平等的原则”——

简言之，就是侵犯了男性的权利。Douglass 认为，将男性排除在外，协会在与那些在禁酒运动中否定女性平等权利的人作斗争时，会失去支持者。他质问道，当女性否定了男性应享的权利时，女性自己又怎能有效地在运动中争取到令她们满意的平等呢？终于，在 1853 年 6 月，协会接受了 Douglass 的这个观点，并开始招收男性成员。

通过在全国和各州妇女权利大会中的接触，Douglass 从女性那里学到了很多。曾经，他对妻子在家产处置上应和丈夫享有同等的权利深表怀疑，因为他同样认为“丈夫辛苦工作”，而妻子却并不挣钱。但在与妇女权利运动的先驱争论后，Douglass 被说服了。因为虽然女性做家务并不赚钱，但对家庭而言，女性所做的家务劳动与丈夫们所做的工作是同等重要的。一经说服，Douglass 就开始行动。他撰文宣传 1853 年在纽约州罗切斯特市召开的大会，此次大会不但要求男女工资平等，还要求女性、包括已婚女性，在家产的所有权和处置权方面应享有与男性同样的权利。在那一年的报纸上，Douglass 督促纽约州立法来保障男女在“拥有和分配私人财产和不动产”方面的平等权利。

然而，在一个问题上，Douglass 却拒绝让步。他对妇女权利领导人在发言时禁止黑人入内的行为持批判态度。他主要的反对对象是 Lucy Stone。Douglass 曾一度对这位废奴主义者及女权运动的老将赞赏有加，但却批评她在发现 1853 年在费城音乐厅召开的演说拒绝黑人入内后没能取消演说。之后，当他获悉 Stone 邀请了伊利诺伊州参议员 Stephen A. Douglas——臭名昭著的《1850 年逃亡奴隶法案》[2] 的主要起草者之一——参加 1859 年在芝加哥召开的宣扬妇女权利事业的大会时，对她的批判也更加严厉。他尖锐地指责 Stone 推进妇女权利是建立在损害“手无寸铁的奴隶女性”的基础上的。这些奴隶女性“既要承受奴隶制不可计数的痛苦，还要承受作为女性所遭遇的一系列痛苦”。

Douglass 与某些妇女权利领袖的分歧还不止于她们在听众受到区别对待时仍出面发言方面。像 Stanton 和 Anthony 这样的女性，与废奴主义者 William Lloyd Garrison 非常相近。Garrison 过分依赖语言，将“道德劝诫”作为废奴的主要途径，并反对反奴隶制政治行动。基于以上分歧，Douglass 最终与 Garrison 分道扬镳，而与此同时，某些妇女权利的领袖对 Douglass 的态度也转为冷淡。

虽然 Susan B. Anthony 曾经与 Garrison 同处一条战线，但她却向 Douglass 寻求支持来推进她反对死刑的运动。1858 年，她四处请愿，希望召开会议以禁止死刑并立法将死刑改为终身监禁。Douglass 一直反对死刑，因此他在请愿书上签了字，并针对此事制定了一套决议，还在前任主席因遭到暴民武力胁迫而辞职后，同意接任会议主席一职。Douglass 的举动甚至将那些先前支持 Anthony 和 Garrison 的女性争取到了自己这边。

因此，在内战爆发的前夕，Douglass 与妇女运动的关系再次缓和。虽然这种关系在战后再度恶化，但 Douglass 以自身的影响力使妇女运动变得更加关注歧视黑人的问题。

[1] 禁酒协会是通过促进立法来控制饮用酒精饮料的团体。

[2]《1850 年逃亡奴隶法案》赋予了奴隶主收回逃跑奴隶的权利。

题干 7. 文章提供的信息大部分是有关 Douglass

A. 对老朋友的忠诚　　　　B. 拒绝改变老观念

C. 流畅的写作风格　　D. 政治上的行动主义
E. 机智的措辞

参考答案：D

首先 Douglass 是以女权运动家的身份在文章中出现的。A 选项的“忠诚”与原文描述相悖，第 66 行中对 Douglass 的描述为“他会与意见相左的女权主义者发生争执”，而这些女权主义者中不少就是“老朋友”；B 选项提到 Douglass 不愿改变旧观念与原文描述相悖，第 40 行中描述“一旦被说服，他就会行动”，可见 Douglass 会改变自己的观点；C 选项对于 Douglass 写作水平的评价原文中没有涉及，写作都是由其他编辑完成；E 选项与第 5 行的“not a featured speaker”相悖，故排除之；文章第 3 行的描述“lend it his active support”说明 Douglass 在女权运动领域十分积极，随后每一段首句都按时间顺序对 Douglass 的行动进行概括描述，因此 D 为正确选项。

题干 8. 文中“hailing”（第 7 行）的意思是

A. 向下倾倒　　B. 大声地打招呼
C. 号召　　D. 发明
E. 赞扬

参考答案：E

回到原文阅读第 8 行，第 7 行的 hailing the meeting 和第 8 行的编辑的期望相对应。而编辑期望“其对公众更有影响力”。各选项中能够实现这种愿望的是 E 选项“赞扬”，即编辑通过对 Douglass 所从事的活动大力赞扬从而提升其对公众的影响力。

题干 9. 对 Douglass 报纸名称的讨论（第 9 ～ 14 行）表明 Douglass

A. 非常擅长于劝服他人采纳他的观点
B. 对妇女权利倾注了比其他改革运动更多的心血
C. 担心他的报纸得不到其他妇女权利报刊得到的相同嘲笑
D. 是一位可以在不同的事业中寻求到共同目标的改革者
E. 迫切地想要去发表妇女权利运动所取得的最新成绩

参考答案：D

原文第 9 ～ 14 行中的描述表明他的报纸要同时包括“brotherhood”和“sisterhood”。这两个目标的出发点不同，即分别为男人和女人争取平等权利，但目的都是追求“平等”。

题干 10. 文章暗示 Stanton 和 Anthony 战胜了 Bloomer（第 21 ～ 30 行）是因为他们的立场

A. 挑战了男性的特有地位
B. 肯定了女性的政治权利
C. 反对 Douglass 的观点
D. 从政治角度讲是智慧的
E. 带来了财政上的一系列后果

解析

参考答案：D

原文中第 24 行提到 Douglass 要求男性同样加入女权组织的理由，即维持“男女地位平等”。而 Bloomer 没有考虑到男人加入女权运动的权利。

题干 11. Douglass 对女性在财产权利方面的立场（第 33 ～ 48 行）说明 Douglass
A. 非常擅长于政治磋商
B. 可以很灵活地改变自己的观点
C. 与妇女权利领袖达成了共识，因此后者可以支持他的废奴运动
D. 相信不同的事业要一件一件完成
E. 相信州法律很轻易就能改变

参考答案：B

结合第 18 行中的“supported the society but”和第 40 行的“一经说服，他就开始行动”，可知 Douglass 会审时度势地灵活改变自己的观点。

题干 12. 文中“disposition of”（第 45 行）的意思是
A. 开发
B. 保护
C. 控制
D. 特征
E. 付款

解析

参考答案：C

此处的 disposition 本意为“处置”，原文第 45 ～ 46 行描述道“丈夫辛苦工作，而妻子却并不挣钱”，由此可知 C 选项的“控制”是丈夫因为辛苦工作应享有权利。

题干 13. 文中第 49 ～ 65 行，介绍了 Lucy Stone 的哪个方面？
A. 她允许自己两个事业中的一个取代另外一个。
B. 她的勇敢行为一直都为 Frederick Douglass 所敬佩。
C. 为了废奴运动她甘愿妥协。
D. 她与 Stephen Douglas 在政治观点上几乎没有共同点。
E. 她在政治上缺乏经验，导致她的判断失误。

解析

参考答案：A

由文中 Douglass 在第 63 行对 Lucy Stone 的描述可知，Douglass 认为 Lucy 牺牲了黑人女性的权益去争取其他女性的权益，这样不妥。A 选项是对 Douglass 观点的概括性描述，two causes 分别指“黑人女性的权益”和“其他女性的权益”，A 选项与原文完全对应，故为正确选项。

题干 14. Douglass 可能认为利用 Stephen A. Douglas 去宣传妇女权利会导致

A. 允许男性影响妇女组织
B. 支持废除《1850 年逃亡奴隶法案》
C. 与禁酒哲学相矛盾
D. 不经意间损害妇女的所得
E. 默许剥削黑人奴隶女性

解析

参考答案：E

由原文第 57 行的描述可知，Douglass 认为 Stephen A. Douglas 和 Lucy 一样对黑人女性区别对待，因此 Douglass 也同样反对他。E 选项描述符合 Douglass 的观点。

题干 15. Douglass 很可能将“道德劝诫”（“moral suasion”）（第 71 行）看作

A. 仅仅适用于免除死刑
B. 更适用于长篇大论的政治辩论
C. 不如直接行动受欢迎
D. 与禁酒运动关系过于亲密
E. 不适用于大多数的大规模集会

解析

参考答案：C

原文中描述道 Douglass 与 Garrison 在一些言语表述和行动上有分歧，从而女权运动领导人开始疏远 Douglass。由此推测女权运动领导人是倾向 Garrison 的，C 选项符合这样的推测。

题干 16. 妇女权利领袖对“Douglass 的态度转为冷淡”（“grow cool toward Douglass”）（第 73 ～ 74 行）是因为他们

A. 感觉在自己的阵营中出现了反对意见
B. 更倾向于 Garrison 的政治观
C. 非常支持采用温和抵抗策略
D. 认为 Douglass 对他们的运动并没有做出积极贡献
E. 发现 Douglass 停止宣传他们的观点

参考答案：B

第 69 行提到一些女权运动的领导人如 Stanton 和 Anthony 等与 Garrison 关系密切。因此当 Garrison 和 Douglass 关系破裂后，她们和 Douglass 的关系也逐渐淡漠。

题干 17. 按照文中所言，Douglass 的观点与以下哪一位最为相近？

A. Stephen A. Douglass
B. William Lloyd Garrison
C. Amelia Bloomer
D. Lucy Stone
E. Susan B. Anthony

参考答案：E

用人名回原文定位，通过第 20 行的“took issue with ... Bloomer”的描述排除 C 选项；通过第 60 行抨击 Stone 的描述排除 D 选项，因为 Douglass 知道 Lucy Stone 邀请了 Stephen A. Douglas，故 Douglass 对 Stephen A. Douglas 也没有好感，遂排除 A 选项；第 84 ～ 85 行的描述证明 Douglass 与 Garrison 也是对立的，遂排除 B 选项。E 为正确选项，文中多次提到 Douglass 和她立场一致。

题干 18. 有关废奴运动与妇女权利运动的互动，作者的观点是

A. 虽然二者摩擦不断，但互动却帮助双方拓展了各自的视野
B. 对大多数人来说互动似乎是卓有成效的，但实际上却使得双方的目标过于笼统
C. 互动是自然的，因为两个运动的开始时间相同
D. 对双方的成员来说是值得的，但却导致他们在公众中变得不太受欢迎了
E. 虽然双方都不太愿意合作，但在政治上这种互动对双方都是有利的

参考答案：A

阅读原文第 49 ～ 86 行可知 Douglass 不否认两者之间的摩擦“friction”，但 Douglass 始终坚持认为两者互利互助，这一点通过他对 Lucy Stone 和 Garrison 的抨击可知。因此，A 选项完全符合原文描述。

题干 19. 根据文章，Douglass 一直都反对

A. 利用媒体批评妇女和废奴运动
B. 允许男人在妇女禁酒协会中担任职务
C. 付给男人的薪水要高于女性
D. 在推进妇女权力的同时忽视其他团体的权利
E. 赋予男性更多权利的财产法

参考答案：D

通读全文可知 Douglass 始终坚持男女平等，也即反对不平等现象，同时第 49 ～ 65 行的描述中 Douglass 对废奴运动也是支持的，但第 54 ～ 56 行中 Douglass 对 Lucy Stone 开始不满的原因也即 D 选项描述的“忽视其他团体的权利”。

SAT OG TEST 7（第一版 SAT OG TEST 5）

阅读译文 1

阅读下面文章，回答问题 6 ～ 7。

对语言的选择对西班牙裔美籍作家观点和思想的展开有着至关重要的作用。“我感到语言贫乏。” Cherrie Moraga，《战争年代的爱情：从未通过他的唇》的作者这样写道。标题中两种语言的混用，本身就表达了作者身处一种语言环境却用另一种不同的语言叙述个人经历时所感到的困难。

题干 6. 作者引用 Moraga 的书，其主要目的在于

A. 强调有些西班牙裔美国作家在出版作品时面临的挑战

B. 祝贺一位年轻的西班牙裔美国小说家取得的成就

C. 展现一位精通多国语言的作家所具备的表达力

D. 证实美国作家正在探索新的艺术手法

E. 说明西班牙裔美国作家经常面对的困境

解析

参考答案：E

本题采用排除法解答：首先排除 A、B、D 三个无关项——文中并未提及出版、成就以及艺术手法。选项 C 属于干扰项，虽然选择语言意味着掌握多种语言，但文中引用的双语言书名是为了体现作者在两种语言表达中所面临的困难，正如 Cherrie Moraga 自己所说：“我感到语言贫乏”，因此正确答案为 E。

题干 7. 以下选项中所描述的情形哪一个与本文中提到的最为相似？

A. 一位住在 Chile 的西班牙裔美国画家的画作卖得不好。

B. 一位 Cherokee 专栏作家认为全国性报纸的读者对于美国本土文化并不熟悉。

C. 一位非裔美国小说家利用非裔美国人的历史给自己的作品加入了一些细致入微的描述。

D. 一位住在美国的俄罗斯小说家发现很难用英文表达看法。

E. 一位亚裔美国记者试图写一篇面向日本和美国读者的文章。

参考答案：D

本题采用排除法解答。原文描述的是在选择语言进行表述，由此可直接排除 A、B、C——画作、文化、历史作品均与语言选择无关。选项E属于干扰项，乍一看似乎与原文相似，但实质是面向对象的选择，而非语言的选择。

阅读译文 2

阅读下面文章，回答问题 8 ～ 9。

在科幻大片《2001：太空漫游》（*2001: A Space Odyssey*）中，最令人难忘的莫过于那台精心打造的 HAL 了。HAL 是一台启发式编程演算法电脑，它不仅会思考，还可以体验人类的感情和焦虑。令人吃惊的是，新千年的计算机科技在某些方面的发展或许已经超越了作家 Arthur C. Clarke 和电影导演 Stanley Kubrick 的预料。当今的电脑比 HAL 要小得多，便携得多，而且应用软件界面已不再是那种在运载 HAL 的太空飞船上所使用的手工操作。

题干 8. 对于作者对“portrait”（第 3 行）的态度的最佳表述为

A. 憎恨

B. 欣赏

C. 困惑

D. 敬畏

E. 嘲笑

参考答案：B

本题为可定位的态度题，应在定位句中找到可以表示态度的形容词或副词。portrait 所在的这句话中，“be remembered best ”表达了对 HAL 造型令人难以忘怀的情感，进而介绍了 HAL 在理解和体验人类情感方面的惊人成就，这中间并未出现转折，由此可以推断出本句的感情基调是正面的。

题干 9. 最后一句话中的“应用软件界面”（software interfaces）和“手工操作”（manual controls）例证了

A. 与 Clarke 和 Kubrick 预见的计算机相比，现代计算机所拥有的优越性

B. Clarke 和 Kubrick 对于未来某些方面惊人的预见能力

C. 人类获得 HAL 式计算机的一些方法
D. 计算机编程人员为了超越某些软件而付出的不懈努力
E. 现在的电脑试图模仿人类智能和情感时的缺陷

参考答案：A

应用软件界面代替手工操作是例证新千年的计算机科技在某些方面的发展或许已经超越了作家 Arthur C. Clarke 和电影导演 Stanley Kubrick 预料的一个方面。B 选项与文中表达的意思相反，可直接排除；C、D、E 文中都未涉及，也可排除。

阅读译文 3

阅读下面文章，回答问题 10 ～ 16。

在这篇文章中，作者探讨了革命战争年代妇女权利的问题。

开国元勋们对于选举人应为男性这一定义毫无争议。美利坚宪法体现出了整个社会共有的一个臆断，妇女不能参加政府工作。缔造者们认为有必要明确规定契约仆人、奴隶和美洲印第安人的选举权利，但对于各个州为争取支持而将妇女列入“所有自由的人民”，而实际上妇女却不享有选举权或被选举担当公职的权利这一事实，他们却认为根本没必要提起，更别说是对其进行解释或辩护了。妇女的公民和政治地位问题从未被讨论过。

然而很多妇女在美国革命中从事着政治活动，并且开始塑造她们不同于其母亲和祖母们的形象。至少，她们发现了一些对政治事件施加影响的方法，比如筹集资金、抵制茶叶和反对暴利交易商。忠诚派妇女（她们支持英国）发表政治讲话，申明她们应享有独立于丈夫的财产权，并反对战争年代各种各样的暴行。几位来自上层家庭、有影响力的妇女私下里提出了妇女作为公民的权利。尽管是自发组织且没有一个受认可的公共论坛，妇女仍在革命言论和民主言论的鼓励下，开始重新解读自身的政治地位。像奴隶一样，妇女也直接引用了《独立宣言》的序言——人人生而平等。开国元勋们曾激烈地争论备受争议的奴隶制度的问题，但是与奴隶截然不同的是，妇女问题在争论中就根本没有被认为是一个问题。

众所周知的 John Adams 和妻子 Abigail 间往来的信件力证了 John Adams 对妇女权利的极有限的意识。他们是一对和睦恩爱的夫妇，不过妻子对政治却有不同寻常的热忱与投入。1776 年，Abigail 在一封信里敦促她的丈夫在他为新共和国的立法中要“记住妇女们”，提醒他家庭主妇们需要得到保护，以免被丈夫们“天生专制的”倾向所伤害。Abigail 对妇女在婚姻和社会关系中处于附属地位的叙述是恰当的——她呼吁男人们要彬彬有礼，保护女性不受他人放肆行为的侵扰。然而，John Adams 责备妻子“无礼”，认为她的争辩根本无足轻重，并声称男人实际上是“空有主人名号的臣子”罢了。一个未经定义和论述的问题是不会得到认真对待的。不过，有一瞬间，John Adams 允许自己认真地思考这个问题——他妻子提出的法律章程，如果得到施行，将导致社会的混乱，“可以肯定的是，我们还不至于糊涂到想去废除男权体系”。

由此我们可以看出，当父权制已经成为家庭和国家的根基后，男人们会将其视作不可变更，并将其列为社会最基本的秩序，对它的挑战会被视为荒唐的和极端危险的。

题干 10. 作者在第 10 行引用了美国宪法中的句子，最有可能是为了

A. 指出女性虽然被标榜为自由的，但是却没有政治权利

B. 证明尽管仆人、奴隶和美国印第安人都没有自由，但是妇女实际上却是自由的

C. 表明妇女可以当选议员，但是不能投票

D. 阐明确保平等的政治参与权是一项困难的任务

E. 解释女性在没有自由的公民权利的情况下，政府是如何代表她们的权益的

参考答案：A

虽然在宪法中女性是“所有自由的人民”中的一员，但实际上女性的政治权利从未被正视并且认真对待过，选项 A 符合原文意思表达；“所有自由的人民”中包括仆人、奴隶和印第安人，因此 B 选项错误；文中未提到妇女当选议员、政府如何代表女性权益，可直接排除 C、E；文中引用美国宪法是为了描述美国女性政治权利的现状，而非平等的政治参与权所面临的困难，因此 D 也错误。

题干 11. 作者在第 18 ～ 19 行详细列举了“筹集资金、抵制茶叶和反对暴利交易商”（fund-raising，tea boycotts，and actions against profiteering merchants），其目的在于

A. 证明妇女通过她们的活动改变了美国革命的进程

B. 展示了妇女是如何反抗男权统治的

C. 指出了在当时妇女可以采取的仅有的一些行动

D. 指出妇女只参与那些对她们的家庭造成直接影响的政治活动

E. 举出革命战争时期妇女参与的政治活动的例子

参考答案：E

这部分内容列举了美国妇女在革命战争中从事的一些政治活动，首先可直接排除 A、B，因为文中并未提到改变革命进程和反抗男权统治。选项 C、D 是两个干扰项，列举的政治事件并不是女性参与政治活动的全部，除此之外还有其他形式和内容，而这些事件也并不都是对家庭造成直接影响的，因此 E 为正确答案。

题干 12. 作者提到了“忠诚派妇女”（“Loyalist women”）（第 20 行），是为了证明

A. 革命战争时期要求财产权的妇女被认为是不忠诚的

B. 妇女在美国革命中无论站在那一边，都投身到了政治活动中

C. 忠诚派妇女在发表政治观点时比其他妇女更加直言不讳

D. 忠诚派妇女以其抵制茶叶和筹集资金的行为闻名

E. 忠诚派妇女较之那些支持革命的女性更具社会影响力

参考答案：B

文中提到“忠诚派妇女”的财产权主张，仍然是为了例证革命战争中美国妇女参与的政治活动，并无情感及态度上的评价，因此可直接排除 A、C、D、E。

题干 13. 作者将 John 和 Abigail Adams 描述为“一对和睦恩爱的夫妇”（“a well-matched and loving couple”）（第 38 行），是为了指出

A. 他们在政治问题上的观点基本一致

B. Abigail Adams 表明她的政治观点之前，夫妻之间一直关系融洽

C. 即使是最和谐的夫妻在妇女权利的问题上也不能达成一致

D. 与公众所认为的不同的是，John 和 Abigail Adams 是一对幸福的夫妻

E. 大部分的婚姻伴侣都不能在涉及男女冲突的问题上达成一致

参考答案：C

本题可采用排除法解答。首先排除 A、B、D，选项 A 错在与文章表述相反，选项 B 错在文章未提及 Abigail Adams 表明政治观点前后夫妻关系对比，选项 D 错在文中也未提及公众对于 Adams 夫妇关系的认识。剩下一个干扰项 E，作者提及恩爱的夫妇是为了和后面政治观点的分歧做对比，并非为了推广到大部分婚姻伴侣。

题干 14. 第 43 行的“naturally”的意思最接近于

A. 恰当地

B. 真正地

C. 彻底地

D. 天生地

E. 不足为奇地

参考答案：D

本题为词汇题，首先看选项找对应原词意思的选项，若存在则直接选择。naturally 属于简单词，意为自然地、天生地。appropriately 意为恰当地，authentically 意为真正地，thoroughly 意为彻底地，innately 意为天生地，unsurprisingly 意为不足为奇地，因此正确答案为 D。

题干 15. 作者用到了词组“有一瞬间”（“for an instant”）（第 50 ～ 51 行），是为了

A. 指出 John Adams 渴望立刻为一个紧迫的问题找到解决方案

B. 暗示为了这样一个无关紧要的问题一点儿时间也不值得浪费

C. 表明 John Adams 尽管受所处文化的限制，但还是稍稍考虑了一下妻子的观点

D. 表达出对 John Adams 于重要问题的迅速反应给予的赞许

E. 表现出对于 John Adams 完全无视 Abigail Adams 请求的愤怒

参考答案：C

尽管认为妻子关于妇女权益的主张无足轻重，但 John Adams 还是短暂地认真思考了这个问题，但随后就发现男权制度是不能被废除的。这一句话中出现了两次转折。A 选项，John Adams 并不认为妇女政治权益是个紧迫的重要问题并渴望解决；B 选项，即使他认为这个问题无关紧要，但还是花了一点儿时间来思考这个问题并重新明确了自己的立场；D 选项错在对他来说这不是一个重要的问题；D 选项中的“完全无视”也与原文相悖。

题干 16. 在最后一句中，作者描述了对社会秩序的挑战，这是为了

A. 表明这样的挑战表现出了开国元勋们的好战精神

B. 表现出了对开国元勋们的政治臆断的矛盾态度

C. 表现出作者对于这样一个注定没有好结果的努力的反对

D. 指出当时的男性对于社会变革既嘲笑又恐惧

E. 暗示当时的女性意识到了她们争取权利的努力根本是无益的

参考答案：D

本题可采用排除法解答。最后一句未提到开国元勋和当时女性的态度，因此可直接排除 A、B、E；剩下 C 为干扰项，最后一句话仅为客观陈述，没有作者主观态度的描写，因此作者的反对无从体现；选项 D 中嘲笑和恐惧对应了文中表示态度的形容词 ludicrous 和 threatening。

阅读译文 4

阅读下面文章，回答问题 17 ～ 24。

下文节选自一篇写于 1995 年的文章，文中向大众读者介绍了一些关于动物玩耍方面的研究的新进展。

想想小狗。只有 3 个星期大时，这个小肉球就已经开始和它的同伴们互相啃咬、抓挠

或拉扯。等到四五个星期大时，它们滑稽的举止就可以跟喧闹的小孩子媲美了，没日没夜地与同伴们追逐和摔跤。

这种行为在社交型的哺乳动物中是不足为怪的。从人类的孩子到鲸鱼再到下水道的老鼠，很多种哺乳动物，甚至有些鸟类，都在玩耍中度过了大部分的幼年时光。小棕熊和小狗小猫一样，也会和同伴们在假想的打斗中悄悄接近对方并扭打。小鹿会相互追逐，小狼会独自和石头或棍棒玩耍，黑猩猩会互相呵痒。

无论这些朝气蓬勃的行为是多么的迷人，在本世纪很长时期内，动物之间的玩耍一直被科学家们所忽视。生物学家们认为这种看似毫无目的的行为对动物的成长没有什么影响，也不是一种明显的行为方式，并且此种行为概念太过模糊，以至于无法定义和研究。甚至“玩耍”一词也为科学家带来麻烦，因为该词本身就暗示着观看动物们闲荡不应该是严肃科学家的所作所为。

但是近20年以来不断积累的证据表明，玩耍是一种明显的行为方式，对许多动物社交、身体和智力等方面的发展起着重要的作用。一项对小猫、田鼠和家鼠的研究表明，它们的肌肉纤维和调解运动的那部分脑组织正在发生永久性变化时，玩耍最多。小猫在4～20周大时玩耍最多，家鼠是12～50天大时，而田鼠则是15～29天大时。这段年龄内的发育与2岁大的小孩子的发育类似。就在这段发育时间内，这些动物的肌肉纤维分化出来，并形成与调解运动的大脑区域间的联系。这种变化显然不限于小猫、田鼠和家鼠，而是适用于所有哺乳动物。

因此，对玩耍的研究为生物学家们探索动物大脑和运动系统的发育提供了重要工具。比如说，对家鼠、小猫和田鼠的研究可以从生理学角度解释为什么幼小动物在玩耍中利用的行为方式与它们成年后所利用的相同。通过一次又一次的潜近和抓捕假想的猎物，小猫会形成肌肉并建立起肌肉与大脑的联系，从而使它在以后的生活中可以使用这种动作。

对玩耍的研究也有助于了解动物社交能力的发展。当玩耍中的混战以痛苦的尖叫结束时，动物幼崽就可能明白它们力量的极限，并学会如何在其他动物之中控制自己。这些都是在紧密团结的种群中生活的动物所能学到的重要课程。一些科学家猜测，由于哺乳动物过着群居生活，玩耍或许发挥着与其他成员打交道的功能。不过不是所有人都同意这个理论。另外一种解释是玩耍可能还没有进化到能产生任何益处，而只是更高的认知能力或是营养过剩及父母过多关爱的结果。

为什么玩耍会进化呢？没有人能够确切地知道，但是通过对阿拉斯加棕熊十年的研究，生物学家Robert Fagen形成自己的观点。“为什么人们会跳舞呢？”他问道，“为什么鸟类会鸣叫呢？对于熊来说，我们越来越相信审美学的因素是最主要的。”也就是说，有时候动物的玩耍仅仅是为了以此取乐罢了。

题干 17. 与第4行中的“rival”意思最相近的是

A. 嘲笑

B. 争吵

C. 几乎一样

D. 与……玩耍

E. 与……搏斗

解析

参考答案：C

本题为词汇题，首先看选项找对应原词意思的选项，若存在则直接选择。rival 属于简单词，意思为竞争的。选项中 mock 嘲笑，dispute 争吵，nearly equal 几乎一样，play with 与……玩耍，contend against 与……搏斗，都与这个意思不符。本题考的是 rival 另外的一个意思即与……匹配，因此正确答案选 C。同样我们可以根据词汇搭配来进行排除。原文中 rival 所在的句子，主语为 its antics 即小狗的古怪，因此根据搭配可以排除 A、B、D、E 四个选项而选择 C 选项。

题干 18. 在第二段（第 6 ～ 13 行）提到了一些小动物，这主要是为了

A. 表明动物之间的玩耍是很难研究的
B. 证明一个关于动物行为的争议点
C. 与之前对于动物玩耍的描写形成对比
D. 强调动物和人类之间身体特征的相似
E. 展示各种各样的动物玩耍方式

参考答案：E

本题可采用排除法解答。首先排除无关项 A、B、C，文中未提到学习玩耍、争议和对比。剩下 D 为干扰项，虽然人类和动物有相似点，但不是在身体特征而是在幼年时期的玩耍方面。

题干 19. 文中"一项研究"（"one study"）（第 26 行）的发现主要支持以下哪个观点？

A. 玩耍因其自身的多样性很难习得。
B. 大部分动物种类在成年之前就开始玩耍了。
C. 玩耍是某些动物种群的社会结构中的一个关键因素。
D. 研究者并不总能意识到各种动物的行为方式的相似性。
E. 对玩耍的研究可能会帮助我们了解动物的生理发展。

参考答案：E

首先排除两个无关项 A、C，文中未提到玩耍的学习和社会结构，可直接排除。该研究的内容是动物在某个年龄阶段的玩耍以及对发育的影响，由于 B 和 D 不是主要强调的方面，因此正确答案选 E。

题干 20. 下面的例子中最能表现第 43 ～ 46 行阐述的原则（"通过……使用这种动作"）（"By stalking ... life"）的是哪项？

A. 动物的幼崽只和它们的兄弟姐妹玩耍。
B. 蹒跚学步的小孩更倾向于玩某个特定的玩具。

C. 狮子被训练跳圈。

D. 年轻的猴子互相追逐，在树上上蹿下跳。

E. 某些鸟类每年秋天都向南迁移。

参考答案：D

该原则以小猫为例证明了哺乳动物幼年时期的玩耍与大脑以及运动系统的发育有重要联系，幼年时期玩耍的内容正是它们成年后的行为方式。它阐述的是幼年玩耍内容与成年行为方式的关联，选项 A 没有说明幼崽玩耍内容，选项 B 的玩耍对象是特定玩具，与成年后的行为方式不同，选项 C 和 E 不是动物幼年时期的玩耍，选项 D 年轻猴子的玩耍和它们成年后的行为方式是一致的。

题干 21. 下列选项中哪个更有可能学到第 51 行提到的“重要课程”（“essential lessons”）？

A. 一个出发去野外旅行的班级

B. 一名足球队的年轻运动员

C. 一个尝试溜旱冰的小孩

D. 一只庇护幼崽的熊

E. 一只玩线球的小猫

参考答案：B

这种“重要课程”具备几个特征：群体性的、社交活动、混战、痛苦，目的是了解自己的力量极限并学会控制自己。因此符合上述条件的只有 B。

题干 22. 第 55 行“理论”（“theory”）和第 61 行“观点”（“opinion”）的不同之处主要在于是否认为

A. 动物喜欢玩耍

B. 玩耍主要发生在社交型动物之间

C. 动物是通过互相观察学会玩耍的

D. 玩耍很有用

E. 玩耍具有观赏性

参考答案：D

theory 指代上文提到的理论：玩耍或许承担了使种群成员社会化的功能；Robert Fagen 通过研究形成的完全不同的 opinion 则是：玩耍仅仅是为了取乐，而并非承担了特定的功能。

题干 23. 对 Robert Fagen 的工作的讨论（第 59～65 行）是为了

A. 通过确凿的证据佐证一个论点

B. 表明各种不同的解释之间可能存在逻辑上的关联性

C. 表现出保守派科学家对新思想的抵制

D. 展示一个得到广泛认可的观点是怎样被新发现驳倒的

E. 通过引入一个不同类型的解释使讨论更进一步

参考答案：E

关于玩耍为什么会演变这个问题并无确切的、广泛认同的解释，因此可直接排除 A、D。对 Robert Fagen 工作的讨论也不存在与之前理论的比较和对比，逻辑关联和新旧观点分歧都是不存在的，据此排除 B、C。

题干 24. 第 61 ～ 64 行，Fagen 比较了熊玩耍和人类跳舞两件事，目的在于表明两个活动都

A. 没什么实际功能

B. 涉及和同辈共同完成的肢体活动

C. 增进肢体协调性

D. 经常在较年幼的动物中被观察到

E. 通常与社会发展相关联

参考答案：A

Fagen 通过对熊的研究，认为动物的玩耍越来越主要的因素是审美学因素，而人类跳舞也是由于审美因素促使的取乐行为。B、C、D、E 都是前文玩耍功能论的观点。

阅读译文 5

阅读下面文章，回答问题 9 ～ 12。

文章一

当婴儿刚出生时，他们对自己以外的世界一无所知。几乎与此同时，他们就会得到拨浪鼓、布娃娃或者其他的一些玩具。这些东西将成为他们永久的玩伴，并且从某种程度上说，成为他们的良师益友。几乎在所有可以想象到的情况下，孩子都有一些玩具陪伴着。这些玩具在将复杂的人类文化简化为孩子能够容易理解的词语的过程中扮演着极重要的角色。不是说孩子们不能够独立理解这些事情，而是说，玩具提供了一个活动场所，在那里，现实发生前的排练可以不受阻碍、自发地进行，由此为孩子们提供一个锻炼他们内在的学习或吸收能力的机会。

文章二

我不否认孩子们可以从他们的玩具中收获到一些知识。我所怀疑的是那些所谓的专家们从一些简单事实中归纳出来的那些冠冕堂皇的结论。一些结论甚至极其荒谬，认为玩具对于让孩子了解他们的文化是十分重要的。专家们认为，如果没有玩具，孩子们将难以融入这个世界。真是一派胡言！孩子们玩玩具是因为好玩，而不是从中去构建某种类似文化

缩影的东西。也许那些对童年乐趣深刻意义妄加猜测的人应该花更多的时间去玩玩具，而少花些时间去对玩具妄加评论。

题干 9. 两篇文章都是关于

A. 玩耍和现实之间的区别
B. 玩具在儿童的生活中扮演的角色
C. 专家看法的有效性
D. 从童年到成年的转变
E. 玩具反映人类文化的不同方式

参考答案：B

本题属于小双的 both 题。D 选项当中 maturity 和 E 选项当中反映人类文化在文中未提及，属于无关项应首先排除。从文章一第二句话所说玩具将是儿童的导师，文章二第二句反驳说这个结论是被夸大的，可知两段结构为文章一立论、文章二驳论。两篇所论述的对象都为玩具的作用，A 选项中 distinction 的对象为玩耍和现实，与原文论述对象不符，因此排除。文章二是反驳文章一专家看法的有效性，而不是和文章一一样去证实观点的有效性，排除 C 选项。B 选项为原文的论述对象。

题干 10. 文章二的作者最有可能认为文章一的最后一句话

A. 准确但给人以错觉
B. 过分谨慎
C. 太过模糊，以至于无法证实或反驳
D. 表现出异常的洞察力
E. 夸张，矫饰

参考答案：E

根据文章结构可知文章二反驳了文章一的内容，因此排除属于正面评价的 D 选项以及说无法反驳的 C 选项。文章二第二句也提及 conclusions 是 grandiose 夸大的，第三句说 some have gone so far 来形容玩具的重要性，因此排除 A 选项认为的 accurate 以及 B 选项认为的 cautious。E 选项 exaggerated 对应文章二的 grandiose，pretentious 对应文章二作者的态度。

题干 11. 较之文章一，文章二的语气更加

A. 具学术性
B. 轻蔑
C. 愧疚
D. 多愁善感
E. 低沉悲观

参考答案：B

本题属于态度题，在文章二中寻找表示态度的形容词和副词。grandiose、have gone

so far 形容文章一的结论，hogwash 直接表示作者的态度，因此排除 scholarly、apologetic、sentimental 以及 somber 这四个无关选项，选择 B 选项 disdainful。

题干 12. 文章二的最后一行表明文章一的作者

A. 轻视了一个严肃的问题　　B. 写作风格忸怩，不自然

C. 从未观察过孩子们玩耍　　D. 与童年的事实疏远了

E. 伪造了一个重要证据

参考答案：D

根据文章二最后一句，即持有文章一观点的人应该去玩而不是去写，是在反驳和纠正文章一观点，因而认为文章一的作者所描述的观点与实际情况不符，可以直接选择 D 选项。A 选项中用 lightly 来形容作者对观点的看法，是错误的。B 选项中对于写作风格的批判以及 C 选项观察孩子是不符合原文论述对象的。E 选项的伪造证据在原文未提及，因而排除。

阅读译文 6

阅读下面文章，回答问题 13 ～ 24。

下列文章讲述的是收听有声读物的经历。第一篇文章节选自 1994 年一本关于在电子读物时代读书的文集。第二篇选自一篇写于 1998 年的文章，作者是一位文学和写作课的教师，也是一个盲人。

文章一

当我们用眼睛阅读时，会听到文字在我们的内心殿堂激起的声音。这个神奇的声音是我们自己的——是自我的声音印迹。通过书籍使这种声音获得生命就是阅读神奇而微妙的地方，而收听由别人录制的有声读物则是给自我消声——那是一种对声音的专制控制。听众无力拒绝录音，这一点都不适合我那五岁大的女儿。她经常责备我说："爸爸，不要那样读。" 有声读物中的一切——节奏、音色、变音——都是已经确定的，听众毫无选择余地。没有了互动协作的部分，人只能接受。

很显然，不论读者内在的声音还是作者文学的或有特色的声音都是有性别差异的。当我阅读一位男作家的作品时，就调整我的声音，使它与文章的语调一致；当阅读女作家的作品时，虽然并不会尝试模仿女性，但我知道自己的声音是作者声音的一种转化形式。但是当我听到一个富有感染力的女声朗读 John Cheever 的作品时，根本无法接受。听到一半的时候，我不得停止播放《巨型收音机》(*The Enormous Radio*)，让它不要再严重破坏我对 Cheever 的感觉。Cheever 的散文带有明显的男性的印迹，就像弗吉尼亚·伍尔夫(Virginia Woolf) 的作品有其女性的特点一样。我无法接受朗读者欢快且颇富活力的表演性声音。

我怀念那阴沉的调子，怀念阅读 John Cheever 的作品时常有的那种慢慢被黑暗笼罩的感觉。

无可否认，有的时候朗读是很出色的——或许是因为朗读者恰当地采取了中立的态度，使声音成为文章的一种清晰的媒介，也或许是因为他对文章的诠释从某种程度上符合了我的期望。此外，我也很乐意听作家朗读自己的作品。实际上，在听对某些"名作家"原始录音的再版录音时，这种距离是如此之近，仿佛可以刺痛皮肤（我实际上听的是 James Joyce……）。作者展开作品的方式是其他任何读者都不能够做到的。而每当这时候我发现自己动摇了，怀疑自己想法的正确性。

文章二

不论好坏，听有声读物时我总会觉得像是在交换心得。我觉得我自己不仅仅只是一个消极的听众，而是参与到了一种交流之中。不是朗读者在为我朗读，而是我们在一起阅读。我有一种不间断的互相评论的感觉，要么我将自己的想法透露给朗读者，要么是我从朗读者的语调、错误或不知不觉的咕哝和叹息中体察到他的想法。这正是用眼睛阅读的人感到恐慌的地方。他们把阅读看作一种独立的、极其私人的行为，就像一次单独飞行，没有副驾驶在旁边监视着，说一些挖苦的评语，或滔滔不绝地谈论风景。但是我却不能自已地喜欢听读。这种阅读的喜好来自于我的习惯。我习惯听我认识的人为我大声朗读。当我丈夫为我朗读一部长篇小说或者史诗时，所读的片段会成为我们一整天谈话的主题。在阅读时产生的初始印象、随着阅读的进行有所改变或被摒弃的观点就成为我们共同的财产。我们分享阅读的这一过程，是一件在私密空间内实时发生并激发形成观点的事情。

我要求我写作课的学生上交自己的有声版作品。这样不仅可以为我提供方便，使我可以像其他用眼批改作业的老师一样及时地返还他们的作业，而且让学生大声朗读自己的作品也可使他们更加注意其文章中的瑕疵。我注意到他们在磁带的最后经常情不自禁地与我说话，尤其是当读完一篇较长的文章之后。他们说："开始时我尝试过其他的写作方法，但我认为这种方法效果更好，通读一遍之后我发现结尾显得有点儿唐突。"我不否定有些倾诉可能是设计好来恳求我对他们"客气点儿"。但是我也认为大声地朗读使他们在更长的时间里卸下了心防。我认为，与其说他们在大声对我朗读，倒不如说他们是在大声地思考。我感觉自己暂时进入了作者与文本之间的神秘空间中。我可以想象他们在一盏台灯发出的灯光中独自坐定，一沓稿纸放在他们的膝盖上，或者他们从电脑屏幕上将作品读出来，并时不时伴随有点击"下一页"的声音。在台灯的光圈之外，在弥漫的漆黑之中，有我徘徊的身影。

题干 13. 与文章一的作者相比，文章二的作者显得更关心

A. 创造名著爱好者之间真正的对话

B. 有声读物的有限使用性

C. 听作者本人朗读自己的作品时固有的一些问题

D. 安静读书时想象一个有特色的声音的难度

E. 朗读者、听众和作者的特定的性别

解析

参考答案：E

文章一中并未提及书籍爱好者之间的对话，也未提及无法获得有声读物，直接排除 A 选项和 B 选项。文中提到一些作家朗读自己的作品，但没有提及收听朗读作品时出现的问题，因此排除 C 选项。同理，文章一中提到阅读过程中在脑海里能想象出自己的声音，但没有说想象是困难的，因此排除 D 选项。第 14 行提到关注性别问题，对应 E 选项。

题干 14. 文章一的作者提到了女儿的责备（第 9 ～ 10 行），主要是为了

A. 承认成年人在朗读时缺乏表达力这一倾向
B. 警告读者不要放纵早熟的小孩
C. 提供一个积极参与的例子
D. 强调为小孩子朗读的重要性
E. 骄傲地讲述他女儿的成就

参考答案：C

本题属于可定位修辞目的题。定位句中女儿进行责备是一个例子，来解释前一句 it is an act of vocal tyranny，目的是说明朗读的效果是不好的。排除未提及放纵和早熟的 B 选项和未提及女儿成就的 E 选项。排除与目的不符的缺乏表达力的 A 选项和强调朗读重要性的 D 选项。C 选项说明女儿的责备是一个例子，并且是一个与目的相符的观点，因此 C 选项正确。

题干 15. 第 13 ～ 14 行的话（“很显然，不论读者内在的声音还是作者的文学的或有特色的声音都是有性别差异的”）（“Both ... sexed”）主要表明文章一的作者相信

A. 对于作家来说，性别会带来某些风格上的问题
B. 人们更喜欢读和自己性别相同的人写的小说
C. 读者和作者常对关于浪漫爱情的话题感兴趣
D. 性别通常会影响个人对语言的使用
E. 读者在表达心声时会遇到困难

参考答案：D

本题属于可定位题，原文提及不论读者内在的声音还是作者的文学的或有特色的声音，都是有性别差异的。A 选项所提及的文体问题和 E 选项所提及的表达内心声音都与该定位句所表述内容不符。B 选项关于人们对于作者性别的偏好和 C 选项浪漫爱情都属于未提及内容，因此排除。D 选项性别对语言使用的影响对应主题句，为正确选项。

题干 16. 下列哪种假设的情形包含文章一的作者所讨论的“转化形式”（“form of translation”）（第 17 行）？

A. 一位女权主义学者研究了一本 19 世纪的女性写的小说。

B. 一位总是画油画的艺术家决定尝试水彩风景画。

C. 一位旅游者在理解方言方面有困难。

D. 一位父亲改写了一部童话故事，并将他的女儿写进了剧情里。

E. 把一首女性作的并且通常由女性演唱的歌曲交给一名男性演唱。

参考答案：E

本题属于可定位题，转化形式所表示的意思是对于女性作家所写出的文章，由于作者是男性，在朗读时是无法模仿的，只能是一种由女声到男声的形式转换。A 选项女权主义者无法明确是男性还是女性，并且研究小说和定位句朗读小说不符，无法形成类比。B 选项和 C 选项都未提及性别问题，予以排除。D 选项把女儿写入书中并不是一种转换形式。E 选项中男人演唱女人写的歌在性别和内容上都能和男人朗读女性写的作品形成类比。

题干 17. 在第 29 行，“清晰的媒介”（“clear medium”）所指的情况是

A. 有声读物中的声音不会干扰听众对于作品的欣赏

B. 比起默默地读书，一个人更喜欢听有声读物

C. 比起纸质版图书，有声读物更有利于对作者创作意图的欣赏

D. 作者的性别不能轻易被断定

E. 听者的品位不会影响他或她对书的反应

参考答案：A

本题属于可定位题。清晰的媒介是指声音对于文章的表达，并且定位句没有表达出对于这个媒介的否定。A 选项对应正面的态度并表述了媒介的内容。B 选项和 C 选项的比较性内容与定位句所表达的意思不符。D 选项确定作者性别和 E 选项读者对书的回应属于未提及内容。

题干 18. 第一篇文章讨论了作家朗读自己的作品（第 31 ～ 38 行）主要是为了

A. 重申作者对于有声读物朗读者的反对

B. 为质疑本篇文章的主要论点引入一个特别的例子

C. 给本来严肃的话题增添一点反讽的意味

D. 赞扬作者尤其喜欢的一些作家

E. 把话题从听有声读物转移到了制作有声读物

参考答案：B

本题属于可定位题。定位句中作者对于"作家朗读自己的作品"的态度是持肯定态度的。在最后说作者自己质疑了之前的假设也是表达对"作家朗读自己的作品"的支持。A选项是作者反对有声读物，而作者观点是赞同"作家朗读自己的作品"的，二者不符。B选项正如定位句中的分析，是对文章观点的反驳。C选项的反讽与文章反对的观点不符。作者赞同"作家朗读自己的作品"的方式，而不是去赞扬一些作家，排除D选项。E选项制作有声读物是原文未提及内容。

题干 19. 文章一的作者最有可能把文章二第42～46行出现的"交流"（"exchange"）解释为

A. 让人烦恼的，因为有声读物的朗读者发音方式很奇怪

B. 片面的，因为听者不可能和朗读者有直接的交流

C. 令人愉快的，因为听者可以在从事单调乏味的琐事的同时听有声读物

D. 使人沮丧的，因为越来越少的人能体会到默默读书的乐趣

E. 鼓舞人的，因为他能激励更多的人欣赏古典作品

参考答案：B

本题属于可定位题。文章一与文章二所持观点相反。首先找到定位句说文章二的作者感觉朗读文章是自己参与到了一种交流之中，由此判定文章一作者应对这个内容持否定态度。首先排除C选项"令人愉快的"和E选项"鼓舞人的"正面态度。A选项说朗读者发音方式很奇怪，偏离题意。B选项认为不可能和朗读者有直接的交流是否定了文章二的观点。D选项的读书乐趣偏离题意。

题干 20. 文章二的作者提到了"语调、错误或不知不觉的咕哝和叹息"（intonations, mistakes, involuntary grunts, and sighs）（第45～46行），目的是

A. 暗示有声读物的听众的朗读技巧出奇地差

B. 坚持认为不管朗读者的朗读技巧如何，听有声读物还是很令人愉快的

C. 证明朗读者的声音变化会模糊作家原有的意图

D. 表明有些人认为她的观点很特殊

E. 表明有些无意识的表达常会歪曲一个人的本意

参考答案：E

本题属于可定位的修辞目的题。定位句中提及互相交流心得和感悟，说明这些语调、错误等都是作者认为的自身和朗读者之间的交流，是了解朗读者的方式。据此排除A选

项所认为的朗读技巧差和 B 选项中令人愉快的内容。C 选项认为声音变化会让作家原有意图模糊属于未提及内容。D 选项对于作者观点与众不同的评论与交流心得感悟不符。E 选项说作者了解到朗读者内在的思想对应交流的内容。

题干 21. 在文章二的第 60 ～ 61 行，作者提出了一个要求，对其行为原因的最佳描述为

A. 严苛的，专横的
B. 务实的，教育性质的
C. 多变的，创造性的
D. 令人振奋的，史无前例的
E. 武断的，特殊的

参考答案：B

作者需要自己的学生上交朗读文章的作业，属于合理的教学范围，并且没有出现其他关于这个决定的评价性词语，因此排除 A、D、E 三个充满主观感情色彩的选项。简单的一个教学上的要求直接对应的是客观的 B 选项，并不是像 C 选项说的多变的和创造性的。

题干 22. 文章二的作者在第 66 ～ 68 行所使用的引用是为了证明

A. 写作初期，作家常会犯一些可以预料到的错误
B. 学生往往对自己的作品过分苛刻
C. 学生关于写作的认识要超过人们的预期
D. 大声朗读可以增加学生对自己作品的认识
E. 大声朗读对于具备各种能力的作家都具挑战性

参考答案：D

本文属于定位题。定位句中表述的是作者认为自己的做法是正确的，学生能从朗读中意识到自身的错误，是能进一步改善和提高的，因此直接选择对应的 D 选项。

题干 23. 文章二的作者用到了词语“恳求”（“staged pleas”）（第 69 ～ 70 行），目的是

A. 表现出她的学生拥有惊人的写作能力
B. 强调她对学生的要求之高
C. 暗示她学生的这种行为含有一种侥幸心理
D. 祝贺她自己想出了一种有用的写作教学技巧
E. 嘲笑她的学生竟然想不费力就得高分

参考答案：C

作者使用“恳求”是表示为了让老师对学生高抬贵手。因此排除无关的 A 选项写作能力、D 选项的写作教学技巧和 E 选项的嘲笑学生。由于让学生提交录音作业只是教学的一种方

式，没有其他方式的比较则无法分辨出要求是高是低，因此排除B选项。学生的恳求是为了得到更好的分数，是一种侥幸心理，因此选择对应的C选项。

 24. 文章一中的女儿（第8～10行）和文章二中的丈夫（第52～54行）的例子的主要作用是

A. 两个例子分别展示了孩子的天真烂漫和成年人的成熟世故
B. 第一个例子的氛围幽默诙谐，第二个例子强调了问题的严重性
C. 第一个例子提到的是被动体验的概念，而第二个例子是一种共享的经历
D. 第一个例子呈现了一种沉重的责任，而第二个描述的是一种愉悦的互动
E. 第一个例子捕获了一种自然的感情流露，而第二个例子是在解释说明文体

解析

参考答案：C

本文属于可定位题。文章一的定位点和文章二的定位点都属于例子，因此需要关注例子所证明的观点而不是例子本身。排除A选项对于例子本身的描述和B选项未提及的诙谐幽默。C选项中被动状态和共同体验正是两个例子所要阐述的问题。女儿只是作为被动收听者，未提及这是一种负担，排除D选项。E选项中自然流露的情感的确是女儿所表现的内容，但例子所起的作用是说明作者否认朗读的观点，排除E选项。

阅读译文7

阅读下面文章，回答问题7～19。

以下文章节选自一部小说，其背景设定在1950年虚构的Jocelyn学院。

当Henry Mulcahy，宾夕法尼亚州Jocelyn学院的一位中年文学教师，打开校长的来信并看到里面的内容之后，突然迸发出一声充满焦躁和愤怒的尖叫，好像再也不能容忍类似的打扰了。这已经是他所能容忍的极限了。如果总是有一些要求来分散他的注意力，他怎么照顾得了40个学生呢？一种不满和怨恨的情绪在他的浅层意识里游移不定。同时，他脸色苍白，双手因气愤和一种奇怪的狂喜而颤动。"你的聘用将会在这学期结束……"他跳起来，用动作演绎出话语间的"趾高气扬"，凭借所有的人格力量忍受了这件事的不可思议。

他很早就猜到Hoar想将他辞退，但是还是很吃惊，真的很吃惊（他不断地对自己重复这个词语），Hoar竟然如此明目张胆地暴露自己的私心。作为一名知识分子，他并没有因为校长如此不顾及自己的情感而震撼，而是惊讶于他竟然做得如此明目张胆。你不会解雇一个在教工会议上公开质疑你的人。这个人曾经不顾忌你和你的小团体，主张增加教师工资，减轻教学负担；曾无所畏惧地指出了高层管理人员掩盖下的浪费和管理不善等问题；就在上周，还大胆地要求调查建筑部门（是的，这听起来不可思议，可这正是这次事件发生的背景），并恳请营养医师为了她同事们的利益弄清楚2万个鸡蛋的历史……列举完后，

Mulcahy 嘴角突然现出一丝同情的微笑。这封信写得完全没有策略可言，只是引人怜悯，怜悯中还掺杂着轻蔑和不露声色的调侃。

然而，这个单调陈腐的尝试挑战了忍耐的极限。在一所先进的大学里，一个人当然有权利去期待比在 Dudley 或 Wilkins State 更好的改变。另外，不断重复的话也为整件事增添了一层不妥当、不真实的色彩，就像是某些粗俗的闹剧却被正儿八经地表演一样。他已经受了学院太长时间的束缚（大学办公室里的档案可以证实一切），应该想过一切皆可能发生。但是现在这个刚刚发生的背叛对他的冲击依然如此强烈，毕竟曾几何时他内心还对校长的为人有过一丝的信任，想过他会出于礼数而不至于如此，但现在他有的只剩一声冷笑了。

而事实上，踱步于那间小办公室内时，Mulcahy 不得不承认，尽管所有他给出的证据都表明校长对自己有着从未化解的仇恨，他还是感觉自己被那封信深深刺伤了。说实话，受伤的不仅是他的尊严，还有某个更加敏感的地方，那就是人与人之间的契约意识，它超脱于私人仇怨和派系斗争之外，就事论事而不牵扯到个人，即使在最激烈的对抗中也憧憬着最后的一致与和睦。总之，他不曾料到校长对自己的厌恶会如此干脆直接。当头脑复杂的人评估头脑简单的人时，或具有能同时看到和感受多个层次的想象力的人，在碰到只会思考实际行动的行政人员时，经常犯这种错误。像大多数有文学敏感性的人一样，当权力被如此直接、如此赤裸裸地行使时，他显然还没有准备好。他经过痛苦的思忖后发现，他自认为是有准备的这一事实恰恰显示出他与 Maynard Hoars 的世界之间的鸿沟之深。

这一出乎意料的情形给予了他一丝愉悦——对一个高级知识分子而言，在想到自己比低级的知识分子还要孱弱或愚笨时，总是带有太多的道德喜剧感和冷嘲的哲学思想。他坐在桌边，将一块薄荷糖放进嘴里，开始无力地自嘲他那充满讽刺的生平：Henry Mulcahy，被朋友叫做 Hen，41 岁，文学系唯一一名博士，著名杂志《国家和凯尼恩评论》等的撰稿人，享有 Rhodes 奖金，古根汉姆基金会的成员，4 个孩子的父亲，15 年的教学经验，然而仅享有讲师的级别和工资——在部门领导词典里是个“不幸的”人物，但在许多同事的眼里却是 Jocelyn 里最聪明的人，也是平庸之辈对优秀者怀有的强烈嫉妒心的受害者，这一点和在其他地方一样；而这种嫉妒是所有行业领导阶层中的一种普遍心态。

题干 7. 小说是从谁的叙述角度展开的？

A. Henry Mulcahy

B. 一名观察者，起初不认识 Henry Mulcahy，但是在阅读这篇文章的过程中得以慢慢了解他

C. 一名对 Henry Mulcahy 只有部分了解的观察者

D. 一名对 Henry Mulcahy 的人和思想无所不知的观察者

E. 一名 Jocelyn 学院的管理人员

解析

参考答案：D

小说采用了第三人称讲述，并且讲述者对于 Henry Mulcahy 的经历和情感状态了解得十分透彻，所以不可能是他本人或者其他不了解 Henry 的人。

题干 8. 文中用“透明度”（“transparency”）（第 22 行）一词描述 Hoar 校长的举动，这暗示了 Mulcahy 认为校长的决定

A. 是报复性的，不明智的行动
B. 既胆怯又犹豫的责难
C. 是在施行 Jocelyn 学院的政策，是有必要的
D. 不含任何个人因素
E. 是一个既痛苦又困难的抉择

解析

参考答案：A

Mulcahy 认为被 Hoar 校长辞退是因为他在教工会议上公开质疑校长，这是明显的私心报复行为，并且是不加掩饰的，没有胆怯和犹豫，也不是必要的政策，更不是不含任何个人因素的痛苦抉择。

题干 9. 文中列举出了 Mulcahy 在 Jocelyn 学院为之抗争的一些问题（第 22 ～ 32 行），以表明这些问题

A. 引起了学院教职工的同情
B. 证明 Jocelyn 学院经营不善
C. 正是 Hoar 校长在给 Mulcahy 的信中批评他的内容
D. 涉及了一些大部分都无法理解的理论问题
E. 涉及话题广泛，有琐事，也有严肃话题

参考答案：E

本题可采用排除法解答。文中未提到教职工的同情和理论问题，列举内容只是 Mulcahy 指出的学院问题，但文章并未验证，这些内容是 Mulcahy 对学院存在问题的批评和质疑，而不是 Hoar 校长在信中告诉他的，因此可以排除 A、B、C、D。

题干 10. Mulcahy 最有可能将“使恢复原状”（“unscramble”）（第 31 行）的用法描述为

A. 模仿营养学家，使用平淡的措辞
B. 为规避更为尖锐的词语的委婉用法
C. 诙谐幽默的文字游戏
D. 举例说明像 Hoar 校长一样的管理者是如何滥用词语的
E. 一个学术词语，与教工会的氛围很协调

参考答案：C

Mulcahy 认为 Hoar 校长因为这些事情而将他辞退是十分卑鄙和可笑的，因此他感到

轻蔑和嘲弄，只有选项 C 中的诙谐幽默的文字游戏与这个感情基调相匹配。

题干 11. 文中形容的 Mulcahy 的“同情的微笑”（“condolatory smile”）（第 32 ～ 33 行），最有可能表达的是

A. 愤世嫉俗和滑稽的自怜
B. 真挚的同情和异想天开的快乐
C. 极度的吃惊和欣慰的感激之情
D. 痛苦的失望和诡异的批评
E. 屈尊降贵的同情和有趣的轻蔑

参考答案：E

此题为态度定位题，解答此题可以直接从 condolatory smile 定位句中表达态度的名词入手，pity、contempt 和 dry amusement 直接揭示了这个微笑蕴涵的情感：怜悯、轻蔑以及嘲弄。

题干 12. Mulcahy 相信他被开除出 Jocelyn 学院是因为他

A. 大声说出了对于学院管理方式的批评
B. 没有继续自己领域的研究
C. 没有像其他教员一样对学生尽心尽力
D. 在教工会议上取笑学院的院长
E. 他的学术成就招来了其他教授的妒恨

参考答案：A

文中没有关于 Mulcahy 的研究、对待学生的态度、对院长的取笑以及学术成就所招来的嫉恨，仅说明了 Mulcahy 在教工会议上对于学院存在问题的抨击并认为由此招来了辞退。根据排除法，正确答案为 A。

题干 13. 文中的词组“进步学院”（“progressive college”）（第 38 行）表明这个学院是

A. 成功的，受尊敬的
B. 自由的，试验性的
C. 迫切希望扩大招生规模
D. 质量在稳步改善
E. 以自然科学为方向

参考答案：B

本题可采用排除法解答：首先排除无关项 C、D、E，文中未提及招生规模、质量改善和学科方向内容；剩下 A 为干扰项，作者在描述这个学校时提到人们有权利追求更好的东西，这暗示了该学校是自由的，并且是实验性的，尚未达到完美的境界。

题干 14. 文中指出，Dudley 和 Wilkins State 学院（第 40 行）

A. 以其戏剧课程闻名
B. 与 Jocelyn 相比，进步性稍弱

C. 学术研究项目比 Jocelyn 学院的强
D. 一直都在仿效 Jocelyn 学院的做法
E. 比 Jocelyn 小

参考答案：B

作者把 Dudley 和 Wilkins State 与 progressive college 作了一个对比，称后者有权利追求比前两者更好的东西，这个对比揭示了两点：（1）progressive college 比前两个学院存在优越性；（2）这个优越性体现在对更好的东西的追求上，即进步性。因此正确答案为 B。

题干 15. 文中所说的“公私分明”（“holds the individual distinct from the deed”）（第 56 ～ 57 行）的人

A. 会饶恕一个恶毒的人
B. 会赞美一个犯错的人
C. 会提拔一个不够资格的人
D. 就算和某个人意见相悖，也不会对其发起人生攻击
E. 就算知道别人的动机，也不会告诉那个人的敌人

参考答案：D

定位到文中所在的句子，对此给出了明确的解释：“即使在最激烈的对抗中也憧憬着最后的一致与和睦。”只有选项 D 的表述与这个解释相符，其他选项都没有涉及意见对抗和私人感情两方面的处理。

题干 16. 第 60 行出现的“flatly”在意思上最接近于

A. 均匀地
B. 紧凑地
C. 肤浅地
D. 不明显地
E. 不含糊地

参考答案：E

该词出现在“他不曾料到校长对自己的厌恶会如此干脆直接”（第 59 ～ 60 行）。Henry Mulcahy 现在知道了校长对他的讨厌是绝对的。flatly 在文中的意思是绝对地，无条件地，即不模棱两可地。

题干 17. “他那充满讽刺的生平”（“ironies of his biography”）（第 76 行）指出了 Mulcahy 认为

A. 他没有获得自己应得的认可和奖励
B. 他在自己的学术生涯晚期没有像早期时那样活跃

C. 尽管拥有骄人的学术成就，他还是被他的朋友们嘲笑
D. 他的个人生活没能像他的职业生涯一样令人满意
E. 他的个性不适合做学术研究

参考答案：A

从 Mulcahy 的生平，我们可以看出他是一个非常优秀的人才，但待遇却和他的资质有着巨大的差距，他将这种差距归咎于平庸之辈对于优秀人才的强烈嫉妒，在他看来，他并没有得到和他资质相称的认可和奖励，因此正确答案为 A。学术早晚期活跃程度的对比、朋友的嘲笑、个人生活和个性都未提及，可直接排除。

题干 18. 这篇文章暗示，Mulcahy 的主要缺点是
A. 他对文学的热爱程度超过他对学院管理者的忠诚度
B. 他很怕他的同辈人
C. 他致力于教学和研究，并且在这方面过于理想化，做了过多的自我牺牲
D. 由于拥有骄人的教育和学术荣誉，他在学生面前很自大
E. 尽管智力高超，但是在学院管理的政治方面却显得很天真

参考答案：E

Mulcahy 学术能力和资质都十分优秀，但政治技巧和手腕却十分匮乏，这直接导致了他在学院的政治斗争的失败并最终遭到辞退，这正是这篇文章的主线。其他选项列举的缺陷都不是文章主要讲述的内容。

题干 19. 很明显，Mulcahy 将他在 Jocelyn 遇到的困难归因于
A. 他不得不花费很大一部分时间和学生相处
B. 他过于谦虚而没有把他的学术成就告诉给别人这一事实
C. 他表现出比别人更有能力的样子而招致的反感
D. 来自那些他评价为没他聪明的人的怨恨
E. 他的教学经历的时长和性质使他对于别人的缺点很敏感

参考答案：D

此题可以直接定位到文章最后一句：他“在许多同事的眼里却是 Jocelyn 里最聪明的人，也是一个平庸之辈对优秀者怀有的强烈嫉妒心的受害者，这一点和在其他地方一样；而这种嫉妒是所有行业领导阶层中的一种普遍心态。”这是 Mulcahy 对自己生平遭遇归纳后的认知。

SAT OG TEST 8（第一版 SAT OG TEST 6）

阅读译文 1

阅读下面文章，回答问题 6 ～ 9。

文章一

科幻小说有用吗？对于人们一再重复的科幻能调剂科学教育的说法，我不敢苟同：大部分科幻小说都错误百出，它甚至达到了某人想学习农场经营之道就去读西部小说的荒唐地步。我认为科幻小说最重要的用处在于它将社会探索夸张化，并提供了一个虚幻的模式，使得文化趋势可以被孤立地评判。很多追逐潮流的人会惊讶地或失望地发现，他们所珍视的远见卓识很多都存在于科幻小说中。

文章二

科幻小说中的很多科学都是废话，有些甚至完全是错误的。但隐藏在科幻小说所有伎俩表面之下的，是对科学的普遍尊重和对科学方法的欣赏；比起可以在教科书中找到的科学事实，这似乎更加可贵。同时，因为科幻小说将科学元素和有关人物及其关系的故事结合起来，这类作品就成了连接人文艺术和科学技术的纽带。科幻小说的年轻读者对科学和人文两方面的文化都没有成型的理解，在阅读科幻小说时会汲取两方面的相关知识。由此，人文和科学文化对他们而言都不会过于陌生。

题干 6. 两篇文章都认为科幻小说是

A. 非常具有真知灼见的
B. 非常现实主义的
C. 在艺术手法上非常高超
D. 具有社会用途的
E. 广泛被人们所理解的

解析

参考答案：D

本题属于合并式小双的 both 题。根据文章一和文章二对选项加以排除。A 中的“真知灼见”与两文都矛盾。B 中“现实主义”在两文中都未提及。C 中“艺术手法”同样未经提及。E 为干扰项，从文章一最后一句话可以看出，并不是所有的人都理解科幻小说。

题干 7. 两篇文章都表明科幻小说

A. 可以促进人们接受科学教育

B. 可以成为连接文化与科学的桥梁

C. 对孩子们的吸引力要比成人的更大

D. 故意掩盖了科学家所面临的困难和挑战

E. 不以精确反映科学事实为目的

解析

参考答案：E

本题属于合并式小双的 both 题。根据文章一和文章二对选项加以排除。A 中与文章一第一句话矛盾。B 和 C 的观点都只属于文章二。D 中的观点并没有被提及。

题干 8. 文章二的作者对文章一第 3 ～ 6 行（“大部分……地步”）（“most of ... methods”）的反应是

A. 声称科幻小说的文学价值超越了它在科学上的错误

B. 辩解科幻小说对科学的描述要比人们所普遍认为的更加精确

C. 肯定科幻小说虽然有些事实上的偏差，还是尊重科学思想的

D. 指出科幻小说虽然扭曲事实但却越来越受欢迎

E. 暗示更多接受科学教育的人应该尝试写科幻小说

参考答案：C

本题可归为态度题。文章二的作者的态度是批判性的肯定。故而可以排除单一态度的 A、B、E。D 为干扰项，文中并没有提到越来越受欢迎。

题干 9. 以下哪个最能表现两位作者对科幻小说这种体裁的态度？

A. 毫不掩饰地崇拜

B. 由衷地欣慰

C. 公开地消遣

D. 暗示性地不屑

E. 完全鄙视

解析

参考答案：B

本题是态度题。由文中我们可以肯定，两位作者都是持肯定态度，故而排除选项 C、D、E，A 为干扰项，但由文中可以看出并没有崇拜的态度，故而可以判断出答案为 B。

阅读译文 2

阅读下面文章，回答问题 10 ～ 14。

本文是节选自一位训练动物的作者的文章，内容有关动物认知。

任何训练动物的人都知道人类和动物的认知能力不同。虽然我们有时也会对是否要相信自己的眼睛心存疑虑，但大多数人还是相信眼见为实。而其他的感官则大都起辅助作用。大多数人对于该怀疑还是该信任我们的鼻子都会不知所措。但对狗而言，的确是鼻闻为实。狗的鼻子和我们的鼻子比起来，就像将我们复杂大脑的褶皱表面和一枚鸡蛋的表面进行比较一般。一只进行比较心理学研究的狗可能会很容易为我们的意识或缺乏意识而担心，正如我们会担心鱿鱼的意识一样。

我们这些理所当然认为眼见为实的人可以描绘出气息①，却不能反过来用气息描绘出眼前所见，不能通过真实的气息去展现出视觉上熟悉的事物。嗅觉上有限的人类，大部分都想象不到聋子、瞎子、哑巴或残疾人是怎样生活的。比如，看得见的人会将盲人描述成"生活在黑暗中"，但我们却找不出固定的搭配来表达我们与气息之间的关系。如果我们试着造一个词，这个词可能是"气息盲"。但它是什么意思？它不会传达出"色盲"或"不能辨别音高"那样的含义，因为我们大多都体验过"色盲"和"不能辨别音高"中的"颜色"和"音调"，但我们却不会了解"气息盲"中"气息"的含义。对我们大多数人而言，气息只是一种理论的、技巧上的表达，之所以用它是因为当我们急需表达动物通过气息跟踪的概念时，语法上需要我们往句子中加一个名词。但我们并没有气息感。我们只有气味感——能闻到感恩节的大餐、臭鼬的气味以及其他被称为化学品的气味。

因此，如果我和费多一同坐在露台上欣赏眼前的风景，我们是在循着完全不同的现象学法则来认识这个世界。比如说风从背后吹来，我们人类的世界完全位于我们面前 180 度的范围内。而狗的世界呢——嗯，我们不得而知，对吧？

它看到的东西大概与我相同，但它却坚信我们身后的花园中有种称为气息的东西。当花猫在玫瑰丛中搜寻我从房子走向野餐处的路上不小心掉落的几块鸡肉三明治时，狗则将花猫的路线全都标记了下来。我敢说费多对小猫还是很警觉的，但它是如何做到的我却无从知晓。因为我们的画面展现型思维模式在展现小猫、花园以及它们或被隐藏或呈现在外的生存模式时，太容易做出平淡乏味且错误的描述了。

题干 10. 作者使用词组"而其他的感官则大都起辅助作用"（"other senses are largely ancillary"）（第 4 ～ 5 行）是为了说明

A. 只有直接体验过的事件，感官才会有所反应

B. 对很多人来说，视觉是认识这个世界的主要手段

① 文中出现两个单词："scent" 和 "smell"。前者是指人留下的气息，或动物留下的臭迹，很多动物可根据这些气息或臭迹进行辨别事物并追踪；而后者特指一些东西发出的气味，不具前者供追踪的功能。所以此处为了辨别二者，将 "scent" 译为"气息"，而将 "smell" 译为"气味"。

C. 在很多方面，气味比视觉更有效
D. 人们至少要依赖另外一个感官来证实他们所看到的事物
E. 动物的认知能力是它整合所有感官的能力的一个功能

参考答案：B

本题为定位题。由本词组的前半句可知，句子想突出表达的是，视觉是认识世界的主要手段。故而排除选项 A、C、E。选项 D 是干扰项，但由句子可知，要突出的是视觉，而不是其他器官，故而排除选项 D。

题干 11. 最后一段的例子说明第 34 ～ 35 行提到的“现象学法则”（“principles of phenomenology”）的含义是

A. 发生的具有纪念意义的事情
B. 某种认知引起的行为
C. 认知事物的方式方法
D. 人们用来决定某个事物的哲学真理的法则
E. 一个独立的个人认知他人的观点的效果

参考答案：C

本题还是定位题。由上下文可知作者在对比他和狗费多认识世界的不同手段。可以直接用“方法”一词替代“现象学法则”，故而可以排除选项 A、B、E。选项 D 为干扰项，由于文中并没有提到哲学真理，故而可以被排除，得到正确选项 C。

题干 12. 句子“而狗的世界呢——嗯，我们不得而知，对吧？”（“The dog's—well, we don't know, do we?”）（第 36 ～ 37 行）所缺少的部分指的是

A. 色盲
B. 认知深度
C. 对世界的认知
D. 对我们认知的关注
E. 行动的动机

参考答案：C

由文章的前文可知，作者在对比自己认知的世界和狗认知的世界，故而可以在所缺处补充上“认知的世界”，据此可以排除选项 A、D、E。选项 B 为干扰项，但由于认知深度并没有在文中被提及，故而可以排除。

题干 13. 文中作者利用“that”和“how”（第 43 行）的区别是为了说明以下哪一个的不同？

A. 看见和相信
B. 猫与狗的认知方法
C. 可证的假设与随意的猜想
D. 对存在的清醒认识与这种意识的本质
E. 错误的再现与精确的再现

参考答案：D

文中that指代的是狗对小猫警觉，而how指代的是它怎么做到的。故而可以排除选项B、C、E。选项A为干扰项，但由于后文中并没有提及相信的问题，故而可以排除。

题干 14. 最后一段的例子是为了说明

A. 狗的认知有别于人的认知
B. 人类的心理并没有植根于自然世界
C. 人类惧怕自然而动物却属于自然
D. 狗的视觉要优于猫
E. 现象学是普遍、恒久的

参考答案：A

由文章可见，最后一段是在对比狗和人的认知。故而可以排除选项B、D、E。干扰项为C，但因为文中并没有提到惧怕自然的事情，故而可以排除选项C。

阅读译文 3

阅读下面文章，回答问题 15～24。

本文最早发表在1976年，讨论了20世纪10、20年代两位美国黑人联盟的领导人威廉·爱德华·伯格哈德·杜波依斯和马库斯·加维。

当杜波伊斯在人生的最后几年作为“全国有色人种协进会”（National Association for the Advancement of Colored People，NAACP）的官方期刊《危机》的编辑时，美国黑人体内存在两个对抗的灵魂的意象对此时的他而言，其重要意义不亚于他在20世纪之初首次使用这个意象。《危机》史上刊登过的最具争议的社论《终止等级差别》，极度夸张地表现了种族自豪感与民族认同感之间的矛盾。该社论发表于1918年7月，号召美国黑人在第一次世界大战中“忘却我们特殊的苦痛”，团结一致，与白人一道“为民主而战”。在遭到了黑人的严厉批评后，杜波伊斯丝毫没有改变他的言论。两个月后，他为读者设定了优先次序：“首先是你的国家，然后才是你的权利！”可能“忘记”这个词所指的含义超出了杜波伊斯本想要表达的含义，因为《危机》的社论对种族主义的批评一直都未曾减少。但杜波伊斯非常清楚地将盟军与德国的野心区别开来，声称盟军的溃败对他忠于的“世界性的美国”将会是灾难性的。

从那些意识不到自身魅力的黑人那里，杜波伊斯看到了否定民族自豪感的危险。《危机》的职责是在鼓吹种族自豪感的人群和否认种族差别的人群间做出公平裁决。杂志在这方面所做的努力源于牙买加裔领袖马库斯·加维的崛起。据杜波伊斯所言，加维领导的俗称“回到非洲”的运动，是建立在“黑色皮肤本身就是高贵的专利”这一观点上的。

加维主义流行于《危机》最具影响力和最成功的时候，这对杜波伊斯而言无疑是个巨大的挑战。加维和他的“世界黑人促进会”（Universal Negro Improvement Association, UNIA）反对种族混合的理想主义，倡导美国的黑人重新回到非洲，通过关注黑人成员特有的自我怀疑性激起黑人的恐慌，将《危机》和NAACP击至只有招架之力。杜波伊斯在1915年访问牙买加时初识加维，而次年《危机》就报道了加维来到美国。在对这个新国家一无所知的情况下，加维邀请杜波伊斯主持他的首次演讲；接着在1920年UNIA组织的一次国际大会上，他请求杜波伊斯允许自己将其姓名列入美国黑人“领袖”的候选人行列。杜波伊斯客气地推掉了主持加维演讲的邀请；并表示“任何情况下都不”加入候选人行列。杜波伊斯惊讶地看到加维成功地说服成千上万的美国黑人承认他的返回非洲运动的合法性，看到他为自己的“黑星航运公司”筹集资金购买船只，以将人们运回非洲。

表面上看，加维与杜波伊斯在提升黑人种族意识和经济主权方面的贡献是类似的；二人均认为世界由不同的文化组成，每一个都代表一种独特的传统并要求拥有自由表达的权利。但加维与杜波伊斯的理念还是有很大分歧的。前者坚信黑人的种族纯粹性，坚持只有非洲才能解决其离散人民的问题，除此之外，他不允许任何自由主义思想阻止他达到自己的目的，这点也与杜波伊斯的理念有很大区别。杜波伊斯虽然曾不止在一首诗中幻想过非洲，也在其他作品中描写过非洲大陆，但他对这片土地的热情是出自一个学者的胸怀。他对非洲的最初探访开始于1923年，人生的最后两年也在非洲度过（1961—1963）。在1922年《危机》的一篇文章中，杜波伊斯曾预言一位正在崛起的群众领袖将会“领导、煽动、撒谎和盗窃”，且评论此人将会“聚集大量的追随者，突然爆炸，然后消失”；这篇隐晦的文章显然是在影射加维。

题干 15. 这篇文章的主要目的是

A. 阐述在美国流行起来的黑人民族主义

B. 解释两位黑人领袖非凡的魅力

C. 解释为什么加维拒绝支持杜波伊斯作为非洲黑人的领袖

D. 描述杜波伊斯和加维哲学理念的不同

E. 描述杜波伊斯与加维的争执以及最终的和解

参考答案：D

本题为主旨题。由第一句就可以了解到本文是关于杜波伊斯和加维的，最后一段第一句说明二人理念不同，故而可以排除选项A、C、E。选项B为干扰项，但由于文中并没有提及领袖魅力，故而可以排除之。

题干 16. “两个对抗的灵魂”（“two warring souls”）（第1行）的意象指的是哪两者之间的对抗？

A. 民主与独裁

B. 杜波伊斯的理想与实践要求

C. 种族自豪感与效忠国家

D. 杜波伊斯的文学和政治抱负

E. 盟军与德国的目标

参考答案：C

本题为定位题。由后面一句可看出，两个对抗的灵魂为“种族自豪感与国家认同感”，故而可以排除选项 B、D、E。选项 A 为干扰项，但由于文中并没有提及民主与独裁，故而可以排除。

题干 17. 杜波伊斯在 1918 年 7 月《危机》上发表的社论遭到了“严厉的批评”（“bitterly criticized”）（第 12 行）是因为它

A. 低估了美国黑人的具体要求

B. 鼓励为美国黑人提供军事援助

C. 支持加维的“回到非洲运动”

D. 坚持种族利益先于国家利益

E. 攻击了 NAACP 在种族自豪感方面的官方立场

参考答案：A

本题为定位题。从文中可以看到此处并没有提及加维，故而排除选项 C。由于文中并没有提及种族自豪感以及黑人的军事援助，故而排除选项 B、E。选项 D 为干扰项，但由于文中说的是国家利益先于种族利益，与选项矛盾，故而排除。

题干 18. 第 15 ～ 21 行“可能……灾难性的”（“Perhaps ... loyal”）表明杜波伊斯建议美国黑人

A. 在战时应该受到比和平时期更平等的对待

B. 美国的种族关系在战后将会更加和谐融洽

C. 虽然德国在军事上占有优势，但盟军将会赢得战争

D. 战争为美国的黑人和白人都提供了很好的发财机会

E. 虽然美国存在种族主义，但盟军的失败带来的后果将会更加严重

参考答案：E

本题为定位题。由文章可知，并没有提到平等对待、融洽、发财等词，故而可以排除选项 A、B、D。干扰项为 C，但由于文章并不是对比盟军和德军的区别，故而可以排除。

题干 19. 对于杜波伊斯“最忠诚的”（“most loyal”）（第 21 行）最好描述是

A. 世界黑人促进会（the UNIA）

B. 全国有色人种协进会（the NAACP）

C.《危机》

D. 世界民主

E. 由美国黑人组成的非洲国家

解析

参考答案：D

本题为定位题。由文章可知，杜波伊斯最终倾向的是世界民主，故而可以直接选出参考答案 D，其他选项不对此选项造成干扰。

题干 20. 根据杜波伊斯的观点，加维倡导的运动的“前提”（“the premise”）（第 30 行）是

A. 种族因素在美国比经济因素更加棘手

B. 全体美国黑人天生高贵和杰出

C. 很多美国黑人是非洲皇室的后代

D. 在塑造一个人的性格方面，教育比种族更为重要

E. 危急关头，对国家的忠诚比其他事情更重要

参考答案：B

本题为定位题。文中加维是根据杜波伊斯的观点“黑色皮肤本身就是高贵的专利”而发起的运动。故而排除选项 A、D、E。选项 C 为干扰项，但由于并没有提到非洲皇室的后代问题，故而可以排除。

题干 21. 第 31 行的（“patent to”）指的是

A. 版权

B. 保卫

C. 保证

D. 希望

E. 许可

解析

参考答案：C

本题为定位题。根据上下文，选项 A、B、D 在文中并没有被提及，可以排除，选项 E 为干扰项，但由上下文可知，许可的语气远小于保证，而文中的态度是比较强烈的正面态度，故而排除选项 E。

题干 22. 第 41 ～ 46 行中加维的行为表明他最初

A. 嘲笑杜波伊斯的建议

B. 怀疑杜波伊斯所作出的努力

C. 嫉妒杜波伊斯的名望

D. 欣赏杜波伊斯的文章

E. 赏识杜波伊斯的影响力

参考答案：E

本题为态度题。由文中可知，此处加维对杜波伊斯的态度为正面态度，故而可以排除

选项 A、B、C。干扰项为 D，而文中并没有提到文章的问题，排除选项 D。

题干 23. 第 62 ～ 66 行的信息表明杜波伊斯

A. 重视非洲，但与加维的方式不同

B. 生活在非洲，但最后返回美国帮助黑人

C. 阅读与非洲相关的材料，但从非洲的旅行中收获甚少

D. 像加维所煽动的那样，幻想逃亡海外

E. 支持用极端方式解决美国的种族问题

参考答案：A

本题为定位态度题。由文中可知，此处杜波伊斯对非洲的态度为正面态度，故排除选项 C、D、E。干扰项为 B，但由文中可知，杜波伊斯只有生命的最后两年在非洲生活，故可以排除选项 B。

题干 24. 文章表明随着时间的推移，加维与杜波伊斯的关系经历了怎样的变化？

A. 从相敬如宾到针锋相对

B. 从学术到个人

C. 由疏远到亲近

D. 从充满怀疑到模棱两可

E. 从竞争到合作

解析

参考答案：A

本题为态度题。从文中可以看出两人的关系是从好到坏，故排除选项 B、C、D、E。

阅读译文 4

阅读下面文章，回答问题 9 ～ 10。

美国 19 世纪末期，很多人都认为女性不适合成为职业艺术家。爱丽丝·巴伯·史蒂芬斯却克服了这种偏见：通过在家中进行艺术创作，并与图书出版商和作者洽谈业务，史蒂芬斯成为一名成功的图书与杂志插图画家。她将自己的版画卖给全国的杂志，并为路易沙·梅·奥尔科特和纳撒尼尔·霍桑等小说家的作品绘制插图。年轻时，史蒂芬斯曾在宾州艺术学院学习，是该校最早接受女学生的班级成员之一。她曾申请为女性开设裸体绘画课，随后在一所为女性开设的艺术学院设立了此门课程。她还建立了一个反对歧视女性艺术家的组织。

题干 9. 在第 1 ～ 6 行（“During ... home”）中，作者试图说明

A. 在19世纪末的美国，有建树的艺术家无一例外都是男性
B. 比起在一个成功艺术家的工作室里工作，女性艺术家单独工作更加困难
C. 比起与艺术经销商做生意，艺术家更容易将作品卖给杂志
D. 史蒂芬斯做到了坚持她的职业理想与维持社会地位的方法
E. 史蒂芬斯不太重视主流社会的观点

参考答案：D

本题为定位题。文中指定位置并没有提到男性、单独工作、艺术经销商的概念，故可排除选项A、B、C。干扰项为E，但文中并没有提到重视，故可排除。

题干 10. 以下哪个选项最好地描述了爱丽丝·巴伯·史蒂芬斯？
A. 唯物主义者、美学家
B. 完美主义者、自我主义者
C. 实用主义者、活动家
D. 梦想家、革命者
E. 社会名流、慈善家

参考答案：C

本题为态度题。由文中可知本文并没有提到唯物主义、革命者、慈善家，故可排除选项A、D、E。选项B为干扰项，但由于文中对爱丽丝为正面评价，故可排除。

阅读译文5

阅读下面文章，回答问题11～12。

欧洲人征服北美东北部的第一个阶段是“商贸时期”。与探险家和渔夫的偶尔接触及交易并不是不为原住民所熟悉的。用金属、玻璃或布料换取皮革的交易环境中，只有游客及其所带物品的奇异度是前所未有的。但随着偶尔的交易变得越来越成体系，北美原住民为了获得更多的皮革开始改变自己的生活方式。结果，他们也越来越依赖于欧洲的商人，彼此之间的竞争也愈发频繁。最终，欧洲商人的伦理标准及其重要地位大大削弱了原住民的互惠平等原则。

题干 11. 文章显示北美原住民和欧洲人的接触最终
A. 减弱了北美原住民对皮革贸易的依赖
B. 扭曲了北美原住民间的关系
C. 使北美原住民实现了经济独立
D. 大批屠宰长皮毛的动物
E. 增加了欧洲商人间的竞争

参考答案：B

本题为态度题。文中对征服过程为负面评价，故可排除选项 A、C、E。干扰项 D 在文中并没有被提及，故可排除。

题干 12. 第 5 ～ 7 行“用金属……前所未有”（“Metal ... wares”）显示北美原住民最初认为欧洲商人是

A. 保守的
B. 自负的
C. 具有异域风情的
D. 反复无常的
E. 贪婪的

参考答案：C

本题为定位态度题。最初土著对商人的态度为正面评价，故可排除选项 A、B、D、E。

阅读译文 6

阅读下面文章，回答问题 13 ～ 24。

石油大亨 J · 保罗 · 盖蒂 (1892—1976) 为存放他收藏的世界级艺术品而建造的加利福尼亚博物馆，在 1974 年开馆。文章一讲述了盖蒂博物馆建立之初人们的评论。文章二选自《盖蒂的自传》。

文章一

它矗立在加州马里布一片绿树如茵的山丘上，鸟瞰太平洋。评论家曾轻蔑地将它比作迪士尼乐园。“它是媚俗城市中的塑料天堂”，有人抱怨地说，“它造价高昂，声势浩大却品味低下，文化上装模作样，且自我夸大，在这些方面它超越了所有现存的纪念馆。”

充满争议的新保罗盖蒂博物馆所在的建筑是仿造帕比里别墅而建。后者位于庞贝的 Herculaneum，维苏威火山在公元 79 年爆发时将其毁灭。盖蒂的收藏主要以古典文物为主，游客和批评家通常都一致地被这些藏物所吸引。真正引起 20 世纪 70 年代最激烈的艺术之争的并非艺术品本身，而是建筑物的设计。

对建筑物设计的批评主要分成两派：一派认为此建筑不够中立。一个博物馆本身不应该成为一件艺术品，去和陈列在它内部的收藏竞争；另一派则认为虽然博物馆本身可以作为一件艺术品，但盖蒂博物馆作为艺术却败得很惨，因为它既缺乏艺术内涵也缺乏复制的精确性。“它是对从未存在过的事物的忠实复制，”建筑批评家约翰 · 帕斯蒂尔写道，“建造技术欠妥，常缺乏基本的建筑设计判断。各处细节都欲模仿各地知名的罗马式建筑风格，但其组合在一起的风格，却与大多数细节的性质及目的相违背，最后的样子简直不伦不类。”

把博物馆建成复制品，帕斯蒂尔和其他一些人都颇为不满。他们提出的众多批评之一就是原来别墅的很多内墙和楼层的整体设计遭到了篡改，而别墅原来的一个侧厅干脆就不见了。也许对博物馆仿真度最致命的抨击是，由于对原别墅的发掘本身就不彻底，使得人们无法掌握有关别墅的充分有效的信息，因此想要建造一个一模一样的复制品也就不可能了。“没人知道它确切的风格和细节，有多少层，或者到底有多高。”帕斯蒂尔写道。他似乎在暗示，盖蒂博物馆仅仅是一项猜想之作。

文章二

既然我会为新博物馆埋单，那么最终的问题自然落在了我头上：是扩充既存的设施还是建造一座全新建筑？我听取了所有的优缺点，最后告诉受托人说：“为全新建筑出谋划策吧。”但我有一项保留：“我不会把钱花在现在博物馆流行的水泥掩体型结构上——也不会把钱花在那些有彩色玻璃和不锈钢的庞大怪物身上。”令我高兴的是，受托人听到这些话都有同感。他们同样希望博物馆本身成为一件独一无二的艺术品。

傲视传统智慧并拒绝循规蹈矩本身就是有风险的。这一点在艺术世界中再正确不过了。艺术界有时会非常教条，崇尚精英主义。但我已经计算过风险——在说底下这句话时我承认自己带着几分自负——但我无视它们。因此，当一些反馈表明有些批评家对新博物馆嗤之以鼻时，我一点儿也不动摇，更不惊讶。我的博物馆没有遵循“博物馆建筑”专制的标准。有人认为它应该更传统一点——我猜，人们认为它应该建成某些博物馆的样子，其建筑风格用“忏悔的现代”来形容最好不过了。无论如何，在最初的两个月里，保罗盖蒂博物馆在很多艺术家中（或者说附庸风雅者中）的确引起了“争议”。

幸运的是，我有能力保持平静。在生活的各个领域获得的经验使我懂得，最厉声斥责的批评家不一定就是最具权威的（且基本不是客观的）。而且，他们刺耳的大喊和号叫很快就会耗尽他们的气力。

题干 13. 第3行的“塑料的”（“plastic”）意味着

A. 柔软的
B. 人造的
C. 非永久的
D. 创新的
E. 低廉的

参考答案：B

本题为定位题。由定位段落可知定位文章对该博物馆为负面评价，“它造价高昂，声势浩大却品味低下”，故可排除选项D、E。由常识可知博物馆不会柔软，故可排除选项A。干扰项为选项C，因为文中并没有提到永久性问题，仅就其艺术价值加以讨论，故可排除。

题干 14. 文章一第一段提到的批评家很可能会觉得将博物馆与迪士尼公园相比较很合适，因为他们认为这二者

A. 都在媒体界引起过争议
B. 都建造在风景如画的地方

C. 都充满想象力和创新
D. 在设计上都俗气失真
E. 维持下去都很昂贵

参考答案：D

本题为态度题。首先确定文中对博物馆的态度为负面评价。故可排除选项 B、C。因为全文并没有讨论维持成本问题，故可排除选项 E。选项 A 为干扰项，由常识得知迪士尼乐园并没有在媒体界引起争议，故可排除。

题干 15. 第 22 ～ 29 行，帕斯蒂尔对博物馆设计最基本的质疑在于

A. 它的各个部分并没有产生一个完整连贯的整体
B. 它的建造模板不值得模仿
C. 它不能有效满足现代博物馆投资人的需要
D. 它的建筑风格与它所收藏的艺术品的风格相冲突
E. 它没能与周围的地势风景和谐融为一体

参考答案：A

本题为定位题。由定位段落可知，帕斯蒂尔对博物馆的批评在于整体和部分的风格不一致问题。同时因为定位文中并没有提及投资者的需求、收藏艺术品风格以及周围地势，故可排除 C、D、E。干扰项为 B，但文中并没有提及模板是否值得模仿，故可排除。

题干 16. 第 30 ～ 42 行说明帕里比别墅的遗址挖掘显示了原来的建筑的

A. 内部设置
B. 建筑装修
C. 外部，但没有内墙的位置
D. 年代，但既没显示它的整体规划，也没有显示它的建造目的
E. 楼层设计，但既没有它的高度，也没有它的细节

参考答案：E

本题为定位题。由文中可知，对遗址的挖掘并没有反映出足够的信息，故可排除选项 A、B。同时由文中可知，年代并没有被提及，故可排除选项 D。选项 C 为干扰项，但因为内墙的设计曾被提到，故可排除选项 C。

题干 17. 文章一表明帕斯蒂尔和其他有相同意见的批评家是通过以下哪点反对盖蒂博物馆的？

A. 评估它展示的艺术品
B. 将它和其他收藏古董的博物馆相比

C. 考虑它所模仿的罗马建筑

D. 调查盖蒂个人收入的来源

E. 分析 J·保罗·盖蒂的性格

解析

参考答案：C

本题为态度题。帕斯蒂尔并没有论及盖蒂，故可排除选项 D、E。同时注意到选项 A、B 是前一个学派的观点，并非帕斯蒂尔的观点，故可排除。

题干 18. 盖蒂暗示那些受托人“同意”（beamed）（第 51 行）是因为

A. 被盖蒂的决心所说服

B. 习惯了盖蒂的冲动

C. 根据盖蒂的喜好

D. 为盖蒂出人意料的阔绰而高兴

E. 被盖蒂的经济头脑所折服

参考答案：C

本题为定位题。定位段落中并没有提及盖蒂的冲动、阔绰以及经济头脑，故可排除选项 B、D、E。选项 A 为干扰项，但由文中可知，盖蒂的决心在文中并不是重点描述，而是盖蒂的喜好左右受托人的判断。故可排除选项 A，得到正确选项 C。

题干 19. 当盖蒂提到“傲视传统智慧”（“flouting of conventional wisdom”）（第 54 行）时，他指的是自己在哪个方面的观点？

A. 博物馆建筑设计

B. 博物馆选址

C. 博物馆物品陈列

D. 博物馆财政

E. 博物馆的楼层设计

参考答案：A

文中并没有提及博物馆的选址、展品陈列和财政，故可排除选项 B、C、D。干扰项为 E，但由定位文可知博物馆的设计符合题意，而并不是片面的楼层设计，排除选项 E。

题干 20. 文章二显示，盖蒂将其博物馆设计的选择看作一次什么行为？

A. 勇敢的挑战

B. 尖锐的讽刺

C. 不怀好意的恶作剧

D. 不情愿的妥协

E. 合理的愤怒

参考答案：A

本题为态度题。由文章二可知，盖蒂对博物馆设计的选择为正面评价，故可排除选项

C、D、E。选项 B 为干扰项，但由于文中并没有专门针对讽刺的对象，故可排除选项 B。

题干 21. 根据文章二里的信息，下面哪个选项最准确地描述了盖蒂对第 12 ～ 14 行中提到的艺术争议的反应？

A. 他提出扩充博物馆设施的计划。

B. 他感觉自己的初衷已经被评论家们曲解了。

C. 他认真地考虑了关于重建博物馆的不满。

D. 他预想了反应并决定无视它。

E. 他加入了公共辩论中最激烈的评论家行列。

参考答案：D

选项 D 是正确的。本题为定位题，由文章二中的第二段可知，Getty 暗示他已经预料到非传统的博物馆设计会招来一定程度的争议，但是他最后无视这种反应。从而可以排除选项 A 、B 、C 、E 。

题干 22. 盖蒂博物馆的哪一个方面在文章一中显得比较重要，而在文章二中并不重要？

A. 博物馆未来扩大的潜力

B. 博物馆对游客的便利性

C. 博物馆可质疑的真实性

D. 博物馆非比寻常的外观

E. 博物馆的实用性

参考答案：C

选项 C 是正确的。文章一主要讲的是盖蒂博物馆伪造的设计，而文章二关注的是盖蒂渴望去藐视现在的建筑趋势。选项 A 在文章二中提到，并没有在文章一提到；选项 B 和选项 E 为干扰项，两篇文章中都未提到；选项 D 则是两篇文章都提到的一个关键点。

题干 23. 下面哪个选项最好地表述了文章一的批评家和文章二的受托人共有的想法？

A. 博物馆应该集中收集一个历史时期的文物。

B. 只有当博物馆吸引了大量的游客才能算作成功。

C. 建筑物的设计风格需与它内部的艺术品的风格类似。

D. 一个博物馆本身就应该是件艺术。

E. 那些收集当代艺术品的博物馆比那些收集古典艺术品的博物馆经历的困难要少很多。

参考答案：D

本题为合并式小双的 both 题。选项 B、E 并没有在文章中被提到，故排除。选项 A 和 C 只在文章一被提到，也可以排除，得到参考答案 D。

24. 文章一的最后一段说明盖蒂将会预测到文章二提到的批评家的哪一点?

A. 除非他们能提供更具建设性的意见，否则他们将失去贡献的机会。

B. 除非他们开始迎合大众的观点，否则他们将失去自己的观众。

C. 因为他们的读者群很大，所以长时间内仍然会左右博物馆的参观率。

D. 因为艺术界很看重他们，因此他们会继续影响博物馆设计。

E. 虽然他们现在颐指气使，但他们的影响力不会持久。

解析

参考答案：E

本题为合并式小双题目。由文中可知，盖蒂对批评家的态度为负面评价，故可排除选项 C、D。同时文中并没有提到批评家提供建设性意见，或者迎合大众想法的概念，故可排除选项 A、B。

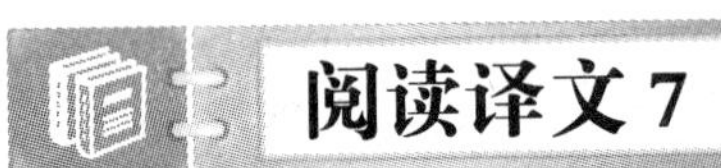

阅读译文 7

阅读下面文章，回答问题 7～19。

下文节选自一部小说，叙述者正在读他祖母苏珊·沃德的信件，并反思她一生中某些事件的意义。1880 年左右，苏珊·沃德还是名年轻的少妇——作家兼母亲，丈夫奥利弗在西部的 Leadville 做矿业工程师。此时，叙述者想象着苏珊与丈夫在春天重聚之前，正与她的家人在纽约的米尔顿共度冬天。

从父辈们建造的房屋放眼望去，Leadville 看上去是那么的遥不可及，似幻似真。坐着雪橇沿路滑下后，她打开包裹露出儿子红扑扑的脸蛋，不敢相信自己竟然在米尔顿之外的地方生活过。

她感到农场六代以来每日平静的辛劳到她这一辈时依旧平静。现在和过去与其说是传承的关系，不如说是同义关系。她不需要穿越时间机器就能回到祖父母的时代。她的生活与她正在书写的祖父的生活有着同样的景观和相似的人物。在她学会溜冰的水闸那儿，她拉着坐在雪橇上的儿子，看到一只在冬日里通体雪白的鼬鼠[①]黑色的尾尖在磨坊的木材中时隐时现。她似乎是通过祖父母的眼睛在观察这一切。

看着冬日的天空在黑色的榆树身后慢慢退去，她无法在脑中重现日落时西部山区的景象，从小屋门口、小屋本身、奥利弗或他们的朋友那里，都联想不到西部。那些满眼放光，一心想从这个大陆上掠取金钱和科学知识的人是谁？她在此处世界和彼处世界间搭起来的是怎样的幻想？她不时中断思绪，打扫着被她称为“祖母的房间”的屋子，惊奇地回想起当奥利弗已然成为一个彻头彻尾的西部人，来到这里向她求爱时，偌大的左轮手枪就放在这间屋子的梳妆台上。

① 鼬鼠本身不是白色，但是到冬天后会浑身皮毛变成白色。

在温和民众的塑造下，小镇米尔顿也是一片黯淡、温和。流过这里的变化如渗透沼泽地的水一样缓慢无声。不止一次，她想起旧金山的女人们在说起她们的故乡并不欢迎她们的回归时是犯了多大的错误！去年，在奥利弗的职业前景还不是很确定时，她也许会同意她们的说法。而现在，当奥利弗升职为 Leadville 区 Adelaide 煤矿的经理，未来的一切都有所保障后，她发现过去的温馨依旧没变。对丈夫的依恋犹如对他的牵挂一样变得不再那么强烈了。整日全身心地照顾孩子、忙于写作，她完全投入了对家庭的热爱之中。即便时不时会有其他的杂事——母亲的白头发、妹妹憔悴面庞上的不耐烦、妹夫的长期阴郁寡言引得女人们担忧地低声谈起他——但是这些都基本上不能打断她内心深处的宁静与平和。

我想知道，美国人是否还会有重回故里的经历，回到那片他们熟知、深念并热爱着、愿意倾心服从的地方？并不是说你不能再回家了，而是这种可能性却越来越小了。我们身边离婚频发，每日穿梭在不同的地方，对每个地方都只是浮光掠影的感受。我怀疑儿子那一辈的年轻人是否还能感受到像苏珊·沃德那样对家的感觉。虽然她不愿与丈夫分隔两地，但她却很可能会一直待在米尔顿，丈夫时不时地回来看望她一下。或者她也可能收拾好旧家，到一个新的地方将它原样重建。作为一个女人却没有真正的家是她所抗拒的。

当研究西部历史的史学家写到离开家园、目无法纪、身无分文、与社会脱节的西部移民时，他们说的并不是像我祖母这样的人。许多像她这样的女人深爱和珍惜的事物都很多，她们不得不学会放弃；然而放弃的越多，无法摆脱的事物也跟着多了起来。这就像是电离的过程：一极的电流总是会流向另一极。对这一类拓荒者来说，西部并不是一个在建的新国度，而是一个重造的旧王国；在这种意义上，拓荒的女人比男人更加现实。那些携带着少之又少的文化包袱，拒绝呼吸传统的空气而是呼吸着人工合成的气体的现代人才是真正的拓荒者。他们的体内似乎没有对家庭的眷恋和情感，他们的共感能力已被移除，他们嗡嗡作响的电脑里没有一丁点儿家、甜蜜的家的信息。他们是多么的自由！又是多么的一无所有！

题干 7. 第 1 行的“父辈们建造的房屋”（“parental burrow”）指的是

A. 缺少奢华的住宿　　B. 宁静安宁的气氛

C. 维持家庭的工作　　D. 缺乏兴趣与刺激

E. 隐私的缺失

参考答案：B

本题为定位题。在定位文章出并没有提及工作、兴趣以及隐私，故可以排除选项 C、D、E。干扰项为 A。从第一句话可以看出文章是强调安宁的氛围而非缺少奢华，可以排除选项 A，得到参考答案 B。

题干 8. 沃德“不需要穿越时间机器就能回到祖父母的时代”（“did not have to come at her grand parents through a time machine”）（第 8 ～ 9 行）可以推断出

A. 她的父母过去经常给她讲述他们的故事

B. 她完全沉浸在他们生活的年代的历史和文学中

C. 她在米尔顿的生活与祖父母很接近
D. 作为一位作家，她有着敏锐的直觉，能感受到他们的生活
E. 她拥有描述他们生活的文字记载

解析

参考答案：C

本题为定位题。定位文中并没有提到父母讲故事、历史文学、文字记载之类的概念，故可排除选项 A、B、E。选项 D 为干扰项，而由定位句前文“现在和过去与其说是传承的关系，还不如说是同义关系”，可知以前的生活和现在的生活没有很大的变化，可以排除选项 D。

题干 9. 第 15 行对祖父眼神的描写说明沃德

A. 像她的祖辈那样希望看到自然
B. 不满意自己的生活
C. 感觉她的祖父会赞成她的生活选择
D. 正在看着她祖父曾经看到过的东西
E. 希望让祖父了解她正在经历的东西

解析

参考答案：D

本题为定位题。因文中并没有提到看到自然、生活选择、对生活的满意程度，故可排除选项 A、B、C。选项 E 为干扰选项，而因为定位文为陈述事实，并非强调作者的态度，故可排除选项 E。

题干 10. 第 29 行对沼泽的描写是为了传递出

A. 米尔顿小镇的自然状态
B. 米尔顿的居民养家糊口的方式
C. 米尔顿的宁静生活
D. 沃德最初在米尔顿的局限的感受
E. 弥漫在米尔顿的一种模糊预兆

参考答案：C

本题为定位题。首先确定作者在定位文段中并没有表达出很明确的态度，仅为弱程度正偏向，故可判断出负评价的 D、E 选项可被排除。另外居民养家糊口的方式并未在文中提及，排除选项 B。选项 A 为干扰项，由于文中并没有提及小镇的自然状态，故可以排除选项 A。

题干 11. 沃德与“旧金山的女人”（“those women is San Francisco”）（第 30 行）感触不同是因为

A. 西部生活的艰辛使东部的生活看上去更加舒适
B. 她妹妹生活中的问题使她更关注自己当下的生活

C. 随着儿子的成长，她拥有了更多的属于自己的时间
D. 她的写作事业对她越来越重要
E. 对丈夫的职业未来放心后，她就可以自由地享受自己的生活

参考答案：E

本题为定位题。由于定位文中并没有提到妹妹的生活、儿子的成长、写作事业，故可排除选项 B、C、D。选项 A 为干扰项，由定位段落后文“在奥利弗职业前景还不是很确定时，她也许会同意她们的说法”，可知丈夫职业决定了对旧金山女人行为的感触。排除选项 A。

题干 12. 第 38 行的“投入，沉浸”（“sunk”）传达出一种程度，即沃德

A. 对和丈夫分居两地很沮丧
B. 担心儿子的社会发展
C. 感到对妹妹的问题婚姻无能为力
D. 允许自己沉浸在某种情绪之中
E. 放下防备自由创造

参考答案：D

本题为定位题。定位文中并没有提及分居两地、儿子的发展、妹妹的婚姻问题，可以排除选项 A、B、C。选项 E 为干扰项，注意到定位文中并没有提及防备和自由，只是一些生活琐事，故可以排除选项 E。

题干 13. 对第 51 行提到的“感觉”（“feelings”）的最佳解释是

A. 不愿长途旅行
B. 财产对个人的重要性
C. 祖辈的情感存在
D. 对一个地方深厚的了解与爱恋
E. 对重回童年的向往

参考答案：D

本题为定位题。由定位文处并没有提及长途旅行、财产问题、祖辈的情感以及对童年的向往，故可以轻易剔除选项 A、B、C、E。

题干 14. 叙述者提到“研究西部历史的历史学家”（“frontier historians”）（第 58 行）主要是为了

A. 为自己的论断增加砝码
B. 尊重他们的研究
C. 暗示直觉必须要依靠正规训练
D. 引入他反对的观点
E. 解释他自己所受的教育的本质

解析

参考答案：D

本题为定位题。注意到作者对于历史学家的态度是负面评价，故可以判断出选项 B、C、E 可以排除。同时由文中可知，提及历史学家的原因是为了引出后面的观点，故可排除选项 A。

题干 15. 叙述者将他祖辈那样的人的移民描述成怎样一种过程？

A. 再造一个家的天堂

B. 为了生存创造新的技能

C. 对地位给予一种与当下无关的忧虑

D. 在年轻时向一个地方注入爱

E. 保留未受破坏的自然之美

参考答案：A

本题可归为定位题。由文章最后一段可知，作者的观点是祖辈那样的人移民和历史学家所描述的人不一样，而被历史学家描述的人的移民又是“对那一类拓荒者来说，西部并不是一个在建的新国度，而是一个重造的旧王国”，因为作者认为祖辈和他们不一样，所以可以推出他的祖辈是在创造一个新的国度。排除无关选项 B、C、D、E。

题干 16. 第 68 ～ 69 行对“很小的包袱”（“little baggage”）的描写说明作者对现代人持有怎样一种观点？

A. 他们不受物质财产的牵绊。

B. 他们不受过去的价值观的影响。

C. 他们对艺术传统不感兴趣。

D. 他们不去承担自己应该承担的责任。

E. 他们不尊重他人的意见。

解析

参考答案：B

本题为定位对比题。因为文中并没有提到艺术传统、责任以及意见，故可排除选项 C、D、E。选项 A 为干扰项。由于文中所要对比的是过去与现在，并不是物质与非物质，故可排除选项 A。

题干 17. 第 71 ～ 75 行，叙述者将新一代的人描述成“真正的拓荒者”，是因为他们

A. 为了开拓新纪元，拥有更加珍贵的动力源泉

B. 在前辈的成就上进一步发展

C. 拥有更先进的技术与训练

D. 生活在充满暴力、不确定的世界中

E. 将生活看作前人没能完成的成就

解析

参考答案：E

本题为定位题。文中并没有提到动力源泉、前辈的成就、暴力的世界，所以可以排除选项 A、B、D。注意到文中并没有提到技术以及训练的先进性，故排除选项 C。

题干 18. 叙述者显然是同意新的拓荒者对家园的哪个看法？

A. 他们希望能获得自己对一个地方的归属感。

B. 他们嘲笑前辈对一个地方的归属感。

C. 他们不会伪善夸张地描述对家的感觉。

D. 他们无法体会到前辈对家园的眷恋。

E. 他们与前辈一样对家有着深深的眷恋，但方式迥异。

参考答案：D

本题为主旨题。首先判断出叙述者对于新的拓荒者持负评价态度。故可剔除选 A、C、E。选项 A 为干扰项，注意到后文中作者强调的感情上的眷恋与新拓荒者成对比关系，排除选项 A，得到答案 D。

题干 19. 文章体现了叙述者与苏珊·沃德以下哪种相似之处？

A. 二者都公然憎恶周边的环境发生改变。

B. 二者都曾在这个国家的很多地方生活过。

C. 二者都书写着祖辈的生活。

D. 二者都与自己的配偶疏离。

E. 二者都喜欢独居胜于热闹。

参考答案：C

本题为合并式小双 both 题。选项 B、D 只属于苏珊，选项 A、E 并未在文中提及，都可以被排除。

SAT OG TEST 9（第一版 SAT OG TEST 7）

阅读译文 1

阅读下面文章，回答问题 9 ～ 12。

文章一

美国作家 Henry Adams (1838—1918 年) 和 Samuel Clemens (1835—1910 年) 在各自的写作生涯中，逐渐走向一种完全绝望的情绪。个人悲剧被用来解释这一发展：亲人之死和家庭破产之耻。这些当然是原因，但是从 Adams 和 Clemens 的作品中不难看出，这种绝望情绪在他们早期的作品已有所酝酿，并在不断增长的政见不合、道义冲突和经济危机的孵化下最终成熟。他们作品中反映的不是因痛失亲人而产生的绝望，而是对整个国家乃至全人类感到绝望。

文章二

经济破产、爱女之死和妻子长年患病一直深深折磨着 Samuel Clemens。然而我们关注的是因为这些灾难而诞生的作品。文学评论家常常没办法说明作家是怎样将个人经历转化为艺术的。然而，从 Clemens 1895 年以后的作品中我们可以看出，他尝试让这些对他来说至关重要的经历成为素材进行创作，却屡试屡败，屡败屡试。最后，将这些经历融合并作改变后写成的巅峰之作便是我们熟知的《神秘的陌生人》(于其死后出版)。

题干 9. 两位作者一致赞同 Clemens

A. 哀叹社会和人类发展趋势

B. 忍受着痛苦的个人损失

C. 深深受到文学批评家的影响

D. 忍受的艰难如同 Adams

E. 在其早期作品中反映出悲观主义

解析

参考答案：B

A 选项错误，虽然文章一中提到 “It is not a despair of personal bereavement but of country—and ultimately of humanity”，但文章二并未提及他对社会和人类发展的观点。

B 选项正确，在两篇短文中都有对应。文章一中作者提到“Personal tragedies have been set forth to explain this development: the deaths of loved ones, the humiliation of family bankruptcies”，选项中的 personal loss 对应的是原文的“亲人之死，家庭破产之耻”。文章二中的首句中作者提到“The bankruptcy of Samuel Clemens, the death of his daughter, and the chronic illness of his wife are agonizing as personal history.”同样谈及个人损失。

E 选项错误，文章二中提到“but the writings of Adams and Clemens reveal that the despair is in a slow process of incubation from their earliest work”，表明 Clemens 的作品中体现出悲观主义色彩是一个缓慢的过程，而非在“earliest writings”即最早的作品中就体现。

题干 10. 第 7 ~ 11 行“the despair ... their age”中的暗喻是整个文章一论据的核心部分，它暗示了

A. 文学创新

B. 逐渐发展

C. 永恒的艺术性

D. 勉强承认

E. 巅峰成就

解析

参考答案：B

回到文章一的第 7 ~ 11 行阅读原文，注意到两处关键信息——“slow process”和“incubation”。incubation 本身就是一个缓慢的过程，slow 是其基本属性，据此推测正确选项应该包含 slow 的近义词。

A 选项意为“文学创新”，排除之；B 选项意为“逐渐发展”，gradual 和 slow 在时间层面上都强调“过程性”；C 选项意为“永恒的艺术性”，排除之；D 选项为“勉强承认”，排除之；E 选项为“巅峰成就”，排除之。综述，B 为正确选项。

题干 11. 文章二的作者认为文章一第 6 行提到的“contributory causes”作为个人经历

A. 并没有严重影响 Clemens 的文学作品产出

B. 影响 Clemens 早期生涯而不是后期

C. 不如政治、道德和经济因素重要

D. 几乎对文学评论不感兴趣

E. 最终造就了 Clemens 的伟大作品

参考答案：E

文章一提到的“contributory causes”在文章二的开头被描述为“The bankruptcy of Samuel Clemens, the death of his daughter, and the chronic illness of his wife are agonizing as personal history.”文章二的第 22 ~ 23 行中提到“最后，将这些经历融合并作改变后写成的巅峰之作”。该句是文章二作者对于“contributory causes”的态度性描述。A 选项与文章二作者态度不符，遂排除之；B 选项与“finally（最终）”不符，遂排除之；C 选项意为“不如政治、道德和经济因素重要”，文章二中没有将这些因素进行比较，排除之；D 选项

意为“几乎对文学评论不感兴趣”，文章二对于“文学评论”的态度在第 17 行有相应叙述——“文学评论家常常没办法说明作家是怎样将个人经历转化为艺术的”，并非“对文学评论不感兴趣”，排除之；E 选项中 eventually 是对 finally 的同义改写，molded 是对 transform 的同义改写，而 a meaningful work 则是对“终极艺术作品”的改写，故 E 为正确选项。

题干 12. 文章一的作者最有可能认为“个人经历”（“personal history”）（文章二，第 16 行）是

A. 每一个 Clemens 作品的读者必备的知识
B. 比 Henry Adams 经历过的个人不幸更加令人痛苦
C. 与 Clemens 的文学作品中的语调和特征不一致
D. 不如公共事件对 Clemens 作品的影响大
E. 对 Clemens 成为独一无二的美国作家起着重要作用

参考答案：D

文章二的“personal history”所指 Clemens 的各种个人不幸，文章一中作者对其在第 11 ～ 13 行进行了态度性描述：“他们作品中反映的不是因痛失亲人而产生的绝望，而是对整个国家乃至全人类感到绝望。”A 选项与态度性描述不符，遂排除之；B 选项意为“比 Henry Adams 经历过的个人不幸更加令人痛苦”，排除之；C 选项意为“与 Clemens 的文学作品的语调和特征不一致”，排除之； E 选项意为“对 Clemens 成为独一无二的美国作家起着重要作用”，排除之；D 选项意为“不如公共事件对 Clemens 作品的影响大”，其中“公共事件”对应的是文章一作者的态度性描述中的“他们作品中反映的不是因痛失亲人而产生的绝望，而是对整个国家乃至全人类感到绝望”，同时与态度性描述中的比较关系一致，故为正选。

阅读译文 2

阅读下面文章，回答问题 13 ～ 24。

下文选自 1996 年出版的一本书的引言，此书是关于异常神经性紊乱，作者是一位著名的医生兼散文家。

尽管我是一个名副其实的右撇子，但现在却是在用左手写作。一个月前，我的右肩做了手术，现被禁止也无法使用右臂。我写得既缓慢又笨拙。但随着时间一天天过去，这一切开始变得越来越容易，越来越自然。我一直在适应，在学习。不仅仅是用左手写作，还有很多其他用左手进行的活动。同时我也能非常自如地利用脚趾来弥补一只手臂被悬带吊

着带来的不便。最初手臂被固定的几天里，走路时我很难保持平衡。但现在我已经找到了新的平衡点，有了不同的走路方式。我养成了不同以往的模式和不同的习惯，有人或许会说，我有了不同的身份——至少在这个特殊的领域中是如此说。我大脑的一些程序和线路一定在发生着改变——例如突触权值、结点和信号的改变（尽管目前脑成像的方法过于粗糙，不能清晰地显示这些变化）。

尽管有些改变是经过精心计划的，有些是经过反复摸索才学到的（第一个星期，我弄伤了左手的每个手指），但是大部分程序重组和适应是在不知不觉中发生的，对此我一无所知（就像我不知道自己为何能正常走路一样）。接下的一个月，如果一切正常的话，我就能再次开始调整，重新自如地使用右臂，将它重新并入我的身体，而我自己也会再次变得身手敏捷。

但在此种情况下，康复并非是自动完成的。一个简单的组织复原过程会涉及一系列复杂的肌肉和体位的调整，一连串新的步骤（及它们的综合），通过这一切学习并探索通往康复的新径。我的外科医生是一个非常善解人意的人，他自己也曾接受过同样的手术。他说："对于此种病症有很多常规的参考、限制和建议。但是你必须找出适合自己的具体疗法。"我的理疗医师 Jay 也给出了类似的建议："每个人的调整过程都不同。神经系统会创造出自身的路径。作为神经专科医师，你肯定时刻都清楚这一调整的发生。"

物理学家 Freeman Dyson 喜欢说，大自然的想象力比我们丰富得多。他颇为感叹地谈起物理和生物世界的丰富多彩，惊叹物理形式和生命形式无穷无尽的多样性。而作为一位内科医师，对我来说，研究自然的多样性是通过观察健康和疾病的种种现象和个体适应的不同形式来完成。当生命受到威胁时，无论人体的有机组织还是个人，都会通过不同的方式来调整、重组自身以适应变化。

因此，一个人可以因为发育紊乱或疾病而倍感痛苦，有时也可以将它们视为创造性的过程。因为如果它们破坏了某些特定的路径、特定的行事方式，就会迫使神经系统寻找其他的路径和方式，强迫它发生出乎意料的成长和进化。我认为这种发展或疾病的另一面几乎存在于每一位病患。这种剧烈变化的发生，要求把大脑看作动态的、积极的，而不是程序化的、静止的；应当把它视为针对进化和改变而产生的一个效率极高的适应系统，这个系统在脑部功能发生任何毛病或紊乱时，会根据有机组织构造自身和周围环境协调性的需求，不断地去调整适应。大脑内部细微的不同是非常明显的：大脑中有成百上千个微小的区域，对感知和行为的各个方面有着重要影响（从对颜色和动作的感知到个体智力发展）。这些不同区域在形成过程中如何一起协作，如何融为一个完整的个体，着实是个奇迹。

对大脑非凡可塑性和极强适应力的认识——尤其它是在神经和感官出现的异常的特殊情况下（通常是危急情况下）——已经开始影响我对病患及其生命的看法。事实上，我有时很想知道，是不是有必要根据有机体创造新组织和秩序的能力，对"健康"和"疾病"重新下定义。新定义适应其特殊、变化的特质和需要，而不是严格地遵守所谓的"标准"。

题干 13. 这篇文章可以被描述成

A. 用来驳斥一个已知理论的科学证据　　B. 遭遇深刻见解驳斥的趣闻轶事

C. 转变成客观分析的怀疑性言论　　D. 由一科学假说支持的案例分析

E. 得到广泛关注的一个个人观点

参考答案：E

该题为主旨题，先阅读各选项，若某一选项仅为文章某段落的主旨句或原文未提及，则皆视为错误选项。A 选项意为“用来反驳某一被证实的理论的科学证据”，B 选项意为“遭遇深刻见解驳斥的趣闻轶事”，C 选项意为“演变成客观分析的怀疑性言论”，D 选项意为“由一科学假说支持的案例分析”，E 选项为“得到广泛关注的一个个人观点”。

题干 14. 作者描述自己是“名副其实的右撇子”（strongly right-handed）（第 2 行），目的是

A. 传达一种使其学习两手并用的轻松

B. 拿他的特殊能力和其他人作对比

C. 暗示他不得不克服的困难

D. 试图引起读者的同情心

E. 描述他身体力量的来源

参考答案：C

回到原文第 2 ～ 3 行，阅读了解到“我现在正在用左手写字”，往后阅读了解到“一个月前，我的右肩做了手术，现被禁止也无法使用右臂”，据此可认为“strongly right-handed”强调了一种从“非常熟练的”右手“被迫”转换到使用左手的“不易”。A 选项表示作者目的为“学会灵活使用双手”，然而作者是“被迫”学会灵活使用双手的，A 选项的描述与作者写作目的不符，故该选项错误；B 选项表明作者目的为将自己的特殊能力和别人的进行比较，然而作者仅仅作了自身的前后对比，没有涉及与他人的比较，故该选项错误；D 选项为干扰选项，基于原文的“悲惨”描述，我们很容易“推断”作者期许博得读者同情，向后阅读可知作者重点描述“调整 (adaptation)”的过程，作者无意将关注点引导在自己的“不幸”上；E 选项意为“描述他的力量来源”，而作者的目的是通过描述“力量来源”的“变化”来体现他的“不易”；C 选项的“困难 (difficulties)”一词对应“不易”，因此为正确选项。

题干 15. 作者第 14 ～ 16 行“There must ... signals”的话最好被描述成

A. 推测

B. 反语

C. 疑问

D. 观察

E. 证据

参考答案：A

首先阅读第 16 ～ 17 行括号中的句子，然后逐个阅读选项。A 选项意为“推测”，前提是没有确凿证据证明，但仍有一定线索。阅读括号中的句子我们可知因为脑成像技术简陋，故不能提供确凿证据，但线索又来自于自己的经历；B 选项意为“反语，讽刺”，虽然括号句中提到脑成像技术简陋，但这仅仅是客观陈述一个导致无法获得确凿“证据”的事实，作者无意讽刺脑成像技术；C 选项意为“疑问”，由“There must be”可知作者语气十分肯

定，遂排除C选项；D选项意为“观察”，排除；E选项意为“证据”，由于脑成像技术简陋，不能提供确凿证据，故E选项错误。

题干 16. 第17行“crude”意思最接近于

A. 明显的
B. 自然的
C. 冒犯的，唐突的
D. 不成熟的
E. 粗俗的，不雅的

参考答案：D

由第17行句子的too ... to结构可知，crude带有负面评价的属性，逐一阅读选项。A选项意为“明显的”，是中性描述；B选项意为“天然的、自然的”，是中性描述，故B为错误选项；C选项为“冒犯的（形容人的特点）”，显然脑成像技术不能与其搭配，遂排除C选项；D选项“不成熟的”，是带有负面评价的形容词，代入原句翻译通顺，故为正确选项；E选项“粗俗的（形容人的特点）”，脑成像技术不能和其搭配，遂排除E选项。

题干 17. 作者在第22～23行中插入性的说明作用是

A. 描述事故前他的身体状况
B. 强调通过经验学习的过程
C. 解释他屡次不能完成简单任务的原因
D. 合理解释他对于达成目标的困惑
E. 阐明关于无意识调整的观点

参考答案：E

首先阅读括号中的语句，其句义为“和不知道自己通常如何行走一样”，作者将reprogramming和adaptation类比为“行走”。三者共性为“不需要知道其原理”，因此正确选项中一定包括该意项。逐一阅读选项，A选项为“描述事故前他的身体状况”，排除之；B选项意为“强调通过经验学习的过程”，其对应的是第19行的“learn through trial and error”，遂排除之；C选项意为“解释他屡次不能完成简单任务的原因”，遂排除之；D选项意为“合理解释他对于达成目标的困惑”；E选项意为“阐明关于无意识调整的观点”，“无意识”对应了“不需要知道其原理”，可以说“行走”也是一种“无意识”的行为，故E为正确选项。

题干 18. 第34～36行中外科医生建议作者

A. 比以往更加接受肌肉调整
B. 遵循周密且特别的康复安排
C. 了解他人如何应对同一问题

D. 开发一套自己的应对方法
E. 耐心地坚持直到身体康复

参考答案：D

在医生的建议中，关键信息在转折后，即“你必须找出适合自己的具体疗法”，和前面的“常规的 (general)”相对比，更加重要的关键词是“自己”，由此可知正选中必包含“自己”的义项。A 选项意为比以往更加接受肌肉调整，无“自己”义项，遂排除之；B 选项意为遵循周密且特别的康复安排，无“自己”义项，遂排除之；C 选项意为了解他人如何应对同一问题，无“自己”义项，遂排除之；D 选项意为开发一套自己的应对方法，“his own”对应的是“自己 (for yourself)”，故 D 为正确选项；E 选项为耐心地坚持直到身体康复，无“自己”义项，遂排除之。

题干 19. 第 36 ～ 39 行中理疗师的话揭示的假定是
A. 病人在康复的过程中已经完全掌控了主动权
B. 每一位神经病学家的理解都不同
C. 所有神经病学家都了解神经系统的调节能力
D. 作者对于肌肉组织的错综复杂性知之甚少
E. 一些神经病学家认为无论健康还是受损的大脑，脑突起是类似的

参考答案：C

阅读第 39 行：“作为神经专科医师，你肯定时刻都清楚这一调整的发生”，基于这一点我们逐一阅读选项。C 选项意为“所有神经病学家都了解神经系统的调节能力”，是对第 39 行内容的同义改写，故 C 为正确选项。

题干 20. 第 42 行中“richness”的意思最接近于
A. 生物重要性
B. 经济财富
C. 意义
D. 多样性
E. 资源

参考答案：D

往“richness”之后阅读，第 43 行的“无穷无尽的多样性 (endless diversity)”对应“richness”一词。A 选项意为“生物重要性”，排除之；B 选项意为“经济财富”，由字面上理解似为正选，实为干扰选项，排除之；C 选项为“意义”，排除之；D 选项为“多样性”，故为正确选项；E 选项为“资源”，排除之。

题干 21. 作者在第 43 ～ 48 行中提及他是一名医生的原因是

A. 强调他的特殊观点

B. 说明科学知识的局限性

C. 确认他是严格地从病患的角度来审视大脑功能

D. 暗示他很重视为其病患做的手术

E. 消除关于他在神经病学领域的权威性的任何疑虑

参考答案：A

阅读第 44 行 physician 之后的句子可知，作者在健康和疾病等现象中去研究自然的多样性，即作者研究自然多样性有独特视角。A 选项意为“强调他的特殊观点”，其对应的是“在健康和疾病等现象中”作者的独特视角，故 A 为正确选项；B 选项意为说明科学知识的局限性，为负面描述，但第 43 ～ 48 行中未体现出作者对任何事物的负面评价，遂排除之；C 选项意为确认他是严格地从病患的角度来审视大脑功能，然而原文中提及作者的视角是健康和疾病等现象，两者不对应，遂排除之；D 选项意为暗示他很重视为其病患做的手术，没有涉及“视角”，遂排除之；E 选项意为打消关于他在神经病学领域的权威性的任何疑虑，没有涉及“视角”，遂排除之。

题干 22. 第 49 ～ 54 行主要鼓励读者把疾病看作

A. 一种心理危害的来源

B. 一次利于成效性改变的机会

C. 一个人类生存无法规避的事实

D. 一个妨碍进化改变的阻力

E. 一种需要用精神力量来应对的状况

参考答案：B

回到原文阅读第 49 ～ 54 行的内容，整句为由两个 may 构成的平行结构。句子的重点在后一个 may 引导的主句（第 50 行），意为人们“有时可以将它们视为创造性的过程”，这是一个正面态度的评价。A 选项中的 harm 一词是负面评价，与句意不符，遂排除之；B 选项的 productive change 中 change 对应的是 creative 一词，productive 一词是正面态度词，因此 B 选项为正确答案；C 选项的 fact 和 creative 无关，遂排除之；D 选项的 force 和 creative 无关，加之 retard 是一个具有负面态度的词语，遂排除之；E 选项中的 condition 和 creative 无关，遂排除之。

题干 23. 从第 56 ～ 62 行作者对基本的适应性的讨论推断出，其他人可能已经

A. 相信适应性只作为对疾病的反应而发生

B. 认为神经上的改变只作为进化过程的结果而发生

C. 认为大脑是不可改变的

D. 没有认识到大脑的差异是如此细微

E. 认识到个体智力的定向是一种有机体的功能

参考答案：C

阅读第 56 ～ 62 行的句子，注意到 rather than 这一结构。由此推测 rather than 后代表一种笔者认为是错误的观点，即“程序化的、静止的”。逐一阅读选项寻找对应的形容词。A 选项中名词 response to disease 本身不一定具备“程序化的、静止的”属性，遂排除之；B 选项中名词 evolutionary process 也不具备这种属性，遂排除之；C 选项中 inflexible and unchanging 完全对应了“程序化的、静止的”，故 C 为正确选项；D 选项中的 minutely differentiated 和“程序化的、静止的”不对应，遂排除之；E 选项 organic 一词和“程序化的、静止的”不对应，遂排除之。

题干 24. 文章的主要观点是

A. 说明大脑最基本的功能

B. 讨论手术对神经系统的影响

C. 征求关于生理康复是怎样与自然痊愈互补的看法

D. 强调以当前的技术来测量大脑活动是不准确的

E. 认为大脑适应变化需求的能力实际上是无限的

参考答案：E

通读全文可总结出关键词为“适应（adaptation）”，描述对象为“神经系统（nerves system）”或相关的器官“大脑（brain）”，由此逐一阅读选项寻找对应关系。A 选项无对应，遂排除之；B 选项中的“神经系统（nerves system）”存在对应关系，但“手术（surgery）”一词不是作者重点讨论的对象，遂排除之；C 选项中 about 之后的对象和“适应（adaptation）”不对应，遂排除之；D 选项“当前用来测量大脑活动的技术”，和“适应（adaptation）”无对应关系，遂排除之；E 选项中出现“大脑（brain）”和“适应（adapt）”，分别与全文的关键词和描述对象完全对应，故 E 为正确选项。

阅读译文 3

阅读下面文章，回答问题 6 ～ 7。

博物馆展出古埃及图片所带来的附带效益之一，是它可以促使你看一本经典游历著作《福楼拜在埃及》。读完整本书，再看着 19 世纪 50 年代时的图片，你应该能从图片中想象出这位法国作家的样子。他身着白色长衫，光头上顶着一顶红色塔布什帽，蜷在古寺的阴凉处朗诵诗歌，看上去似乎很无聊。

题干 6. 根据上下文，“conjure up”（第 5 行）的意思最接近于

A. 召集
B. 描绘
C. 想象
D. 恳求
E. 追忆

参考答案：C

回到原文阅读第 5 行的内容，往后阅读到第 6 行以后的内容，发现之后的语句在详细地描述福楼拜的形象。因此第 5 行“looking at the photograph”表明作者意在引导读者去“想象”福楼拜的形象。逐一阅读选项，A 选项意为“召集”；B 选项意为“描绘”，为干扰选项；C 选项为“想象”，为正确选项；D 选项为“恳求”；E 选项为“回忆”。

题干 7. 最后一句对福楼拜的刻画主要作用是为了表明

A. 福楼拜行为做作
B. 埃及激发福楼拜写作的灵感
C. 福楼拜发现埃及的气候让他感觉压抑
D. 福楼拜为拍照摆姿势感到羞怯
E. 福楼拜对埃及的文化非常感兴趣

参考答案：A

阅读第 6 行以后作者对福楼拜形象的描述，发现关键词为“oh-so-exquisitely”和“不耐烦”，前者表现出福楼拜对诗的惊叹，然而后者却与其形成了反差，由此可知福楼拜并未真实表达他的情感。A 选项意为福楼拜行为做作，意思完全对应。B 选项中提及的埃及激发福楼拜写作的灵感在原文中没有支持的描述，第 2 行的 inspire 也仅指激发读者阅读的欲望，故排除之。C 选项提及了埃及的气候，文中的第 6 行以后作者对福楼拜形象的描述中仅提及蜷缩在古庙的阴凉处，我们确实可作出“埃及当时很热”的推断，对应了 C 选项中“oppressive”的描述，然而讨论的对象已经不是福楼拜本身而是“气候”，故 C 选项错误，为干扰选项。D 选项中“timid”不符合作者对福楼拜形象的描述。作者对福楼拜的描绘仅体现其性格，而与埃及文化无关，故 E 选项错误。

阅读译文 4

阅读下面文章，回答问题 8 ～ 9。

地图把图表的信息分解、细化到绝对最小值，达到了视觉上的极简化艺术。从生理学角度来讲，此种形式便于观察。它们将数据形象化，创造出一种不必测量的模式，从而保证了高度进化的人类对于模式认知的接受能力。当今一些对于神经系统科学的研究致力于

解释感知地图这一概念：感知能力是如何过滤和统筹由感官提供的源源不断的信息流。要知道，感官是我们与生俱来的测量工具。地图使人类通过自身固有的感知能力和历经磨炼的双眼，从这些静止的曲线和无规则的图像中分离出有用信息。

题干 8. 第1行中“分解”（“breaking down”）的效果是

A. 突出被选中的信息

B. 细化细节

C. 引起片刻的困惑

D. 最大限度地缩小词和数字的区别

E. 略去阐明图像含义的词

参考答案：A

阅读文中第1行，“by”引出对方式的描述，之后便是通过这种方式达到的“目的”。“达到（achieve）”一词揭示目的，之后的关键词为“minimalism”即目的，逐一阅读选项寻找其对应的影响。A选项正确，原文中提到的“信息最少化”导致的结果即“突出被选中的信息”，为同义改写；B选项提到的“细化细节”，而原文提到的动作并非物理上的变小，是数量上的减少； C选项的动词词组为“create confusion”，原文中没有对应的描述，排除之；D选项为干扰选项，“最小化（minimize）”确实对应“minimize”，但“distinction”一词或者近义词在原文中没有提及；E选项在原文中没有提及。

题干 9. 第8行中，词组“感知地图”（“maps of perception”）指的是

A. 人类感官的图样

B. 关于世界实际上是怎样展现在人眼前的描述

C. 人类处理意外的方式模型

D. 眼睛如何在细胞层面工作的说明

E. 从一个人的角度对一个地方的说明

参考答案：C

回到原文阅读第8行的内容，冒号后的内容即是对“感知地图（maps of perception）”的解释，据此寻找选项中的对应关系。A选项意为“人类感官的图样”，原文中提及的描绘对象是一个过程而非器官；B选项仅提到“人眼”，“人眼”仅是“感官”之一，缩小了概念，遂排除之；C选项的“方式模型”对应“感官”，“处理”对应的是“如何过滤并图形化”，因此C选项正确；D选项中的“细胞层面”在原文中没有提及；E选项中的“地方（a place）”将“源源不断的信息流”的概念缩小，遂排除之。

阅读译文 5

阅读下面文章，回答问题 10 ～ 16。

下列文章改编自1998年出版的一本书。此书是关于美国黑人妇女的历史，作者是两

位研究非裔美国文化的学者。

我们都知道，黑人妇女的历史是非同一般的。我们同时也知道，几个世纪以来甚至近几十年以来，许多人都不希望这些历史被透露。有的人忽视它，称其不值一提；有的人惧怕它所展露的真相，积极地压制它；还有的人试图否认黑人有什么特殊的历史，坚称：讲述完非裔美国人和女性的历史之后，再无其他，因为黑人妇女已经被囊括在这些叙述之中了。

然而不管他们再怎么发表与事实相反的言论，黑人妇女都是不同于他人的。她们有别于黑人男性，也有别于白人妇女。她们所经历的磨难大多来自种族歧视和性别歧视。但是与此同时，黑人妇女已经经历和今时今日仍在经历着的一切，无论好坏，都牵扯到她们两种身份的融合：不是简单地混合到一起，而是产生化学家所说的化合反应。当种族和性别两大问题同时存在时，二者的形态都会发生改变，而此时阶级常常作为催化剂出现。

不幸的是，黑人男性和白人女权主义者却时常视此两种身份为威胁。两大阵营中的多数成员都想象征性地环抱着黑人妇女的肩膀说："她是和我们一起的。"黑人史学家、白人女权主义史学家、黑人政治领袖和白人女权主义政治领袖都在争取黑人妇女。然而他们的容纳都是暂时的。只要黑人妇女不常常提起自己的不同之处，就会受到重视。它只会让人感到焦虑和内疚。

对于每个人来说，这真是令人悲哀的情形，也是不必要的情形。统一和忠诚无须建立在绝对相同的基础上。也许是美国人对种族的痴迷，使得我们作为一个整体民族却难以摆脱对差异的恐惧，因为差异暗含着，甚至必然导致敌视和对立。但否认差异的存在绝不是走向和谐的好方法。它只会制造一种统一的假象，而假象，顾名思义，会脆弱得不堪一击。

在一篇具有里程碑意义的文章"What Has Happened Here"中，Elsa Barkley Brown 把历史比作路易斯安那州的一种会话方式，在这种会话中，每个参与者同时开始讲话，所有讲的故事都互相关联，彼此间相互竞争。"所谓历史，"Barkley Brown 说道，"同样是众说纷纭。我们所记录的人和事并不是孤立发生的，而是在与无数其他人、无数其他事件对话。事实上，在任何时间，千千万万的人都在同时发表着言论。"同时听取所有声音会让人困惑，然而消除任何一个声音，都会危害到历史追求本身的意义。现在是聆听黑人妇女声音的时候了。

题干 10. 第 4 ～ 10 行"Some ... narratives"的目的是

A. 为关于种族和性别截然相反的两种观点辩解

B. 对一个特殊群体的观点表示质疑

C. 向大多数的历史学家介绍一个有趣的话题

D. 描述黑人妇女持有的典型观点

E. 指出对同一历史问题的不同阻力

参考答案：E

作者从原文第 4 行开始，就在列举各种人对于美国黑人女性历史这一话题的看法，有的人 dismissed it（忽视它）；有的人 suppressed it（压制它）；有的人则 deny that there was any story particular to Black women（否认黑人女性有什么特殊的历史）。这些无一不是通过例子来支持文中第一段第二句话：a great many people have not wanted it told（许多人都不希望这些历史被透露）。故答案 E 正确。

这道题是非常典型的目的题，在 SAT 考试中，目的题的解题策略与托福考试中的修辞目的题的解题策略基本相同：都是找例子论证的对象。

题干 11. 第 11 ～ 12 行“But ... different”中的句子可以被描述成

A. 一种主张

B. 一种歉意

C. 一个决定

D. 一种让步

E. 一种批评

参考答案：A

题目中涉及的这句话 But no matter what anyone may say to the contrary, Black women are different（然而不管他们再怎么发表与事实相反的言论，黑人妇女都是不同于他人的）。作者在这里明确地表达了自己对于“黑人妇女在历史上是否不同于他人”这一话题的观点：是的，她们是不同的。所以作者在这里借这句话表达了“自己的主张”，故选项 A 正确。

题干 12. 第 15 ～ 21 行“At ... catalyst”中，关于化学的暗喻作用是

A. 描述一些群体面临的挑战

B. 说明关于种族、阶级和性别的科学研究和历史研究的联系

C. 指出在特殊历史变迁中导致改变产生的因素

D. 暗示一定影响相互作用产生从而产生独特观点的方式

E. 指出种族歧视和性别歧视的相同之处

参考答案：D

文中这里涉及了比喻的修辞手法，我们可以通过梳理比喻中的“本体、喻体”来理解任何一篇文章中的比喻（无论明喻、暗喻还是借喻）。在本文中，本体是黑人妇女要同时经历的来自“女性”和“黑人”双重身份所带来的影响；喻体是参与一个化学反应的反应物。比喻通过说明参与化学反应的两个反应物并非只是简单的 a mixture（混合），而是 a combination（化合）来说明“女性”和“黑人”这两种身份给黑人妇女带来的影响也并非相加减合并这样简单，而这两种身份会相互进行“反应”，进而产生变化，形成新的影响因子。故答案 D 正确。

对修辞的理解是 SAT 常考的内容之一，也是 SAT 众多考点中难度较高的一个。阅读和答题的时候可以通过寻找修辞所修饰的对象以及阅读对修辞的解释这两种方法帮助我们理解修辞并且顺利选出正确答案。这里值得一提的是“寻找修辞所修饰的对象”这种说法是不是跟解答目的题时的“寻找例子所论证的对象”异曲同工？这是因为无论是作者在文

中所使用的修辞方法还是作者举的例子，都是用于论证它们所支持的对象的。同样起到相似作用的，还有对论证对象作出的诠释、作者摘录的引文以及在 SAT 考试中出现频率不高的统计数字等。

题干 13. 作者指出第 24 ～ 26 行“Many ... us”中象征性的姿势是下列哪项之一？

A. 被误导的感情
B. 精打细算过的自身利益
C. 真正的共鸣
D. 非同寻常的勇气
E. 明显的自大

参考答案：B

作者首先说黑人和白人女性这两种分别独立具有前文提到的“黑人”和“女性”这两种弱势群体标签的人们都会把黑人妇女纳入他们各自为权利斗争的队伍中。然后作者列举了这样做的一些人，如黑人历史学家、白人女性政治领袖之流。再后，通过转折连词“but”说明：but their inclusion is provisionary（他们的容纳都是暂时的）；也是有代价的：so long as they do not mention it too often（只要黑人妇女不常常提它）。由此可见无论是黑人还是白人女性对黑人妇女的接纳都不是出于 genuine empathy（真正的共鸣，即选项 C），而是从仔细从自身利益考虑所得的结果罢了。故选项 B 正确。

题干 14. 作者指出“令人悲哀的情形”（“sad situation”）（第 32 行）的解释是

A. 大多数人对于政治改变表现出的抵抗
B. 大多数人对于被当做典型的恐惧
C. 掌权的女人和男人不同的行事方式
D. 对于注重差异将导致不和谐的关注
E. 对于许多人不墨守成规的高度评价

参考答案：D

作者在第四段开始就道出：This is a sad situation（这真是令人悲哀的情形）；紧接着，在下一句作者就对此做出了解释：Unity and loyalty do not depend on absolute homogeneity（统一和忠诚无须建立在绝对相同的基础上）。所以作者悲哀，或者说 concern（担心）的情形是：人们因不同而产生的不忠诚与不统一。在第 37 ～ 38 行：denial of difference is not the road to harmony（否认差异的存在绝不是走向和谐的好方法）也表达了同样的内容。故答案 D 正确。

题干 15. 第 37 ～ 39 行“But ... touch”的语调可以描述成

A. 深信不疑的
B. 蔑视的
C. 怀疑的
D. 顺从的
E. 警告的

参考答案：E

题目所问的两句话：But denial of difference is not the road to harmony. It is the road only to a kind of false unity that is so fragile it will splinter at a touch（但否认差异的存在绝不是走向和谐的好方法。它只会制造一种统一的假象，而假象，顾名思义，会脆弱得不堪一击）。在第一句中，作者通过 not the road to harmony 来表达他对 denial of difference 的不赞同；而在第二句中，作者更是通过指出 denial of difference 这条路只能造成 false unity，甚至这个 false unity 还是 fragile 且 will splinter at a touch 来警告大家这条路根本行不通。故作者在这里的语气是警告的。admonishing 一词的含义是警告或者表达不满（to tell somebody firmly that you do not approve of something that they have done），与作者在这里的语气一致，故选项 E 正确。

（很有趣的一件事是本题提示阅读的地方正好可以回答上一道题的问题，由此可见，SAT 考试中的阅读题目设置是有用意的。）

题干 16. 根据文中最后一段的描述，Elsa Barkley Brown 强调了

A. 多样性和包容性
B. 隐私和相互尊重
C. 自立和个性
D. 理智的好奇心
E. 合作完成的创作

参考答案：A

与作者举例子和使用修辞一样，作者引用引文的目的也是支持引文说明的对象。本文中，作者在摘录引文前很明确地指出人们对历史的态度应该是：everyone talks at once and all the stories told interrelate and play off each other（每个参与者同时开始讲话，所有讲的故事都相互关联，彼此间相互竞争）。既体现了“多样性”，又体现了“包容性”。故答案 A 正确。

阅读译文 6

阅读下面文章，回答问题 17 ～ 24。

文章节选自一个短篇小说的开头，作者是一位 19 世纪的俄国作家。

在某个部门……我最好不要指明是哪个部门。世界上再没有什么比一个政府部门或是任意形式的行政机构更容易激起怒火。所以，为了避免带来任何不快……

在某个部门有一个政府文员，他称不上出色；个头不高，凹凸不平的脸上嵌着一双暗淡昏花的眼睛，头顶上还有一小块秃斑。他目前的级别——永久名义顾问（对我们而言，级别必须是第一位的），这个群体的人是喜欢抨击无还击能力者的各类作家可以尽情嘲弄、

挖苦的对象。

他叫做 Akaky Akakyevitch。没有人知道他是什么时候进来的，也没有人知道他进来多久了。但历经了多任部门主任和高层的变迁，他却仍旧担任原职。因此大家过去常断言说，他肯定生下来就是穿着整套制服、头顶上有块斑秃的永久名义顾问。当他走进来时，门卫非但不会站起来迎接他，甚至连看都不看他一眼，对待他还不如一只飞过前厅的苍蝇。他的上司对他的态度更是既高傲又冷淡。首席办事员的助理过去经常只把文件扔到他跟前，连一句“请复印一下”或“麻烦处理一下”这样的办公用语都不屑于说。他也只是盯着文件，看都不看是谁放下的，是否有资格命令他，便拿起来立刻去复印。年轻的文员们绞尽脑汁地编造各类有关他的笑话，并当着他的面讲出来。他们会询问他什么时候结婚，在他的头上洒满纸屑，笑称是雪花。尽管饱受捉弄，Akaky Akakyevitch 从不反驳，甚至视他们为空气。只有他们使劲摇晃他的胳膊，妨碍他继续工作时，他才会大喊一句：“离我远点儿！为什么总是欺负我？”言语和语气中都带着些许异样，以至于一个新来的文员听到这些话时感到很难过，以为他言语间说的是：“我是你们的兄弟。”

没有比 Akaky Akakyevitch 更热爱本职工作的人了。从复印文件的工作中，他找到了属于自己的多彩世界。如果根据工作的热情度予以奖励的话，他可能惊奇地发现自己已经是个政府议员了；然而他从工作中得到的——正如他幽默的同事们所说——只是渐长的腰围和背部的疼痛。但是也不能说他从未受到过重视。一位和蔼的主任曾经想要奖赏他长期以来作出的贡献，交给他一些比复印更重要的任务，让他根据一份已经完成的文件写一篇报告，交给另一个部门，主要包括改动一下标题，把第一人称转换为第三人称。这个工作让 Akaky Akakyevitch 大费力气，不断地冒汗。他擦擦额头的汗说：“不，还是让我复印吧。”从那以后，他们就只好让他一直复印了。

题干 17. 第 5 行中的“unpleasantness”意思是

A. 作者愤怒时所使用的感情色彩强烈的措辞可能导致的结果

B. 通过剖析 Akaky 的部门所引发的反响

C. 不同政府办公室间不可避免的争论

D. Akaky 屈从于同事不断升级的捉弄

E. 此故事可能在俄罗斯民众间所引发的反抗情绪

参考答案：B

第 4 行的“and so”表明“unpleasantness”是前面提及“department”的结果，且对应“wrath”，总之“department”是导火线。阅读选项寻找对应。A 选项中的“强烈措辞”没有对应“department”，遂排除之；B 选项中的“department”直接对应了第 4 行的“department”，故为正确选项；C 选项“不同政府办公室之间”的描述不符合原文，遂排除之；D 选项提及的“捉弄（teasing）”是原文第 40 ～ 45 行提及的内容，遂排除之；E 选项提及的“故事（the story）”并非导致不快的原因，“department”是“不快”的导火线，遂排除之。

题干 18. 第 21 行中提到 Akaky 是如何“must have been born”暗示了他

A. 尽管不断努力尝试，他依然秉性难移　B. 如果不是因为制服，他看起来会有所不同

C. 无法想象他除了工作以外的样子　D. 在部门里没工作多久

E. 比他看上去老

参考答案：C

第 20 行的“so that”结构揭示了前后的因果关系，Akaky 的一成不变导致人们对他的如此评价。A 选项错误，因为 Akaky 从未想过要改变他的秉性；B 选项错误原因同 A 选项；C 选项体现出 Akaky 一成不变的特点，故为正确选项；D 选项错误，阅读原文可知 Akaky 已经在 department 工作较长时间；E 选项提及的年龄问题在原文中没有讨论，遂排除之。

题干 19. 第 25 行“simple fly”主要用来描绘一种怎样的形象？

A. 惹人生厌的　B. 简单的

C. 快速移动的　D. 容易被忽视的

E. 潜在危害的

参考答案：D

回到原文阅读第 25 行 simple fly 之前的内容，我们读到门卫“连看都不看他一眼(took no more notice of him)”，由此阅读选项寻找对应。A 选项意为“惹人生厌的”，门口接待没有体现厌烦他的情绪，仅仅是忽略他而已，遂排除之；B 选项为“简单的”，和原文无对应，遂排除之；C 选项意为“快速移动的”，文中没有对 Akaky 步速的相关描述，遂排除之；D 选项意为“容易被忽视的”，和原文对应，故为正确选项；E 选项意为“潜在有害的”，原文没有对 Akaky 的危害性进行论述，遂排除之。

题干 20. 第 28 ～ 29 行的两处引用是作为下列哪项的例子？

A. 典型的礼貌用语　B. 虚假的恭维

C. 不合理的要求　D. 不受重视的对话

E. 不必要的解释

参考答案：A

回到原文去阅读可知这两句引语是在言语举止得体办公室中经常被使用的。A 选项意为“典型的礼貌用语”，与原文完全对应，故为正选。

题干 21. 第 35 行“invention”的意思是

A. 创新的实验　B. 新设备

C. 虚构物　　　　D. 发现
E. 熟练

解析

参考答案：C

回到原文阅读“invention”的前后文可知文章讨论同事们对他的调侃。A 选项意为“创新的实验”，为“invention”的本意；B 选项意为“新设备”，也是“invention”的本意；C 选项意为“虚构物，捏造的东西”，通过第 36 行的“在他的头上撒满纸屑，笑称是雪花”可知，Akaky 同事对他“调侃”具备“捏造、虚构”的特点，故 C 为正确选项；D 选项意为“发现”，E 选项意为“熟练”，在原文中没有对应，遂排除之。

题干 22. 陈述者对 Akaky 办公室里新文员的态度主要是

A. 反对其残酷性　　　　B. 对于不尊重上司的反感
C. 对他们的懒惰不满　　　　D. 对于他们缺乏挑战虚假的同情心
E. 消遣他们滑稽的行为

解析

参考答案：A

作者从原文第 23 行开始就在描述各种人对 Akaky 的各种不礼貌行为，而他办公室里的这些 young clerks 也在其列。从作者在叙述这些人（门卫、上司、助理以及文员）的行为时所使用的语言可以看出作者对他们的态度是不赞同并认为他们的行为是过分的。例如：took no more notice of him than if a simple fly（对待他还不如一只苍蝇）；treated him with a sort of domineering chilliness（对他的态度更是既高傲又冷淡）；without even saying ... as is usually done in well-behaved offices（连这样的办公用语都不屑于说）等。故答案 A 正确。

题干 23. 第 44 行新来的文员对 Akaky 的话反应是

A. 困惑　　　　B. 讽刺
C. 质疑　　　　D. 恐惧
E. 同情

解析

参考答案：E

文中第 45 行指出新来的文员认为这是 cut to the heart（感到很难过），由此可知他对 Akaky 的话的态度是同情的。选项 E 正确。

题干 24. 从第 55 ～ 65 行描述的事件可以推断出

A. 处长并不是真的想奖励 Akaky 努力工作　　　　B. 处长比其他人更了解 Akaky
C. Akaky 并没有真的努力工作　　　　D. Akaky 非常想晋升

E. Akaky 害怕不断增加的责任

参考答案：E

文中最后指出 Akaky 对于主任派给他的一个并不复杂的任务的反应是 it threw him into a regular perspiration: he mopped his brow and said at last, "No, better let me copy something."（他不断地冒汗。他擦擦额头的汗说："不，还是让我复印吧。"）由此可知 Akaky 对于复印之外的工作感到吃力并不愿意给自己增加其他的责任。故选项 E 正确。

阅读译文 7

阅读下面文章，回答问题 7～19。

以下文章讨论 Napster 所引发的争议。Napster 是一种服务，使用者可以通过它免费获取因特网上的音乐文件。两篇文章都写于 2000 年，作者都是昔日的词曲家。

文章一

1950 年，在我 17 岁时，和 Jerry Lieber 录制了我们的第一首歌。接下来的 50 年里，我们 创作了很多如今耳熟能详的歌曲，像《猎犬》、《监狱摇滚》以及《爱情灵药 NO.9》等等。我们的歌曲风格不一，涵盖了节奏蓝调、爵士乐、摇滚乐等等。许多伟大的音乐人都曾录制过我们的歌曲，如 Ray Charles、猫王、披头士乐队、滚石乐队、Peggy Lee、Jimi Hendrix 以及 the Coasters。

但是，不管曲风和演唱者如何变换，有一点是始终如一的：我一直都以写歌为生。写歌的过程——即作词和作曲——可能仅花费你 10 分钟（就像《猎犬》），也可能花费你 5 年的时间。但是不管这个过程有多长，它就是一场赌博。在一首歌以唱片的形式面向大众销售之前，写歌的人什么也赚不到。而且除非唱片销路好，否则词曲作者还是会一无所获。每当 Napster 用户下载我作的歌时，我就被剥夺了我的作品本应为我带来的版税。

有人说，把音乐免费放到网上供下载，可以使音乐人"摆脱"唱片公司的控制。很多人说，既然做音乐是一种艺术创作，那么像我一样的音乐人就应该把做音乐的出发点放在对音乐纯粹的喜爱上面。但是如果必须花费大部分时间去谋生，那么音乐人又能多么自由地从事我们所热爱的事情呢？如果任何人都能录制《猎犬》，并且任何人都能复制那个唱片而不付钱给 Jerry Lieber 和我，那么今天我会在哪里呢？也许我会偶尔消遣性地作些音乐，但是不可能会有全职创作的条件。又有谁会知道哪些歌曲（会因此而）没有被创作出来呢？我很为那些渴望在当今的音乐产业中有所作为的年轻词曲作家担心。Napster 和像它一样的公司所威胁的不仅是我的退休，还有音乐本身的未来。事实上，在把歌曲创作的动力抽去之后，Napster 可能正在将我们推向一个时代，一个没有歌曲可供交流的时代。

文章二

将思想转化为实物后，如果没有法律保障，我们怎么能确保自己所做的脑力劳动能得到报酬呢？创作才子们必须开始寻找日常的有薪工作么？

不是的。大部分文职工作都包含了脑力劳动。现在，我们中的大部分人都是以自身的才智谋生的。我们产出的是“动词”——思想——而不是像汽车或烤面包机一样的名词。医生、建筑师、公司主管、咨询师、接待员以及律师，都在没有“占有”自己思想的情况下成功地生存着。我从以下的事实中找到了进一步的安慰：在英国议会于1710年通过世界上第一部现代知识产权法《安妮法令》之前的5 000年间，人类也创造出了相当不错的作品。索福克勒斯、但丁、达·芬奇、波提切利、米开朗基罗、莎士比亚、牛顿、塞万提斯、巴赫——所有这些人在早上起床开始创作时，都没有期盼可以占有自己创造的作品。

我曾为之写歌的感恩而死乐队在偶然间发现：如果我们允许粉丝们录制演唱会并免费进行复制——就像可恶的Napster用户一样“偷窃”我们的知识“财产”——这些录音带就会变成一种营销病毒，这些不断蔓延的病毒足以使美国所有的体育场都挤满乐队的歌迷。虽然歌迷们拥有免费的录音，这些录音也通常会比乐队的商业专辑更加有趣，但是他们还是会购买大量的正版唱片，以至于“感恩而死”乐队能达到白金唱片的销售额。

尽管录像机已经十分普遍，还是有比以往更多的人去电影院看电影，并且盒式录像带的出租和销售占了好莱坞过半的收入。唱片业固执地坚信，如果商业歌曲很容易在网上找到并免费下载，将给他们带来毁灭性的灾难。但是随着可下载的音乐开始泛滥于网络，CD的销售额其实已经上涨了20%。最后，软件行业在放弃版权保护时，就预料到会有大量的盗版出现，事实上也是如此，但是尽管这样，软件产业却在日益繁荣。为什么呢？因为一个程序被盗版的次数越多，就越有可能成为标准。

所有例子都表明了一个结论：信息的非商业分配增加了商业信息的销售额。这与实体经济的情形正好是相反的。当你销售名词性物品时（如上文所说的汽车或烤面包机，即非思想性的实物），产品的稀缺性和价值之间有着不可否认的联系。但是在虚拟经济中，情况正相反，大众对产品的熟识度和产品的价值之间存在联系。对于思想来说，名声就是财富。而且没有什么比一群愿意免费传播你的作品的听众和观众能让你更快出名的。

题干 7. 文章一中的“伟大的音乐人”（great artists，第6行）和文章二中的“感恩而死乐队”（The Grateful Dead，第57行）都表明了这两位作者的

A. 多样的音乐品味

B. 对音乐天才的欣赏

C. 对吸引年轻人的歌曲的了解

D. 对流行乐的质量的讽刺

E. 专业写歌方面的直接经验

参考答案：E

在文章一的第6行，作者提到great artists时说Our songs were recorded by many great artists ...（许多伟大的音乐人都曾经录制过我们的歌曲……）；而第57行，作者在文章二中说the Grateful Dead, for whom I once wrote songs ...（我曾为之写歌的感恩而死乐队……）。

这两处都分别说明两篇文章的作者都曾经作为曲作者为他人写过歌，即确实有过专业作曲的经验。故选项 E 正确。

题干 8. 这两篇文章的作者最有可能同意

A. 录像机增加了大众对电影的兴趣

B. 今天很少有人能仅凭音乐谋生

C. 像 Napster 一样的公司将最终危害音乐产业

D. 为了养活专业词曲作者，商业音乐的销售还是有必要的

E. 音乐人应该摆脱市场需求的束缚

参考答案：D

文章一的作者在第 14 ～ 17 行指出 A songwriter makes nothing until a song is marketed in the form of a recording for sale to the public, and unless that record of the song sells, a songwriter gets nothing for it.（在一首歌以唱片的形式面向大众销售之前，写歌的人什么也赚不到，而且除非唱片销路好，否则词曲作者还是会一无所获。）所以文章一的作者认为销售唱片是保障曲作者生计的基本途径，也是唯一途径。文章二的作者在文章的后半段说明免费下载歌曲会推动歌手或歌曲的成名，并进而促进唱片的销售，这同样从侧面说明销售唱片是曲作者获得报酬的基本手段。故选项 D 正确。

题干 9. “gamble”（第 14 行）所代表的风险主要是

A. 金融的

B. 艺术的

C. 合法的

D. 技术的

E. 心理的

参考答案：A

第一篇文章的作者在 gamble（赌博）一句后给出了具体的体现：A songwriter makes nothing until a song is marketed in the form of a recording for sale to the public, and unless that record of the song sells, a songwriter gets nothing for it.（在一首歌以唱片的形式面向大众销售之前，写歌的人什么也赚不到，而且除非唱片销路好，否则词曲作者还是会一无所获。）由此可知这场赌博可能会让参与者（词曲作者）产生经济损失。故选项 A 正确。

题干 10. 文章二的作者可能主张在文章一中第 17 ～ 20 行所阐述的观点（“Each time ... me”）主要是

A. 目光短浅的，因为免费下载音乐最终将增加音乐人的商业销售额

B. 愤世嫉俗的，因为大部分人相信音乐人的努力应该得到补偿

C. 不合情理的，因为你不可能强迫别人购买他们不喜欢的音乐

D. 令人沮丧的，因为下载引起了科技创新和艺术创作之间的对立

E. 要人领情的，因为它假设人们不懂因特网的功能

参考答案：A

文章二的作者认为免费传播音乐不仅不会影响歌手或词曲作者的经济利益；相反，由于免费传播音乐本身就是对歌手和歌曲的宣传，所以反而会使一名歌手或一首歌曲迅速蹿红，进而使得其唱片大卖。所以文章二的作者会认为文章一第 17 ～ 20 行那所谓的经济损失是目光短浅的，因为免费下载音乐最终将增加音乐人的商业销售额。故选项 A 正确。

题干 11. 文章一的作者在第 24 ～ 26 行提出了一个观点（“But how ... living?”），对其精确的描述为

A. 历史性的

B. 政治性的

C. 实用的

D. 理想主义的

E. 诙谐的

参考答案：C

文章一的作者在第 24 ～ 26 行针对前文（第 22 行）的一个主张进行了反驳，即 Many say that since making music is an art, artists like me should do it simply for the love of it.（很多人说，既然做音乐是一种艺术创作，那么像我一样的音乐人就应该把做音乐的出发点放在对音乐纯粹的喜爱上面）。对此，作者的回应是：But how free can artists be to do what we love if we must spend most of our days doing something else to make a living?（但是如果必须花费大部分时间去谋生，那么音乐人又能多么自由地从事我们所热爱的事情呢？）for the love of it，这无疑是一个非常崇高的、非常理想化的话题；而 make a living 谋生，则是一个非常现实的话题。作者在这里通过反问讨论了是“用大部分时间去追求艺术”还是“用大部分时间去谋生”这一人生抉择，即是追求理想，还是面对现实？反问句从语义上来说是表达否定效果的，所以原句所表达出来的含义是“如果必须花费大部分时间去谋生，那么音乐人就不能自由地从事我们所热爱的事情了”。由此可见，作者在理想与现实中选择了现实。故选项 C 正确。

题干 12. 下列选项中，对于文章一作者的“fear”（第 32 行）的最佳理解为

A. 年轻的词曲作者不如他们的前辈们对技艺精益求精

B. 青年词曲作家没有以前受欢迎了

C. 与日俱增的音乐需求将会降低人们对某些歌曲的忠诚度

D. 年轻的词曲作者再也不能以写歌谋生了

E. 科技创新终有一天会将我们所熟知的音乐淘汰

参考答案：D

文章一的作者在第26～29行表明：Where would I be today if anyone could have recorded "Hound Dog," and anyone else could have copied that recording, without paying Jerry Lieber and me?（如果任何人都能录制《猎犬》，并且任何人都能复制那个唱片而不付钱给 Jerry Lieber 和我，那么今天我会在哪里呢？）针对这一问题，作者随后给出了答案：I might have occasionally written some music for fun, but I would not have had the luxury to compose full time.（也许我会偶尔消遣性地作些音乐，但是不可能会有全职创作的条件。）由此可见，作者担心像 Napster 这样的网站的出现，会影响词曲作者的既得利益：对于作者这一代人来说，are threatening my retirement（威胁的是我的退休）；而对于年轻人来说，他们可能会无法像作者这一代人一样，通过销售唱片抽得版税来维持生计。故选项 D 正确。

题干 13. 文章一的主要目的在于

A. 挑战一个传统的道德观点
B. 描述一个复杂的技术进步
C. 审查一种青少年的突如其来的想法
D. 强烈要求激进的行动
E. 反对某一个特定的做法

解析

参考答案：E

文章一指出网上免费提供歌曲下载会影响音乐人的利益，进而妨碍音乐的发展。故文章一的目的就是要反对"网上免费提供歌曲供人下载"这一特定行为。故选项 E 正确。

题干 14. 文章一第 22 行和文章二第 59 ～ 60 行的引号的作用是

A. 强调独特的音乐理论
B. 对受人尊敬的权威的一种承认
C. 嘲笑音乐产业的一些做法
D. 表达对某些特定术语的合适性的怀疑
E. 为非专业人士定义一些独特的短语

解析

参考答案：D

文章一的作者在第 22 行说 Some say that making music available free of charge on the Web "frees" artists from the control of the recording industry.（有人说，把音乐免费放到网上供下载，可以使音乐人"摆脱"唱片公司的控制。）但是，文章一的作者认为发行唱片销售是音乐人生计的保证；如果真的实现了这种"摆脱"，结果反而是音乐人不得不把大量的时间花费在打工挣钱上，导致不能保证音乐创作。所以文章一的作者对于这一"摆脱"是持怀疑态度的。

文章二在第 59 ～ 60 行说 if we let fans tape concerts and freely reproduce those tapes—"stealing" our intellectual "property" just like those heinous Napsterians（如果我们允许粉丝

们录制演唱会并免费进行复制——就像可恶的 Napster 用户一样“偷窃”我们的知识“财产”)，the tapes would become a marketing virus that would spawn enough Deadheads to fill any stadium in America.（这些录音带就会变成一种营销病毒，这些不断蔓延的病毒足以使美国所有的体育场都挤满乐队的歌迷。）由此可见，文章二的作者把“网上免费提供歌曲供人下载”这一行为当做一种宣传歌手和歌曲的手段，而非一种“偷窃知识财产”的手段。所以文章二的作者对于“偷窃”和“财产”是持怀疑态度的。故选项 D 正确。

 15. 文章二用到了短语“相当不错的”(“pretty decent”)(第 50 行)，这表达出

A. 严肃的公正
B. 欢乐的庆祝
C. 具有讽刺意味的有保留的陈述
D. 犹豫的怀疑
E. 勉强的赞许

解析

参考答案：C

文章二的作者在这里说 the human species managed to produce pretty decent creative work during ...（在……人类也创造出了相当不错的作品）。紧接着，作者举了几个“相当不错的作品”的例子：Sophocles, Dante, da Vinci, Botticelli, Michelangelo, Shakespeare, Newton, Cervantes, Bach（索福克勒斯、但丁、达·芬奇、波提切利、米开朗基罗、莎士比亚、牛顿、塞万提斯、巴赫）。这些人的作品都不仅仅是用“相当不错”就可以形容的，故作者这里是有保留的陈述。将“名家大师”评价为“相当不错”，给人一种强烈的矛盾感，并借由这种矛盾来表达讽刺意味。pretty 是一个程度副词，其他常见的程度副词还有：slightly, basically, fairly, quite, very, highly, considerably, greatly, totally, completely, extremely 等。其中 pretty 所表达的程度与 fairly 和 quite 所表达的相当，属于中等偏下的程度。而文中列举的大师的作品，完全当得起用 extremely 这样程度的副词来形容。故 C 选项正确。

题干 16. 文章二的作者在第 59 ～ 60 行的语气（“stealing ... Napsterians”）可以最确切地描述为

A. 兴高采烈的
B. 严肃认真的
C. 戏弄的
D. 盛怒的
E. 嘲讽的

解析

参考答案：E

破折号中间的内容是假想人们有可能对于“网上免费提供歌曲供人下载”这一行为所产生的极端消极和负面的评价：“stealing” our intellectual “property” just like those heinous Napsterians（就像可恶的 Napster 用户一样“偷窃”我们的知识“财产”）。在这之后，作者用与之完全相反的真实情况来说明并不存在“偷窃”知识“财产”这一情况，进而反映出这种负面评价是多么的可笑。故选项 E 正确。

题干 17. 文章二的作者对于“营销病毒”（marketing virus，第 61 行）的态度主要是

A. 肯定的，因为它帮助感恩而死乐队提高了知名度

B. 肯定的，因为它使得感恩而死乐队的世界观更加复杂化

C. 中立的，因为它对于音乐评论家对感恩而死乐队的观点的最终影响很有限

D. 否定的，因为它使感恩而死乐队只关注经济利益而忽略了艺术上的整体性

E. 否定的，因为它带来了过多的歌迷，他们并不能完全欣赏感恩而死乐队的音乐创新

参考答案：A

作者在第 61 ～ 66 行中说：the tapes would become a marketing virus that would spawn enough Deadheads to fill any stadium in America...fans still went out and bought records in such quantity that most of them went platinum.（这些录音带就会变成一种营销病毒，这些不断蔓延的病毒足以使美国所有的体育场都挤满乐队的歌迷……但是他们还是会购买大量的正版唱片，以至于“感恩而死”乐队能达到白金唱片的销售额。）由此可见，作者认为这种 marketing virus 的存在会推动歌曲的传播，并且吸引更多的人去购买正版唱片，这对于音乐人来说，无疑是喜闻乐见的。所以作者对 marketing virus 的态度是积极的。故选项 A 正确。

题干 18. 文章二的作者在第 67 ～ 77 行讨论了录像机和软件（“Despite the ... booming”），主要是为了

A. 阐释科技对于现代生活的巨大影响

B. 引用其他产业的经历来支持他关于音乐的主要观点

C. 提供个人经历来支持他的经济分析

D. 劝阻读者购买 CD 和商业软件

E. 显示当今娱乐业的宽广领域

参考答案：B

文章二的作者在第 64 ～ 66 行提到 Even though Deadheads had free recordings ... fans still went out and bought recores ...（虽然歌迷们拥有免费的录音……但是他们还是会购买大量的正版唱片）；紧接着，作者在第 67 ～ 68 行说：Despite the ubiquity of VCR’s, more people go to the movies than ever ...（尽管录像机已经十分普遍，还是有比以往更多的人去电影院看电影……）。在音乐和电影两个行业内，都出现了免费的 copy 这样的情况，值得注意的是，结果也出奇地相似：更多的人会为之消费。这明显是作者在引用其他行业发生的类似事件来类比音乐行业中发生着的，或将要发生的事情。作者在后面也给出具体数字来进行说明。故选项 B 正确。

题干 19. 文章一的作者在第 26 ～ 29 行（“Where would ... me?”）中提出的假设情况将

致使文章二的作者提出怎样的观点？

A. 艺术自由
B. 音乐精英主义
C. 增加的名望
D. 经济损失
E. 技术知识

参考答案：C

在第 26 ～ 29 行，文章一的作者提出了一个疑问：网上免费提供下载会带来怎样的结果？文章二的作者认为这会对音乐或音乐人本身起到宣传作用，所以会加速其出名。故选项 C 正确。

SAT OG TEST 10（第一版 SAT OG TEST 8）

阅读译文 1

阅读下面文章，回答问题 9 ～ 10。

因为开车需要六小时才能到达目的地，她今天一大早就从波基普西动身了。但是当他们正朝北行进时，暴风雪突然来袭。顿时，来往的车辆都放慢速度蠕动了起来。她不停地看表，心里盘算着还有时间。下午的课四点才上，晚上才做演讲。

她准备的演讲稿是关于她母亲的一百华诞，她今年将会讲述无数次。演讲具有专业性，并不鼓舞人心，她深知这一点。别的学者可以谈论萨洛美的诗歌和她的教学法，但是她，卡米拉，作为唯一的女儿，应该对萨洛美有着一些不同的见解和诠释。

题干 9. 在第 3 ～ 4 行中“她不停地看手表”（“She ... watch”）主要表达了她

A. 暴风雨中行进的害怕

B. 对不得不旅行的烦恼

C. 按时到达目的地的忧虑

D. 急于和同事交流的渴望

E. 做报告的激动

解析

参考答案：C

这道题比较容易，不需用排除法也能直接选择。卡米拉多次看手表说明她关心到达目的地的时间，看手表是想知道还剩下多少时间，这说明她担心能否准时到达。A 选项意思是在暴风雪中开车感到恐惧；B 选项的意思是在暴风雪中驾车感到懊恼；E 选项意思是对将要进行的演讲感到激动，显然这三项与看手表的动作无关，比较容易排除。D 选项意思是急切希望见到她的同事们，“eagerness”这个词有一定的干扰性，但仔细分析，她并不是急于见她的同事们，而是担心能否按时到达。

题干 10. 第 12 行中的“light”最有可能包括

A. 个人信息
B. 直接文学引用
C. 历史分析
D. 个人见解
E. 学术性评论

参考答案：D

“shed a light on”是阐明的意思。对于萨洛美的诗和教育法，许多学者做了许多研究，但这些研究的材料多是从公开渠道获得的。而作为萨洛美的女儿，卡米拉独享一些关于母亲个人生活的信息，这些信息却是其他研究者难以获得的。所以，卡米拉的任务是利用这些“特权”信息提供一个解读其母亲的新的视角。因此，“light”指的是这些只有她才能提供的个人看法。选项 A“个人信息”指的是某人出版的书目记录，是所有学者都可以容易获取的。选项 B“直接文学引用”，意思是从萨洛美作品中引用片段，这是所有研究学者都可以共享的信息。选项 C 是指对萨洛美所处时代的研究分析，虽然卡米拉也可以进行，但并不一定会强于其他研究学者。同样，选项 E“学术性评论”也不是卡米拉的优势所在，因为原文第 10 行提到“别的学者可以谈论萨洛美的诗歌”，或是“学术评论”。

阅读译文 2

阅读下面文章，回答问题 11 ～ 12。

1995 年夏天，美国明尼苏达州的学生在收集池塘中的青蛙时发现：青蛙一个接着一个地出现畸形。这起新闻事件立即引起全国媒体的关注。这是孤立的个例，还是普遍的趋势？是什么导致了这些畸形？

从那以后，已经有 60 多种水陆两栖动物的畸形在 46 个州被报道。数量惊人的畸形两栖动物也相继在亚洲、欧洲和澳大利亚被发现。调查者把变形归因于紫外线的辐射、水的化学污染，甚至是寄生虫的流行病。每出现一例新报道，媒体就会对此宣扬一番，结果产生了一种误导性的看法。最有可能的是：所有这些因素共同作用引起了畸形。

题干 11. 首段是为了

A. 戏剧化地强调这一现象
B. 提倡一种特殊的行为
C. 描述一起新闻事件如何引起大众恐慌
D. 把一个地方的情况和国家的状况相比较
E. 描述小孩子对科学的内在兴趣

参考答案：A

文章的开头引人入胜：学生们接二连三地发现“畸形青蛙”。在第一段中，作者对这一“奇观”，即畸形青蛙这一现象并不解释，这样加剧了悬念和戏剧性。在这段末尾，作者提出了两个问题，效果也是异曲同工。选项 B 的意思为“提倡一种特殊的行为”，文章第一段只是陈述青蛙畸形的事实，而不是“提倡”什么，故不正确。选项 C 的意思为“描绘这起新闻事件是如何引起大众恐慌的”，显然也不正确。因为虽然畸形青蛙事件吸引了媒体的关注，但文章却没有提及造成公众大范围的恐慌。选项 D 不正确，因为虽然文章首段讲的是地方性的事件，但第二段并没有将它与全国性情况作比较。选项 E 的意思是“描述小孩子对科学的内在兴趣”，也不正确，因为首段提到学生们收集青蛙只是为了介绍一个奇怪的现象，并不是想说学生对科学感兴趣。

题干 12. 作者对待“媒体”（“media”）（第 14 行）的态度可以概括为

A. 尊重的
B. 漠然的
C. 矛盾的
D. 憎恶的
E. 批评的

参考答案：E

这道题比较容易，不需用排除法也能直接做出选择。原文倒数第二句“the media tout the new position, thus providing a misleading view”将媒体描述成“误导的”，显然是一种“批评的”姿态。作者批评媒体兜售某些人的个人观点，误导了公众，而事实上畸形这一结果可能源于数个不同的原因。选项 A 为“尊重的”，选项 B 为“漠然的”，选项 C 为“矛盾的”，显然都不符合，很容易排除。选项 D 为“憎恶的”，具有一定的干扰性，但仔细分析 E 项最合适。“resentful”表示因为受到冒犯而充满敌意。虽然文章对媒体持否定立场，但并没有迹象表明作者感到个人受到了冒犯。

根据我们前面介绍的方法论，选项的一般规律是五个选项中有三个无关项，一个干扰项，我们的方法是快速进行“5 排 3”，排除掉三个无关项，再仔细进行“2 选 1”，在“2 选 1”中要选择直接项而不是推理项。这道题中，A、B、C 三个选项即为无关项，可以快速排除，D 项为干扰项，与 E 项仔细比较后，E 项更合适，所以直接选择 E。

阅读译文 3

阅读下面文章，回答问题 13 ～ 24。

下文改写自一位科学家 1993 年的著作。

一名物理学家、一名工程师和一名心理学家被招来担任奶厂的顾问，就奶产量低于一般水平做出解释。在作报告之前，每个人都有足够的时间去审查奶厂运营的细节。

第一个被叫来的是工程师。他建议："牛栏的尺寸应该减小。当牛群更密地挤在一起时，即每只牛占地275立方英尺时，效率就会大大提高。同时，挤奶管的直径应该增加4%，以便在挤奶过程中有更大的平均流量。"

下一个报告的是心理学家，他建议："牲口棚的内壁应该涂成绿色，这比灰色更柔和，可以帮助催产出更多的奶。而且，应该在栏的周围种上树以创造出多样的风景，供奶牛在吃草之余欣赏，缓解牛的郁闷情绪。"

最后被叫来的是物理学家。他要来一块黑板，在上面画了个圈，然后开始说："假如牛群是一个球体……"

这个老掉牙的笑话虽不是多么搞笑，但至少隐喻般地展现出物理学家是如何认识世界的。物理学家用来描述自然所使用的一套工具是有限的。你读到的大多数现代理论都是从简单模型开始的，这是物理学家在不知道其他解决问题的方法时惯用的手段。我们确切地知道如何解决的问题，其数量不超过一只手，顶多两只手的手指。大多数情况下，物理学家遵循的也是使好莱坞电影制造商经久富裕的法则：如果它有用，就开发它。如果仍然管用，就效仿它。

我喜欢奶牛的笑话是因为它其实是一个寓言故事，教育人们要简单地思考世界；同时它也让我豁然开朗，明白了一个不经常被提及却对日常科学运作至关重要的道理："在做任何事情之前，抽象出所有不相关的细节。"

这句话中有两个关键词：抽象和不相关。建构世界模型的第一步就是去掉不相关的细节，我们从生下来就会下意识地这么做。有意识地去做是另外一回事。克服自然欲望而去接收不必要的信息可能是在学习物理中最困难的也是最重要的一环。这将我们引入第二个关键词：抽象。在所有的物理学所要求的抽象思维中，最具有挑战性的是如何选择处理问题的方式。仅仅是对直线运动的描述——现代物理学的第一个主要的进展——就要求具备足够的抽象思维；这一要求难倒了许多知名的学者，直到伽利略的出现。

400多年前，伽利略通过描述运动开启了现代科学之门，整个世界最显而易见的特点之一就是所有事物都在以不同的方式运动。这使得对运动作出一般性的描述几乎是不可能的。飞翔的小鸟身上散落的一片羽毛会随风飘荡，而鸽子的粪便却会像石头一样砸落在你的挡风玻璃上。一个三岁小孩随意拨弄、凑巧落到球道上的保龄球会一直往前滚去，而割草机却不会自动地往前走。至少在对运动的理解上，伽利略认为，世界最显著的特点也同样是最不相关的特点。之前的哲学家就争论：媒介——空气、水等——对运动的存在是必不可少的。但是伽利略却令人信服地陈述说：运动物体所在的环境会带来困惑，只有将这种困惑移除，才能了解到运动的本质。这仅仅是在排除了特定情况下的困惑时出现的。"难道你还没有发现：掉入水的两部分，一部分虽以大于另一部分几百倍的速度却几乎同时掉入空中？他那大于几百倍的部分为何没有超过另一部分呢？"

他准确地宣称：倘若我们忽略媒介的影响，所有物体几乎以同样的方式掉落。而且，他猛烈地批评那些不愿接受抽象概念的人并驳论道：不相关的精髓是"我们相信你不会效仿他们，他们的讨论不在于主要的意图上，而是仅仅关注我的一些论断。而我的论断缺乏事实的真实性，且隐藏了像船的锚链一样大差错的可能性”。

这正是伽利略所争论的东西：古希腊哲学家亚里士多德不把注意力放在研究物体运动的相似性，而在乎的是媒介效果的差异性。这么说来，没有媒介的理论世界仅仅是真实世界的一种“九死一生”险境。

题干 13. 工程师、物理学家和心理学家对于奶牛场的情况作出不一样的回答是因为

A. 他们接受不同的数学模式的教育

B. 他们特殊的训练使得他们理解问题不一样

C. 心理学家研究奶牛的行为不同于工程师和物理学家

D. 工程师解决了问题，心理学家和物理学家说的东西都不相关

E. 只有物理学家可以成功地排除那些不相关的细节而思考问题

参考答案：B

三位顾问都是通过各自的专业知识体系来进行研究的，接受的专业训练的不同决定了他们解决办法的不同。选项 A 显然不正确，因为文中并没有提及这三个人的数学能力，可以快速排除。再看剩余三个选项，我们紧扣题目，题目问的是“三人对奶牛场的问题做出了不同的反应是为什么？”就是说，要同时针对三个人进行回答，而选项 C 、D、E 在都只分别回答了其中一个区别于另外两个的原因，因此，不需去追究这三个选项的说法是不是正确，都可以将其排除，这样也可以提高做题速度。

题干 14. 假如接受了工程师的建议（第 5 ～ 11 行），可能带来的结果是

A. 大的挤奶管道会增加牛的不适

B. 奶牛场被迫扩建

C. 奶牛场的管理应该强调奶牛的人性管理

D. 牛奶增加，奶牛场利润开始减少

E. 不消另外的建筑物，奶牛场也可能容纳更多的牛

参考答案：E

工程师的解决办法着眼于通过减少牛栏的占地面积来增加现有空间内奶牛的数量。如果单个牛栏占地面积能降低，那么现有的牛棚中就能容纳更多的牛栏，也就是更多的奶牛，而无需建造新的牛棚。选项 A 不正确，因为虽然工程师提到增加挤奶管的尺寸，但并没有提到这些管子对奶牛会带来任何不适。选项 B 不正确，因为单个牛栏的面积减少了，所以无需增加奶牛场的面积，也能容下更多的奶牛。选项 C 不正确，工程师并没有建议用人道主义的方式对待奶牛。事实上，工程师所建议的减小牛棚面积正是一种不人道的行为，因为这会让牛棚显得拥挤。选项 D 不正确，因为牛奶增加将会提高而非减少利润，因为牛奶是畜牧场的关键收入。

题干 15. 心理学家的话（第 13 ～ 17 行）是基于这样一种认识，即

A. 任何认为牛和人具有心理相似性的说法是不恰当的

B. 心理学家从现代美学理论中得到见解

C. 对牛的个性化关注会增加牛奶产量

D. 满足的牛可能比郁闷和忧虑的牛产奶量多

E. 每头牛对增加牛奶产量尝试的回应是不同的

解析

参考答案：D

心理学家的建议是将牛棚的颜色变得更柔和，并且多种树，让奶牛吃草的草地风景更赏心悦目，以此提高牛奶产量。这种通过改善环境以提高产奶量的做法是根据“奶牛越满意，产奶量越高”这一假设的。选项 A 不正确，在描述奶牛时，心理学家提到环境的色彩与多样性，这些因素同样对人会产生影响。换言之，心理学家认为人和奶牛在心理方面有相似性。选项 B 不正确，虽然心理学家涉及了美观概念，但文中并没有提及心理学与现代美学的任何关联。选项 C 不正确，心理学家的涉及范围只是奶牛能够看到的牛棚与户外，而不是对奶牛个性化的关注。选项 E 的意思是“每头牛对增加牛奶产量尝试的回应是不同的”，这与心理学家的假设不符，心理学家的建议是针对奶牛场所有奶牛的，恰恰认为所有奶牛都会有类似的反应。

题干 16. 第 21 行的“老掉牙的笑话”（“old joke”）在这篇文章中的作用是

A. 把事件戏剧化

B. 论证论点

C. 介绍主题

D. 在开始时对关键术语定义

E. 立即揭露误导性的假设

参考答案：C

作者用这则“老掉牙的笑话”作开头，介绍了物理学家是如何了解把握这个世界的。文章的主题便是物理学家用摈弃无关细节的抽象的思维把握世界。选项 A 不正确，作者加入这则趣事，并不是为了戏剧化某个事件，而是作为一篇论述文的引子。选项 B 不正确，这不是一个论点，尽管在文章的后面作者在论证一个论点，但以笑话开头仅仅只是引出文章主题。选项 D 的意思是“在开始时对关键术语进行定义”，显然是错的，这则笑话并没有对一些术语下定义，下文中才有对术语的定义。选项 E 的意思是“立即揭露误导性的假设”，也不正确，因为虽然三位顾问有着不同的方法，他们都不能说是“误导”的。

题干 17. 物理学家和好莱坞电影制造商的对比（第 28 ～ 31 行）暗示好莱坞电影制造商

A. 并不总是知道电影为什么成功

B. 并不像物理学家一样有奉献精神

C. 比物理学家更关注解决实际问题

D. 以高度系统的方式筹划工作

E. 像物理学家一样有良心

参考答案：A

找到定位句，“For the most part，physicists follow the same guidelines that have helped keep Hollywood movie producers rich: If it works，exploit it. If it still works copy it.” 这句话的意思比较明显，大多数情况下，物理学家所遵循的也是好莱坞电影制造商繁荣的经久不衰的法则：如果它有用，就利用它。如果仍然管用，就效仿它。这说明好莱坞电影制造商并不总是知道电影为何成功，他们所遵循的准则就是“有效”。选项 B 不正确，因为文中没有提到敬业和奉献，同样没有比较物理学家和制片人的奉献精神。选项 C 不正确，因为作者认为，物理学家和制片人对解决实际问题同样关注。选项 D 不正确，虽然好莱坞导演使用并照搬那些有效的方式，但很明显，他们没有一套系统来确定何种方法有效。事实上，文章暗示好莱坞制片人对某部电影能否成功同样没有把握，只能用简单实用的手段来争取获得成功。选项 E 不正确，作者没有提到良心问题，而是将重点放在了通过简单、实用的准则来获得不断的成功。

题干 18. 作者在第 33 行建议的“简单地思考”（“thinking simply”）会有用是因为

A. 抽象的模型比实际观察更容易出错
B. 如果忽略细节，一些问题就可以解决
C. 科学应该密切关注公众的动态
D. 以实验为根据的事实从来没有被成功地建构过
E. 事件经常不证自明

参考答案：B

作者认为，摒弃无关的细节是为世界建模的第一步。伽利略排除了物体在不同介质中运动中的细节，于是便准确地分析了运动。这是因为过多的无关细节会妨碍人们对某特殊问题得出简单独到的见解。选项 A 说法不对，因为抽象化的“简单思考”可以避免直接观察带来的混乱，而不是更容易出错。选项 C 的说法不对，遵从大众的想法不会让思考问题变得简单，而是变得更为复杂。作者用伽利略的例子说明正是因为伽利略没有受到大众看法的左右，才能保持思维的简单性。选项 D 的说法太绝对，不需深究其是什么意思也可以排除，节省答题时间。选项 E 不正确，作者并不认为事件经常不证自明，如果事情是不证自明的，那么就不需要对其思考了，更不用“简单地”思考，而本文作者强调的正是需要抽象化的“简单思考”。

题干 19. 第 39 ～ 41 行的说法（“Getting ... born”）暗示着

A. 人类必须经历一定的道德发展以便恰当地评估细节
B. 当错误不被识别和消除时，认知就滞后了
C. 婴儿也会追求重复的方法

D. 基本的认知包括决定哪些细节是重要的

E. 小孩应该被告知：怎样从他们周围大量的数据中构建总体的模型

参考答案：D

作者认为，我们自出生起就在下意识过滤无关的细节信息，所以分辨何为重要信息何为无关信息是我们天性的能力。选项 A 不正确，作者在文中并没有提到摒弃无关细节的能力和道德伦理方面有何联系。选项 B 不正确，作者认为我们从出生起就掌握了摒弃无关细节的能力，而消除错误与认知的滞后之间并没有关系。选项 C 不正确，文中并没有提到“重复”一词。选项 E 不正确，作者讨论的是孩子们生来具有的能力，而非后天习得的。

题干 20. 文中第 61 ～ 63 行的“至少在对运动的理解上，伽利略认为，世界最显著的特点也同样是最不相关的特点”（“Galileo ... concerned”），作者暗示

A. 伽利略既是工程师也是科学家

B. 对细节的更多关注可以得到对科学更深的解释

C. 观察和实验方法得到的事实并不是总能够澄清科学的解释

D. 运动永远不会被非物理学家很好地理解

E. 最深刻的科学发现有时是最显然易见的事实

参考答案：C

作者指出，伽利略之前，观察者是依靠经验知识来描述运动。伽利略认为这些因素只会阻碍我们对运动的理解。与前人不同，伽利略认识到人们可以抽象地去把握运动这一概念，也就是说抽离于特定环境之外。选项 A 不正确，文中没有提及他工程方面的能力。选项 B 说法正好相反，作者认为，伽利略成功就是因为他没有关注细节，他忽略“物体运动所处的特殊环境”。选项 D 不正确，作者没有提出非物理学家无法理解运动，而是连科学家也会被大量经验事实所误导。选项 E 不正确，伽利略的观点并不是“显而易见的”，事实上，他认为前人们才是将关注力放在那些“无关”的却显而易见的细节上了。

题干 21. 文中第 67 ～ 68 行提到的“特定情况”（particular circumstances）是指

A. 科学的地位

B. 物体的环境

C. 个别科学家的窘迫

D. 悖理的传统

E. 一个独特的问题

参考答案：B

“物体的环境”，即物体所处的介质。伽利略认为在运动这一概念上，介质属于无关的条件，只有摒弃掉才能排除混乱，并建立了现代物理学。选项 A 不正确，物体所运动的环

境显然与科学发展状况是无关的。选项 C 不正确，作者提到了由不同介质给解释物体运动所带来的混乱困境，却并没有提到某位科学家的困境。选项 D 不正确，作者并没有提到逻辑或是传统。选项 E 不正确，伽利略所面临的挑战并不独特，很多之前的科学家都试图解决这个问题。

题干 22. 第 75 行的“medium”最相近的意思是

A. 数学平均值　　B. 中间地带

C. 自然栖息地　　D. 周围的物质

E. 有利的环境

参考答案：D

这道题比较容易，“medium”在这里指的是“媒介，介质”，即“周围的物质”，文中提到运动物体处于“空气”和“水”之中，符合上下文。选项 A“数学平均值”，选项 B“中间地带”，选项 C“自然栖息地”，选项 E“有利的环境”，显然都不正确，很容易排除。

题干 23. 文中第 83 ～ 86 行的话，暗示伽利略

A. 敬重亚里士多德是第一位投入科学观察的哲学家

B. 认为亚里士多德和像他一样的其他人都在研究运动的方法中犯错了

C. 相信与之竞争的科学家将会把他的发现据为己有

D. 害怕对运动的研究可能造成宗教分歧

E. 指导着支持他理论的重要实验

解析

参考答案：B

这部分是伽利略如何描述亚里士多德的错误的，并且暗示其他科学家都是犯了和亚里士多德相似的错误。选项 A 不正确，伽利略对亚里士多德可能怀有崇敬之情，但他认为后者理论是错误的。同样这句话也没有提到亚里士多德是“第一位投入科学观察的”。选项 C 的意思是伽利略认为其他科学家会与他争抢他的重大发现的荣誉，显然是错误的，文中并没有表示伽利略担心其他科学家会盗窃他的科学研究。选项 D 也不正确，文章没有提到宗教流派。选项 E 不正确，这句话只讲到伽利略对亚里士多德研究方法的意见，并不是针对支持他自己观点的研究实验。

题干 24. 作者使用“get in the way”（第 87 ～ 88 页）是为了

A. 强调因过多信息制造的困难　　B. 对详尽的实验步骤的价值提出质疑

C. 阐明一种解决理论死角的方法　　D. 争辩伽利略超越他的时代许多年

E. 暗示伽利略运动物理学上的局限性

参考答案：A

作者描述伽利略研究运动的方法与前人有何不同。作者用“get in the way”来描述伽利略对那些无关细节的看法，这些细节都干扰了对理论的研究。选项B不正确，这个词组不是指研究实验过程，而是指对媒介的关注会带来的混乱。选项C不正确，虽然这个词组描述了实际世界和理论世界的反差，但并不是指理论上面临的困境。选项D不正确，最后一句话指的是两种不同的方法，而不是伽利略在科学史上的地位。选项E不正确，“局限性”指的是亚里士多德对运动描述上的不科学性，而不是伽利略。

阅读译文 4

阅读下面文章，回答问题6～9。

文章一

人生的前三年是至关重要的起点，这是一个对父母和家庭鼓励的保护性机制特别敏感的时期。千年以来，父母已经了解新生儿在安全、温暖和成长方面的需要。现在，科学在对人类从出生到三岁期间的发育方面也新增了一些惊人发现：父母和其他成人监护人在小孩的成长过程中起着举足轻重的作用。没有任何阶段比这三年更适合小孩学习。与那些缺乏安全感、被冷落的小孩相比，在安全的、可依赖的环境下，由一丝不苟、无微不至的父母培养出来的小孩学东西会更快。

文章二

众多早期的儿童文学告诉我们：人生的前三年是大脑发展的关键时期。但是神经科学的最新发现暗示：在整个一生中，大脑在面对不同经历或伤害时，一直保持有自我重新组织的能力。例如，当截肢后丧失感觉输入时，成年人也可以很快地学会新的运动技巧。有一种观点简单地认为大脑在经历人生的前几年后，会变得僵硬，想要调整会越发困难。质疑这一观点的正确性可能有利于阐释我的观点。因为如果如其所说，我们是否也应该谨慎地提醒父母：受生理限定，你们只有唯一的一次机会去帮助孩子构造更好的大脑。

题干 6. 最好地表达文章一和文章二的关系的是

A. 文章二主张，人们发生一些特定的改变是源于文章一中的发现

B. 文章二嘲讽支持文章一的观点的人们

C. 文章二提供了一件个人轶事，以对文章一揭示的信念产生质疑

D. 文章二质疑强调文章一中表达的观点的设想

E. 文章二为文章一的例子提供科学的解释

参考答案：D

文章一探讨了儿童在生命最初三年成长过程的特殊性，文章二讨论了神经学领域的新发现，而这一发现质疑了第一篇文章中所提出的一种过于简单化的观点。这道题如果注意到一个关键句“It may be useful to question the simplistic view that...”就比较容易作答。这个关键句很明确地表达出作者的态度，即质疑文章一中过于简单化的观点。因此可以很快排除选项 A 和选项 E。选项 B 不正确，因为虽然文章二没有认同文章一所表达的观点，但是文章二却并没有嘲讽文章一的观点。相反，文章二是以一种尊重、客观的笔触来表达自己不同的观点。选项 C 不正确，虽然文章二质疑了文章一提出的观点，但是文章二只是对一种新的科学发现做出总结，并非个人的故事。

题干 7. 两位作者最有可能认同哪一种观点？

A. 随着人类的成长，大脑变得日益不灵活。

B. 成人可以像小孩一样从伤痛中摆脱出来。

C. 由细心呵护的家长培养出来的小孩学东西很快。

D. 对于小孩的发展，前三年至关重要。

E. 大多数科学家最近改变了人类发展的观点，认为三岁之前最优先。

参考答案：D

本题属于合并式小双文章的 both 题，应根据仅存在于文章一或者文章二的内容进行选项的排除。两篇文章都对儿童在人生最初三年的成长做出评判，两者都认为这段时期很重要。文章一称人生的任何时期都不如最初三年更适宜学习，文章二也承认，很多早期的儿童文学作品都暗示人生最初的三年对于人脑的成长来说发挥着关键作用。选项 A 不正确，因为文章二认为，新的科学发现表明随着年龄的增长，人脑仍然可以保持着较强的可塑性，与选项 A 的意思恰好相反。选项 B 在文章一中没有体现，故不正确。选项 C 不正确，文章二的最后一句话认为，对父母在孩子三岁以前所给予的关爱是一生之中帮助孩子锻炼出更好头脑而仅有的一次机会的论断，必须谨慎看待。换言之，文章二认为人们在任何年龄段都具有较高的学习能力。选项 E 不正确，两篇文章都没有宣称大多科学家在这个问题上已经改变了他们以往的想法。

题干 8. 文章二告诉我们，作者对文章一第 9～10 行（No other ... years）中说法的反应最有可能是

A. 愤怒

B. 质疑

C. 诙谐

D. 模棱两可

E. 赞同

解析

参考答案：B

这道题如果知道各个选项的意思，便很容易作答。显然，文章二的最后一句话认为，对父母在孩子三岁以前所给予的关爱是一生之中帮助孩子锻炼出更好头脑而仅有的一次机会的论断，必须谨慎看待。换言之，文章二认为人们在任何年龄段都具有较高的学习能力，故B项正确。而A项的意思是“愤怒的”，C项的意思是“诙谐的”，D项的意思是“模棱两可的”，都不符合文章二作者的态度，E项“赞同的”就更加错误了。

题干 9. 文章一第3～9行（“For millennia ... development”）比较了

A. 传统的实践和现代的评论
B. 人类的基本需求和智力努力
C. 广泛传播的信念和科学发现
D. 父母的担心和发展进步
E. 实验性的假设和被证实的理论

解析

参考答案：C

“draw a parallel between”是“比较两者，指出两者的相同之处”的意思。这段引文描述了现今被科学研究所证实了的一种古老智慧。引文在“父母”（这显然是数目很大的一群人）所信守的智慧与新的科学“发现”之间作了一个对比。选项A不正确。现今的科学发现并不是批判这种传统的观点。选项B不正确，虽然引文提到了婴儿的需求，但是文章并没有在智力层次探讨这个问题。选项D不正确，文中并没有提到父母的担心。选项E不正确，引文探讨的是业已形成的观点和新的科学依据的关系，并非探讨假设与理论的关系。

阅读译文5

阅读下面文章，回答问题10～15。

下文选自1988年一本有关内战前南方女性的书籍。作者讨论了逃亡奴隶哈里特·雅各布斯和弗莱德里克·道格拉斯。两人都写过自己受奴役和逃脱奴役重获自由的经历。

在自觉地为北方的中产阶层白人读者写作时，哈里特·雅各布斯并没有把自己和那些书写奴隶生活的著名男性作家区别开来，比如道格拉斯。道格拉斯认为自己是与奴隶制压迫的斗争中取胜的男子气概和个人主义的坚定支持者。在支持这种思想的同时，他公开号召北方读者要意识到一点：在奴役状态下，他们遭受的所有苦难和不公是直接违反个人主义的深层原则的。雅各布斯遇到了更棘手的使命。作为一个女性，宣称奴隶制度违背了个人主义的原则，将冒着自己的故事（即女性的故事）被忽视的风险。一些北方的白人妇女开始在奴隶制和妇女压迫之间作出类比，但是她们的观点并没有博得大众的支持。在许多北方人看来，甚至在反对奴隶制的人眼中，男人和女人之间的不平等是生理不同的表现。希望改善自己处境的北方妇女们依赖通过宣传女性气质和家庭生活来达到目的。北方的性别传统不同于南方，但他们也要求女性在公开场合讲话时，应当保持庄重和恭敬。一个违反女性美德的悲惨故事，如果能重申女性居家的本性，会比一篇宣传女性个人权利的文章更有机会博得北方读者的喜欢。如果雅各布斯的读者群是奴隶妇女的话，或许她写作的内容会不一样。但是很少有奴隶妇女识字，她的作品在任何情况下都无法引起她们的注意。她唯一能被倾听的希望在于作品可以受到那些喜爱阅读斯托*作品的人的关注。雅各布斯很清楚自己的读者群："噢，自由幸福的妇女们！将你们新年的一天和那些被奴役的贫穷妇女比较一下吧！"

雅各布斯对自我形象的塑造至少在某种程度上是为了迎合目标读者的期望。道格拉斯通过唤起男性的个人主义意识为自己的作品赢得支持。跟他一样，雅克布斯也不得不设法使她的读者感同身受地去体会奴隶妇女所受的压迫，并将此种压迫看作是对女性自我意识的威胁。为了触及她们的心灵，她不得不用她们的语言去宣讲，用可以使她们产生共鸣的方式去讲述自己的故事。为了让她的读者接受她是一个妇女，她不得不把自己塑造成一个像她们一样的妇女。她揭示出奴隶制度违反了女性的行为标准，并把奴隶妇女塑造成在目标和情感方面和北方白色姐妹们相同的人。在描述中，奴隶制度是违反妇女本性的不道德行为，违反了妇女对美德、家庭生活和母性的追求。雅克布斯和道格拉斯一样，把社会规范作为绝对准则，从社会接受的人类天性出发，将奴隶制谴责为违背人类天性的行为。

*《汤姆叔叔的小屋》的作者。《汤姆叔叔的小屋》是一部强烈地反奴隶制的小说。

10. 这篇文章的主要目的是

A. 探究著名作者的情感世界

B. 展现特定时期的全面综合的历史

C. 谴责奴隶制度的不公平

D. 探讨一名作者的叙述方法的选择

E. 争论赞成特定的写作风格

解析

参考答案：D

这是一道主旨题，主旨题关键要看文章各段的首句，第一段的首句没有直接表达出什么意思，但第二段的首句"Jacobs shaped her presentation of herself to conform, at least in part, to the expectations of her intended readers"，作者的意思则非常明显，关注的仅仅是雅各布斯在叙述时所选择的策略。文中的每一个部分，包括对于道格拉斯及一些北方白种女人奋争的描述，都与雅各布斯所选择的叙述策略在逻辑上相契合。选项A不正确，作者并没有把读者的眼光引向雅各布斯个人的情感。选项B不正确，作者确实引用了一些史实来为雅各布斯的生活和创作提供一个语境，但文章并没有给出足够的信息以至于能够称之为全面的历史再现。选项C不正确，虽然文章谴责了奴隶制，但是这并不是作者行文主要的目的所在。选项E不正确，文章对促使雅各布斯做出叙述策略选择的历史及社会压力做了解读，但并没有为她选择的文体辩护，而仅仅是在说明她选择了某种特定的方式来讲述自己的故事。

题干 11. 第 4 ～ 10 行道格拉斯采用的修辞策略可以概括为

A. 夹杂着不公平反对呼声的一种观点的出现

B. 对一群人的错误行为的再认识并提出精确的改善方法

C. 有不合乎常理的限制条件下，对不熟知争论的一种详尽的解释

D. 对人们敬重的有详尽根据观点的一种唤起

E. 在主观想象的肯定后对特定事件的分析

参考答案：D

道格拉斯唤起了高度尊重的个人主义意识，把自己描述成“与奴隶制压迫的斗争中取胜的男子气概和个人主义”（原文第 5 ～ 6 行）。他的作品展示了奴隶制如何直接损害了这项人类基本理想。选项 A 、B、C 在这段中均未提及，故可排除。选项 E 不正确，文章并没有暗示道格拉斯反对奴隶制的作品借助了某一特定的事件，实际上道格拉斯的作品借助了当时流行的观念，来说明奴隶制是如何违背根植于白人心目中的信条的。

题干 12. 第 14 行的“work out”意义最接近的是

A. 练习　　B. 安抚

C. 斗争　　D. 构想

E. 解决

参考答案：D

“formulate”同“work out”一样，是“形成一种想法”的意思，即一些北方白人妇女在女性与奴隶所受到的压迫之间“构想”出类比。选项 A 不正确，“exercise”是进行实际的行动，文章暗示女性受到的迫害和奴隶制之间的类比仍待构建，还未付诸行动。选项 B 不正确，“conciliate”是“安抚”的意思，该词与行文无关。选项 C 不正确，在这一语境下，“work out”只意味着描画出初步的想法，而不是去争取，也不是去努力奋斗以求改变现状。选项 E 不正确，“解决”一个“类比”，表达不通，词义搭配不当。

题干 13. 根据第 18 ～ 21 行“Northern women ... their case”，下面哪一个可能是妇女用来改善她们条件的论断？

A. 妇女和男人一样聪明和有能力。

B. 拥有更多个人自由的妇女会是很好的母亲。

C. 给予妇女更多的个人自由将会帮助她们在社会上更有地位。

D. 反对妇女就像拥有奴隶一样不道德。

E. 拒绝给予妇女特定的自由违背自决权的原则。

参考答案：B

文章解析了这样一个事实，想要争取到权利的女性必须“依赖通过宣传女性气质和家庭生活来达到目的”。女人首先是抚养孩子的母亲并打理家庭事务，这种说法符合大多数人对于女人的定位，得到了他们的理解和支持。因此，站在改善女性作为母亲这一立场之上的论断，恰好符合该文的主张。选项 A 和 C 都不符合当时普遍认为女性作为母亲并主理家庭事务的定位，故不正确，可排除。选项 D 不正确，文章指出，女性刚开始在奴隶制和压迫妇女之间找出关联，但是她们还没有获得广泛的同情和支持（第 14 ～ 16 行）。女性想要争取到权利不是依赖开展反抗奴隶制运动。选项 E 不正确，当时人们并不认为女人有自己的主张，想要争取到权利需要将女性定义为母亲并承担家庭事务理论的支持，而不是依靠个人主义。

题干 14. 这篇文章暗示，雅各布斯决定的叙述风格揭示了她什么样的意愿？

A. 实用的
B. 虚伪的
C. 学术的
D. 冒失的
E. 夸张的

解析

参考答案：A

这道题很适合用排除法。选项 B “disingenuous” 为 “虚伪的”，选项 D “presumptuous” 为 “专横的，冒失的”，选项 E 为 “夸张的，戏剧的” 意思，明显不符合题意，很容易排除。剩下选项 A 和选项 C，我们来进一步分析。选项 A “pragmatic” 的意思是 “实用主义的”，选项 C 的意思是 “学术性的”。文章细致地追述了雅各布斯如何在同主流意识寻求结合的过程中找到自己的叙述策略，为了让读者能够坐下来读她的书，雅各布斯精心编织了自己的故事。从这层意义上来说，作者是把雅各布斯描述成为一个 “讲求实际的” 人，或者说一个做事注重实际效果的人，故选项 A 正确。选项 C 不正确，“学术式” 的读者对象为比较专业的人群，而雅各布斯的作品针对的是广大的民众。

题干 15. 这段话的语调可以描绘为

A. 失望的和批判的
B. 解析的和赞赏的
C. 遗憾的和生气的
D. 讽刺的和诙谐的
E. 满怀希望的和说教的

参考答案：B

这道题比较容易，也很适合用排除法。选项 A 为 “失望的和批判的”，选项 C 为 “遗憾的和生气的”，选项 D 为 “讽刺的和诙谐的”，明显不符合题意，可以快速排除，剩下选项B和选项E，再进行二选一。文章深入分析了雅各布斯采用特定叙述策略的历史环境。在此过程中，作者表达了对雅各布斯所做选择的赞赏，同时对雅各布斯对文学和反奴运动所做的贡献表示礼敬。雅各布斯面临的任务比弗雷德里克·道格拉斯“更棘手”（第10～11行），然而作者认为她成功地完成了任务。因此，B选项“解析的和赞赏的”正确。选项E为“满怀希望的和说教的”，作者并没有表达这个意思。

阅读译文6

阅读下面文章，回答问题16～24。

下文节选自一篇发表在19世纪中期的英国小说。

再次回到安静的老城是一件有趣的事情，不时地被认出来和注视也并不是一件不爽的事情。一两个店主甚至奔出店门，跑到离我不远的前方，然后转过头，假装忘记了什么东西似的，跟我面对面地走过。通常在这种情况下，我不知道他们和我哪个装得更差劲：他们装作不是故意掉头，而我装作没有看见他们在装。不管怎样，我的地位比较高贵，对此我一点儿都不觉得不悦，知道命运之神让我碰到那个无人管教的无赖，特拉波家的男孩。

在我沿着街道行进时，看到特拉波家的男孩一边甩动着蓝色的空包，一边朝我走来。心想镇静地、不经意地看着他应该最适合我，也最有可能打消他的坏念头。于是我面色平静地往前走，正暗自庆祝我的成功之时，特拉波家的男孩突然并紧双膝，头发竖立着，帽子也飞了，浑身像中风似的抖得很厉害，摇摇晃晃地走到路中间，向人们大喊着：“抱住我，我好害怕。”看到我庄严的表情，他佯装突然很后悔和恐惧。当我从他身边走过时，他的牙齿打着战大声地咯咯作响，然后带着极度的侮辱性，跪倒在地上。

这种事让人难以忍受，但这还不算什么。我又走了不到两百英尺时，带着无以言表的恐慌、惊讶和愤怒，又看到了特拉波家的男孩向我走来。他从一个小角落里冒出来，蓝色的包挎在肩上，双眼闪烁着真诚的勤劳，欢欣地快步向特拉波家的店走去。忽然，他惊讶地看到了我，像上次一样再次发作，只是这一次膝盖病得更严重了。他不断地围着我转，双手向上举着，好像在请求我的宽恕。旁观的人看着他的痛苦都哄堂大笑。我彻底地惊呆了。

还没走到邮局时，就又看到了特拉波家的男孩迎面走来。这一次他完全不一样了，蓝色的包像我穿的长大衣一样套过脖子。他在街道对面昂首阔步地向我走来，身边还有几个年轻的朋友。他时不时地冲那些朋友摆摆手，然后高声说：“不认识你！”言语无法传达出我的愤怒和所受到的伤害。从我身边经过时，他扯了扯衣领，将两鬓的头发拧成一股，一手叉腰，自鸣得意放肆地笑着，扭动着胳膊和身体，拖长了声音对身旁的朋友说：“不认识你，不认识你，我发誓，不认识你！”随后马上转过身，跟在我身后不断地喊叫着一直走到桥对面，就像我还是铁匠时就认识我的一只乌鸦。这把对我的羞辱带至了顶峰，带着这些侮辱，我离开了小镇，可以说是被小镇驱逐了出去。

题干 16. 这段文章的结构大体可以概括为

A. 一次受尽屈辱遭遇的回忆

B. 很松散的一系列事件的报道

C. 特拉波家的男孩行为背后的循环逻辑的一种简述

D. 从不同角度描绘的一个动作

E. 从孤单状态到群体和团体的状态

参考答案：A

全文是围绕公开羞辱“我”的特拉波家的男孩的三次见面展开的。“我”回忆起这段往事时感到愤怒与窘困。全文最后，“我”被“驱逐”出了小镇。选项 B 不正确，因为这一系列事情并不是“松散的”，都是围绕着“我”与同一个小男孩发生，并最终导致“我”离开小镇。选项 C 不正确，文中描述了特拉波家的男孩的行为，然而原因并不复杂，他只是在嘲笑“我”的臭架子。选项 D 不正确，文章视角单一，即是“我”的回忆。选项 E 不正确，文中自始至终，“我”是孤立于群体之外的，最后还被赶出小镇。

题干 17. 文章第一段暗示着叙述者认为

A. 作为镇里的陌生人感到无助和无动于衷

B. 对镇里人感觉自满和有距离感

C. 在一个乡镇感到不重要和厌烦

D. 在熙熙攘攘的路上感到困惑和迷茫

E. 回到自己家乡感到骄傲和怀旧

参考答案：B

关键句“Still, my position was distinguished one, and I was not at all dissatisfied with it”，表明“我”有一种自鸣得意的优越感。“我”的自傲与对别人的态度显示“我”与别人之间的距离。选项 A 不正确，“我”并不是镇上的陌生人，很多人认识“我”，而且“我”对大家的关注并非感到冷漠，而是暗自窃喜。选项 C 不正确，“我”并没有感觉厌烦，而是觉得“interesting”（首句）。选项 D 不正确，“我”对老镇子十分熟悉，街上人不多，十分安静，对于旧景，“我”没有感到困惑和迷茫。选项 E 不正确，虽然“我”可能对自己如今显赫的地位感到自傲，第一段中并没有看出他对过去的怀念。

题干 18. 文中第 13 行的“progress”暗示着叙述者

A. 对未来有着美好的憧憬

B. 想带来变化

C. 把自己漫步当做一种沉思

D. 并不希望看到特拉波家的男孩不堪

E. 回想过去运势的上升

解析

参考答案：C

“我”将自己想象成游行列队中一员，供路人惊叹。结果讽刺的是，“我”游行的威严全毁于小男孩的嘲笑了。选项 A 不正确，“我”的想法只是眼下在街上行走并和路人互动，而非关于未来。选项 B 不正确，“我”只是四下看看，并且自我满足，没有想为小镇带来些改变。选项 D 不正确，当“我”看到特拉波家的男孩，立刻试图躲避，明显预感到了麻烦。选项 E 不正确，“我”此刻并非回忆往事，而是关注自己被认出来以及路人对自己的关注。

题干 19. 第 17 行的“面色平静”（“that expression of countenance”）是指叙述者

A. 内疚的情结
B. 友好的问候
C. 伪装的漠然
D. 灾难的征兆
E. 对特拉波家的男孩的再认识

参考答案：C

因为“我”的内心与表情矛盾，内心预感到麻烦的来临，而表面强装无所谓和漠不关心。选项 A 不正确，“我”并没有负罪感，而是试图打消特拉波家的男孩的坏念头。选项 B 不正确，“我”没有对谁示好，尤其没有对特拉波家的男孩。选项 D 不正确，因为看到特拉波家的男孩时，“我”就预感灾难和麻烦，但脸上却不会表现出来。选项 E 不正确，我对特拉波家的男孩以及路人都是假装不认识的。

题干 20. 文中第 35 行的“visited”最接近的意思是

A. 要求
B. 分享经历
C. 暂住
D. 萦绕在头脑中
E. 折磨

参考答案：E

这里的“was severely visited as before”指的是前一段中小男孩假装被痛苦地折磨。第二次小男孩和“我”相见，他还是佯装痛苦无比。从下一句的“he staggered round and round me with knees more afflicted”也可以看出来这一题选 E 较合适。选项 A 不正确，并没有人叫小男孩装疯。选项 B 不正确，小男孩并非与谁分享经历，而是一个人做出古怪的行为。选项 C 不正确，根据上下文，“vist”在这里显然不是“拜访”的意思。选项 D 不正确，“haunted”是“缠住，反复出现”的意思，意指小男孩过去有着痛苦阴影，然而文中小男孩是假装突然发疯，故 haunted 一词不合适。

题干 21. 文中第 38 ～ 39 行的特拉波家的男孩的种种痛苦“引起哄堂大笑”（“were hailed with the greatest joy”）是因为镇里人

A. 很乐意看到一个傻男孩接受惩罚
B. 被那些姿势逗乐了
C. 误解小男孩行为的意思
D. 很享受叙述者的幽默
E. 很高兴看到朋友间的奇怪行为

参考答案：B

这道题比较容易。路人们看到小男孩捉弄装腔作势的“我”感到开心，因为镇上的人对我趾高气昂的走路姿势感到反感，所以欢迎小男孩的嘲笑。选项 A 不正确，小男孩的痛苦是装出来的，“我”并没有惩罚他，而且镇上的人也没觉得小男孩很傻。选项 C 不正确，镇上的人并没有误解小男孩举止的意思，他们都明白小男孩是在嘲弄“我”，并且以此为乐。选项 D 不正确，镇上的人喜欢的是小男孩的幽默，而不是“我”的。选项 E 不正确，文中没有证据说这是两个朋友在互相恶作剧，而是“我”被他的恶作剧所折腾。

题干 22. 第 48 行及第 54 ～ 55 行中小男孩大声说“Don’t know yah”的初衷是

A. 提醒叙述者陌生人是不受欢迎的
B. 讽刺叙述者冷漠的行为
C. 夸大镇上的人欲否认认识叙述者的事实
D. 引诱叙述者去介绍自己
E. 唤醒镇上人的同情

参考答案：B

实际上镇上的人和小男孩都明白“我”装作不认识街上的人，小男孩说“不认识你”就是以此开“我”的玩笑。选项 A 不正确，“我”并不是陌生人，而且人们认得出我（“there suddenly recognized and stared after”）。选项 C 不正确，别人并没有假装不认识“我”，而是“我”自己装作谁也不认识。选项 D 不正确，因为小男孩并没有试图说服“我”做自我介绍，而他的嘲弄则表现出他们早已相识。选项 E 不正确，小男孩是想让大家乐，而不是感到同情。

题干 23. 叙述者的描述可以概括为

A. 小说家对有影响力的前辈的评论
B. 机械地解释机器坏了的缘故
C. 社会评论员发布规劝词
D. 科学家解释有争论的假设
E. 作者叙述一次不够愉快的个人经历

参考答案：E

这道题很容易解答。A、B、C、D 四个选项的意思明显都跟文章的意思相差甚远。

 24. 这篇文章最有说服力的喜剧策略是

A. 路人的评论

B. 叙述者高贵的姿态和小男孩的古怪的对比

C. 缺乏对叙述者怀旧情结的理解

D. 祈祷命运消除人类的过错

E. 特拉波家的男孩是镇里人讽刺的对象

解析

参考答案：B

“叙述者高贵的姿态和小男孩的古怪的对比”，这很明显就是全文自始至终的喜剧手法，可以比较容易做出选择。选项A“路人的评论”不正确，镇上人们的感觉文中并没有明说，而是作为小男孩行为的背景存在。选项C不正确，“我”并不是缺乏理解，“我”明白小男孩只是在模仿自己。选项D不正确，虽然“我”提到了“命运”将小男孩扔到我面前，但并没有祈祷“命运”消除人类的过错。选项E不正确，镇上的人并不以小男孩为笑柄，而是乐于小男孩对我的嘲弄和模仿。

阅读译文7

阅读下面文章，回答问题7～19。

下面文章讨论的是殖民地威廉斯堡，一个历史上重建的村庄，村民穿着殖民地时期的服装。威廉斯堡的游客能感受到18世纪弗吉尼亚州都城的样貌。文章一选自一位历史学家1960年写的书。文章二选自一位建筑评论家1997年写的书。

文章一

由小约翰·洛克菲勒热情出资重修的殖民地威廉斯堡，不仅是美国风格历史遗址的卓越代表，而且已经变成培养研究美国历史的专业人士的基地。与此同时，专业历史学家为威廉斯堡非正统的大众化的魅力所困扰，并没有授予它应有的重视。有些人简单地将它视作有钱人满足自己一时冲动的另一例子，就像赫斯特那些臭名昭著的进口城堡；有些人将它视作教育的“小器具”而不屑一提；他们或者是傲慢地将它视作体现美国庸俗的一种无害却有趣的例子——一种爱国的迪士尼乐园。但是，几次亲自拜访，我不得不说服自己：它的重要性体现在赞助者所没有宣扬的方面。

威廉斯堡是具有典型民主风格的纪念碑，它设想出一种非专业、非贵族式的教育。除非一个人已经了解了很多知识，否则他从游览罗马广场和雅典卫城中就不会收获硕果。对所有对不同艺术和艺术时期了解不多的人来说，伦敦的国际画廊看起来会是一堆画布和大理石杂生的地方。这些地方的初衷是为鉴赏家或学者而建造的，不是为普通市民。

但是因为殖民地威廉斯堡提供给大家的不是艺术史的片段，而是一个不断发展的社会

的模式，所以几乎对所有人来说，它很容易理解，也很有吸引力。那是一种文化的象征，这种文化中的美术已经远没有其他文化中的美术重要，在这种文化中，读写能力是比文艺性更高的理想。古董椅子上令人生畏的缎带，“请勿触摸”的标牌，这些欧洲博物馆无所不在的特征和美国重建的社会没有任何联系。令所有游览过欧洲的人都惊讶的事实之一是，威廉斯堡的导游没有固定的导说词，而是向旅游者介绍自己在培训时必须学习的关于殖民地生活的课程的理解。

殖民地威廉斯堡在一个贫穷的国家是不可能出现的。它是为一个拥有石板路和家庭假期的国家而建的。像美国拼写比赛和教育电视秀一样，威廉斯堡象征着美国人不愿相信教育应该是烦琐的事情。商业和乐趣应该相结合。就这点意义上而言，威廉斯堡最适合不过了。

文章二

以有选择的幻想代替现实是最成功的、盈利高的、令人难以置信的美国现象的典型特征，这一现象将环境以主题娱乐的方式再现。将“地点”定义为一个选定的形象很可能以一种严肃的方式始于20世纪20年代晚期的威廉斯堡，早于新世界迪士尼乐园，并为其出现奠定了基础。正是在威廉斯堡重修的过程中，对事实的刻意回避获得了学术上的许可，历史和地点作为带主题的人工制品也获得了很大的成功。威廉斯堡被鉴赏家看作一种特定时代的作品，它的缺乏远见被看作早期保护运动局限性的产物。在这些局限性下，一个仔细的构造应运而生：一个人们可以学到一点儿浪漫化的历史的地方，一个人们可以混淆现实和虚幻的地方，一个人们可以玩得很开心的地方。从那以后，知识、技术、标准变得越来越复杂。但是最初构想中的威廉斯堡的形象和榜样仍然被普遍地膜拜并模仿着。

重修是一个非常艰难也很不明确的过程，这个过程掺入了不真实，是一项需要高度主观整容手术的工程。在威廉斯堡，为了重修设计了即时的“截止日期”，在此处是1770年——人为地决定什么时候一个地点被冰封在事件中。在选定了“截止日期”后，下一步就是要将它修复，这意味着根据人们所想的，或所希望的它在选定时刻的样子，重新创造一个地方。这通常意味着移动或摧毁一大堆随后的建筑历史，而这些历史正是制造真正的历史和艺术所需的材料。在一项充满令人惊讶的非逻辑和天真狂妄的行为中，环保建筑师们和历史预言家们扮演着上帝的角色。

在美国，这种对历史和艺术的犯罪已成为大众文化既定的一部分，并已经给予了破坏许可。在威廉斯堡，大约730栋建筑物被移走，81处被翻新，413处在原址上被重新修建。选定时间之后的所有东西都得消失。关于现实就说到此，那些杂乱的、有启发性的、非常宝贵的、不可复原的、关于城镇居处偶然记录的真相也到此为止了。

题干 7. 两篇文章的作者都很可能同意殖民地威廉斯堡

A. 在美国受欢迎

B. 是欧洲主题公园的雏形

C. 受益于收藏建筑家的投入

D. 歪曲美国人过去的集体意识

E. 克服历史重建的局限性

解析

参考答案：A

本题属于合并式小双文章的 both 题，应根据同时存在于文章一和文章二的内容进行选择。文章一的作者评论说，专业历史学家为威廉斯堡非传统的大众化的魅力所困扰（第 6 ～ 9 行）。文章二的作者虽然为威廉斯堡的重修而感到悲哀，但仍然认为它是最成功的、盈利高的、令人难以置信的美国现象的典型特征（第 48 ～ 49 行）。由此可知，两位作者都认为威廉斯堡已经在美国获得了大众的认可，故 A 正确。选项 B 不正确，两位作者都将威廉斯堡看作美国的一种新兴事物，与世界其他地方的历史遗迹不同，但他们并没有提到威廉斯堡对欧洲主题公园产生的影响。选项 C 不正确，文章二认为正是这些建筑师的保护破坏了威廉斯堡所蕴涵的历史信息，与选项恰好相反。选项 D 不正确，文章二的第一句，作者便把威廉斯堡等景观的特征定性为选择性想象替代现实。而在文章一的最后一段，作者暗示这种历史再现是一种非常有效的教育手段。选项 E 不正确，文章一作者集中论述了威廉斯堡积极的方面，然而文章二作者却对威廉斯堡的历史还原极为不满，认为它被还原为某些人认为真实的样子——或者某些人愿意想象为真实的样子。

题干 8. 在文章一中，罗马广场、雅典卫城以及伦敦的国际画廊（第 20 ～ 21 行）的例子具有以下哪项特征？

A. 对欧洲人来说比美国人更有趣

B. 需要专业知识才会欣赏

C. 教育游客关于不同的艺术品和时代特征

D. 重新修建已受损的美学标准

E. 每个游客都觉得有趣

参考答案：B

文章一提到“罗马广场、雅典卫城以及伦敦的国际画廊”，为的是将其作为与威廉斯堡不同的景点进行对照，因为重建威廉斯堡乃是进行“非专业、非贵族式的教育”（第 18 ～ 19 行）。作者认为罗马广场、雅典卫城以及伦敦的国际画廊主要是为鉴赏家及学者而建造的，不是为普通民众（第 24 ～ 25 行）。换句话说，只有对景点的历史及文化意义熟稔的专家才能充分领略其中的风采和韵味。选项 A、C、D 文中都没有提及，可以排除。选项 E 不正确，因为这些景点主要是为鉴赏家及相关领域专家重建的，而非为普通民众，作者认为并不是所有人都会对它们产生兴趣。相反，威廉斯堡才是人人都能欣赏并产生兴趣的景点。

题干 9. 文章一“sign”和“ribbon”第 31 ～ 32 行的效果是

A. 帮助人们了解陈列在博物馆里的物品的文化意义

B. 防止对无价和易碎的艺术品的损害

C. 限制建筑师重新创造具有历史重要性的地点

D. 让人们远离具有文化和历史意义的事物

E. 传达一种误解，即大多数人曾经生活在奢侈中

参考答案：D

“古董椅子上令人生畏的缎带”是“请勿触摸”的表示，“标牌”也写有“请勿触摸”字样；两者都是欧洲博物馆的典型做法，然而却与更加容易接近的威廉斯堡截然不同。威廉斯堡没有诸多禁忌，使游人更容易感受到当时的历史，而欧洲的博物馆却用“请勿触摸”的缎带或标牌将游人与古物分隔开来。选项 A 不正确，缎带和“请勿触摸”的标牌使古物与游人分隔开来，并不能让游人更好地认识它们。选项 B 不正确，虽然缎带和“禁止触摸”的标牌能够保护文物免受损坏，然而作者此处想要表明这种做法将使游人与文物分隔。选项 C、E 文中均未提及。

题干 10. 文章一的作者认为，任何游览过欧洲的人可能会发现威廉斯堡最“令人惊讶”（第 35 行）的是

A. 历史修复中旅游者的参与
B. 大多数游客都很有钱
C. 导游的自由度
D. 假想中的历史村庄的概念
E. 训练导游的花费

参考答案：C

此处作者只强调了威廉斯堡的一个特点：导游现场即兴解说的能力。威廉斯堡的导游没有预先设定好的解说词，表明他们有即兴解说的自由，而且作者也特别指出这种做法“令人惊讶”。选项 A 不正确，文中并没有一处提到游客参与到了历史再现中。选项 B 不正确，虽然作者提到能够建造出威廉斯堡的国家可能非常富裕，然而作者并没有提到游客们富裕与否。选项 D 不正确，作者并没有把游览过欧洲景点游客的感受同建造威廉斯堡的理念联系起来。选项 E 不正确，文中并没有提到培训导游所需的费用。

题干 11. 文章一中第 42 ～ 45 行中所描述的教育方法“Williamsburg ... chore”最类似于

A. 教地理的电脑游戏
B. 陈列历史艺术品的博物馆
C. 提供喜剧的电影
D. 考察有争议问题的教科书
E. 试验理论的科学实验

参考答案：A

文章在威廉斯堡同拼写比赛及教育性电视节目之间做出比较（第 42 行），表明教育应当寓教于乐，而不应当是一种负担。借助电脑游戏教授地理也是基于同样的理念，即学习可以是一种娱乐的过程，而不是让人生厌的常规套路。选项 B 不正确，展览历史文物并不是为了让博物馆中的学习更加具有趣味性，也不是为了让学习的过程变得有趣。选项 C 不

正确，穿插一些喜剧性片段的电影可能很娱乐，但不一定具有教育意义。选项 D 不正确，虽然学习有争议的问题可能很有趣，但是教科书本身却并不像游戏或者电视节目那样有趣。选项 E 不正确，做科学实验证明定理的趣味，同文中所描述的趣味完全不相关，而且不是一项简单的工作。

题干 12. 文章二第 55 行的“studious”一词是为了强调

A. 修复历史结构必须付出艰辛的劳动
B. 一个地方的某些严肃面是为了提供娱乐
C. 相信威廉斯堡新颖方式的人们的聪颖
D. 捏造威廉斯堡的故意
E. 支持威廉斯堡学者的历史证明

参考答案：D

“studious”意为“细致入微的”，此处用于形容“fudging”，即伪造的真实。“studious fudging”是指蓄意伪造或捏造的事物，与历史真实相差甚远，而“studious”本身却有忠于史实的意思。选项 A 不正确，“studious fudging”是指威廉斯堡的再现同历史真实不相符合，而不是指还原过程中需要付出艰辛的劳动。选项 B 不正确，既然“studious”用于描述“fudging”，我们就可以推测，这一短语不会用于描述威廉斯堡严肃面。选项 C 不正确，文章二的作者并没有被威廉斯堡的创意打动，因而“studious”一词也不会有这层含义。选项 E 不正确，“studious fudging”描述的是还原威廉斯堡的举动，而非那些学者的专业资质。

题干 13. 文中第 81 行的“plays”最相近的意思是

A. 下注
B. 竞争
C. 扮演
D. 玩弄
E. 利用

参考答案：C

“扮演”。“扮演上帝”的是那群随意篡改历史的建筑师（第 77 ～ 78 行）。他们想要达到自己的目的，才在一项充满令人惊讶的非逻辑和天真狂妄的行为中随意捏造史实。选项 A 意为“下注”，B 为“竞争”，D 为“玩弄”，E 为“利用”，显然都不符合上下文意思。

题干 14. 文章二的作者说“这种类型的犯罪”（“this type of crime”）（第 82 行）是指

A. 普通的，因为大多数人珍惜建筑历史
B. 警示的，因为会威胁到艺术家的生活
C. 滥用的，因为利用了别人的好意
D. 随便的，因为历史里程碑必须长期保修
E. 不吉祥的，因为很少人受到了影响

参考答案：E

第 82 行 “this type of crime” 是指文章一中破坏历史建筑、文物的修复。根据作者的观点，这种重建并没有让人们产生忧虑，因为“这已成为大众文化中的一个元素”。虽然作者没有明确声明这种重建式开发“堪忧”，甚至是危险的，然而从整篇文章所阐述的主题，即这种重建带来的破坏性来看，则明白无误地表明了作者的倾向。选项 A 不正确，根据作者的观点，只要人们珍视建筑史，“这种罪行”，即威廉斯堡等的重修，就可以避免。选项 B、C 文中均未提及。选项 D 不正确，作者对重建威廉斯堡等历史古迹的做法持反对意见，但这同维护现有的历史建筑或历史遗迹并没有任何关系，实际上作者关心的是这种重建对历史建筑的破坏性。

题干 15. “美国风格的卓越代表”（“brilliant example of an American style”）（文章一第 3 行）不能被文章二的作者相信，很可能是因为

A. 其他国家比美国更早地完成了建筑保护使命

B. 美国的博物馆很引人注目但缺乏真正的文化价值

C. 历史怀旧情结使得人们向往一种不再可能的生活方式

D. 对历史逼真的再现会净化历史

E. 只有有利可图，历史修复才能实现

参考答案：D

文章二的作者总体上反对威廉斯堡的历史重建。选项 A 不正确，同文章一作者的一样，文章二的作者将威廉斯堡的重建定义为一种“美国现象”（第 49 行），同时并没有提到其他国家是否也采取这种做法。此外，文章二的作者认为这种重建毁坏而非保存了历史建筑。选项 B 不正确，文章二的作者认为“重修过程中掺入了不真实”（第 69 行），也叙述了重建带来的负面影响，但并没有针对美国的历史遗迹进行文化价值层面的评判。选项 C 不正确，文章二的作者并没有表明威廉斯堡所展现的历史使游览者变得怀旧，并向往当时的生活方式。选项 E 不正确，文章二的作者反对威廉斯堡的重建，是基于保存历史的考虑，而没有顾及这种重建能否盈利。

题干 16. 在文章一第 12 ～ 14 行（“Or ... Disneyland”）历史学家所提到的观点被文章二的作者反对，是因为它们

A. 夸张叙述了能让人了解威廉斯堡的历史内容

B. 认为像威廉斯堡的主题环境是普遍存在的

C. 认为历史需要为了大众消费而简明化

D. 赞同对保存着的原始建筑进行复制

E. 没有认真考虑文化导向所产生的危害

参考答案：E

文章一第 12 ～ 14 行认为威廉斯堡的重修是 “harmless”（无害的）但是 “amusing”（有趣的）。而文章二的作者则在文中第 82 ～ 84 行指出，In the United States, this type of crime against art and history has become an established element of popular culture. It has also given a license to destroy.（在美国，这种对历史和艺术的犯罪已经成为大众文化既定的一部分，并已经给予了破坏许可。）这是对以威廉斯堡的重修为代表的类似事件对社会所带来的问题的总结。由此可见，文章二的作者认为威廉斯堡的重修从本质上讲是受文化影响的并且给历史和艺术都带来了破坏。所以他会认为文章一中的那些历史学家的观点忽略了文化导向所带来的危害。故选项 E 正确。

题干 17. 文章二的作者很可能会认为在文章一第 34 ～ 39 行所描述的说话方式是威廉斯堡的什么样的证据?

A. 历史保护学家珍视的
B. 无法对历史产生兴趣的
C. 在学者中有极好口碑的
D. 缺乏完整建筑风格的
E. 对历史事实趋于随意的

参考答案：E

在文章二第 61 ～ 64 行，作者认为重修后的威廉斯堡是 a place where one could learn a little romanticized history, confuse the real and unreal, and have—then and now—a very nice time.（一个人们可以学到一点儿浪漫化的历史的地方，一个人们可以混淆现实和虚幻的地方，一个人们可以玩得很开心的地方。）这说明在威廉斯堡里，历史并没有被严肃对待。而文章一第 34 ～ 39 行所列举的事实正好反映了这一点：One of the most startling facts to anyone who has toured Europe is that the Williamsburg guides have no set speeches, and are giving visitors their own interpretation of the rigorous course of lectures on colonial life which they are required to attend as part of their training.（令所有游览过欧洲的人都惊讶的事实之一是，威廉斯堡的导游没有固定的导游词，而是向旅游者介绍自己在培训时必须学习的相关殖民地生活的课程的理解。）故选项 E 正确。

题干 18. 以下哪一项对比描述了两篇文章的作者对于美国的历史重建的观点?

A. 文章一是逃避现实的，文章二是教育性的。
B. 文章一是可获利的，文章二是不可获利的。
C. 文章一是值得赞美的，文章二是令人惋惜的。
D. 文章一是停滞的，文章二是动态的。
E. 文章一是多种多样的，文章二是相似的。

参考答案：C

在文章一第一段最后一行作者指出威廉斯堡的重建是 it is significant in ways that its ...。而后，文章一的作者对这一重要性进行了详细的阐述。而文章二的作者则在文中明确表明威廉斯堡的重建所带的是破坏和危害。由此可见，文章一的作者对历史重建的态度是褒扬的，而文章二的作者则因这种破坏和危害悲痛不已。故选项 C 正确。

题干 19. 两篇对于威廉斯堡的讨论都面对怎样的挑战?

A. 对老化的历史建筑进行更新

B. 对单一时期多种多样建筑风格的陈列

C. 说明易于获得却真实可信的历史内容

D. 将殖民制度的独特性戏剧化

E. 让历史重建更加支付得起

参考答案：C

两篇文章分别讨论了重建后的威廉斯堡是怎样向公众展示历史的以及所展示出来的历史又是怎样的。虽然两篇文章的作者对展示历史这一过程和结果褒贬不一：文章一认为威廉斯堡的做法很独特而且成功；而文章二的作者则认为威廉斯堡的做法从本质上来说并没有宣传可信的历史，是不值得推崇的。但是双方都关心威廉斯堡是否向公众展示了易于获得的并且是真实可信的历史内容这一点。故选项 C 正确。

SAT OG TEST 1（第一版）

阅读译文 1

阅读下面文章，回答问题 9 ～ 12。

文章一

科学上有很多资料都记载海豚是具有智慧的。研究表明海豚可以理解手语，猜谜语，也能够将周围的物体当做工具。科学家们同时也认为海豚拥有一种复杂的语言：有不计其数的例子记录了海豚之间可以互相传递信息。近来的一个实验证实了海豚甚至可以认出镜中的自己，很少有动物能够做到这一点。这种行为表明海豚具有自我意识，也就意味着其智力水平或许很接近人类。

文章二

海豚是否真的很聪明呢？海豚的脑容量很大，但是大脑的体积既不能决定智力的本质，也不能决定智力的高低。一些科研工作者们指出，海豚大脑的体积很大是出于自身的需要——出于处理声呐、声音和社交活动的需要。也有另外一些人则认为不管大脑的体积如何，海豚拥有的智力水平介于狗和大猩猩之间。事实上，我们并不清楚真实的情况如何，这种比较或许并不是非常有用。正如人类智力水平与人类所需相称，海豚的智力也正适应海豚的生活方式。在我们发现更多的事实之前，我们只能说海豚的智力是与众不同的。

题干 9. 在第 2 ～ 8 行，文章一的作者提到了一些活动说明了海豚

A. 对环境极度敏感

B. 一般说来不能在被圈养时健康生长

C. 有一种独特的智力

D. 生性异常顽皮

E. 具备一些一般来讲人类才有的能力

解析

参考答案：E

找出原文主旨句 “The intelligence of dolphins is well documented by science/ 科学上有很多资料都记载海豚是具有智慧的”，同时下文也有描述 “indicating a level of intelligence that may be very near our own/ 意味着其智力水平或许很接近人类”，可判断出作者将海豚与人类相比较，故选项 E 正确。选项 A、B、D 在文中都未有相关的描述。作者文中只提到一些活动，并没有拿其他动物与海豚相比较，因此无法显示出其智力的独特之处，故选项 C 不正确。

题干 10. 文章二的作者会如何回应文章一的最后一句话？

A. 指出动物的智力事实上是无法测量的

B. 论述对于不同的物种，智力的表现不尽相同，因此不能一概而论

C. 质疑已开展的研究的客观性

D. 提及海豚的活动并不需要很高的智商

E. 认为对于海豚的群体行为我们目前知之甚少

参考答案：B

文章一的最后一句提到了海豚的智力已经非常接近人类，但文章二中却表明“Just as human intelligence ... of life/ 正如人类智力水平与人类所需相称，海豚的智力也正适应海豚的生活方式”，因此我们可以理解为不同的物种，智力的表现不尽相同，故选项 B 正确。

题干 11. 两篇文章中心的分歧在于文章一指出海豚

A. 享有高度的文明，而文章二则主张海豚的智力已经大致处于人类的水平

B. 与人类同等聪明，而文章二则提出海豚的表现在动物中脱颖而出

C. 智力高于绝大多数其他动物，而文章二则指出海豚的智力逊于其他动物

D. 高度智慧，而文章二则认为目前的证据不足以了解海豚的智力水平

E. 脑容量很大，而文章二则主张脑的体积并不能说明其智力水平

参考答案：D

文章一的最后一句提到了海豚的智力已经非常接近人类；文章二中却指出“Until we know more, all we can say is that dolphin intelligence is different/ 在我们发现更多的事实之前，我们只能说海豚的智力是与众不同的”，说明了现在暂时无法测量海豚的智力水平，故可判断选项 D 正确。选项 A 中，文章二中并非主张海豚的智力已经接近人类，这是文章一的观点，故选项 A 不正确；文章二中提到“comparisons may not be especially helpful/ 这种比较或许并不是非常有用”，可看出作者觉得将海豚的智力与其他动物相比较是没有意义的，故选项 B、C 不正确；文章一中并未提到海豚的脑体积很大，其实这是文章二中提到的，原句“Dolphins have large brains”，故选项 E 不正确。

题干 12. 以下关于海豚的概述，两篇文章都支持的是

A. 海豚表现出了自我意识

B. 海豚较其他动物而言感情更为丰富

C. 海豚学习迅速
D. 海豚有一定程度的智慧
E. 海豚表现出了使用工具的能力

参考答案：D

通过上题的解析我们可以得出，两篇文章的分歧在于海豚的智力水平判断。相对文一对海豚有类似人类的智慧的大胆定论，文章二只表明了海豚与其他动物智力不同，对于其智力程度却持保守态度。但不难看出二者均直接或间接地承认了海豚具有一定程度的智慧，故可判断选项 D 正确。其他的选项并未在文章一及文章二中找到相关描述。

阅读译文 2

阅读下面文章，回答问题 13 ～ 24。

下文选自一篇 1987 年的论文，作者是一位印第安族后裔，他考察了印第安人在美国历史上受到的评判，完成了此文。

三百五十多年前英国清教徒们抵达美洲创立殖民地到现在，人们始终认为印第安人在诸多方面一如既往的神秘，认为他们古怪，难以捉摸。欧裔美国人无知，贪婪自私，自以为是，不幸的是这却导致印第安人一直遭世人误解，包括他们原有的权利、动机、习俗、语言和追求。这个问题部分是源自一种为时已久的偏见：欧洲或欧美的研究者们趋向于认为印第安人与其他人种有着根深蒂固的差异，认为印第安族的世界观神秘莫测；与其说是其个人追求、对环境和自我的思考指导着印第安人行事，倒不如说他们的行为是出于一种神秘的信仰。

误解当然不是近期才萌生的。卢梭*曾称印第安人为心无杂念的“高贵的野蛮人”。盲目地认定了印第安人是无法理解的，那么自然就很少有人去理解他们。在观察印第安社会的时候，都是隔着一层有色眼镜，很少有人能够理性地去研究印第安文化，都认为只有研究所谓“开化”的文明才需要“逻辑、推理”。在这种情况下，就印第安问题欧洲人在尝试系统地构想一套完整的理论的时候，一般都不是站在人人平等的立场上，而是通过另外一种“祖先决定后代”的模式。那些研究者们和印第安人虽然同处一个时代，可印第安人却仍被认为是远古的人种，就好像石器时代的欧洲人一样。

这是一个迎合大众的故事，一个不错的故事，但问题是：印第安人自古是，现在仍然是智慧的人类。虽然，印第安人不同于西方人，门牙的形状跟小铁锹一般，内眼角眼皮内皱，臼齿锋利，但是 4 万年来印第安人如其他任何人种一样繁衍生息。他们一样拥有凝聚了智慧的文化积淀、彻夜工作的机器发明、适意的人生哲学、坚实的精神支柱，“印第安”也有自己的祖先，他们的祖先跟我们的祖先一样生活在那距今已经隔世的时代。

欧洲人坚信自己引领并主宰着科学，只有西方人才能逻辑地推理和清晰地思考，就是基于这一点，上述那些显而易见的事实迟迟不能被接受。在西方人眼中犹太—基督的信条坚如磐石，不容置疑，认可与犹太—基督教相悖的文化，赞同除此以外的思想，那就是在质疑他们的精神基石：只有上帝才是正道、真理、万物之主，只有欧洲人才是真正的上帝旨意的传承者，舍我其谁。要是印第安文化得到了正名，那么欧洲社会岂不是沦为了一伙排外孤傲的欧洲佬。因此毫不奇怪，印第安人不可能被真正地理解，或者说充其量只不过是必须以一种特定的方式被理解，即一种欧洲人的方式：一个没有条理、迷信邪术、被禁锢在古代的牢笼里的种族，而其他人种则是沿着祖先的引领走向现代。

出于方便起见，西方人选择了“误解”，但却声称要更为准确、客观地记载和传播印第安人的历史——实际上说来容易，实现却是遥遥无期的事情。与欧洲人接触之前和接触初期印第安社会是没有文字的，因此重铸印第安人的历史的工作变得困难重重。不同于欧洲史，印第安人的各个历史时期都没有可靠的文字记录，有的是部落的遗迹，口口相传的故事，具有象征意义的符号、器物以及宗教仪式，但是在那些学院派的学者们看来这些证据的准确性、可靠性令人置疑。局限于文化传统和认知方法，西方的历史学家们称，除了一些考古学的发现外，我们对早期印第安人的生活几乎一无所知。历史学家们认为，推测印第安人的历史倒不如直接回避来得合理和缜密。

然而，认为人们在理解任何文化的历史的时候都不带有主观偏见，这是一种幼稚的表现。当今，无论是在南太平洋、扎伊尔、汉诺威、新罕布什尔州，抑或是维也纳、奥地利，当地的风俗里都会流传一些有关印第安的民间传说，人们幼年的时候势必会受到这些传说的影响。甚至一些人，印第安人在他们心中的印象依然是根深于那些老套的广为流传的传说，也正是出于对印第安部落的这种印象，他们才开始了对印第安文化的探究。学术上讲，印第安文化和历史的研究工作的特别之处在于它是一个必须从头来过、令人痛苦的揭秘过程，经常让人感到出其不意。大多数人根本无法从零开始，而是必须“从负开始”，他们儿时曾崇拜印第安的英雄和勇士，而现在却必须摒弃儿时的那些幻想。

* 卢梭是18世纪法国哲学家。

题干 13. 文中提及“清教徒”（“the pilgrim settlers”）（第3 ～ 4行）是为了

A. 就一个较为易解的时代唤起人们的思考

B. 提出宗教问题重要性旷日持久

C. 将其与今天的变革者们作对比

D. 揭秘早期的殖民生活

E. 与当今的情况作比较

参考答案：E

文章中首句中出现了两个时间节点，“at the end of the twentieth century ”和“over three hundred fifty years ago”，且根据文中的“remain as”即可看出作者将两个时间段进行

比较，故可直接判断选项 E 正确。

题干 14. 与第 12 行的“charged”意思最接近的是

A. 听由……的命令　　B. 接受……的暗示
C. 被……充满　　D. 被……激励
E. 受到攻击

参考答案：D

原句“charged more by unfathomable visions than by intelligence or introspection”，“charged”的主语是“visions / 幻想、intelligence / 智慧、introspection/ 反省”，五个选项中只有选项 D 的“被……激励”与主语相搭配。查看句子结构，很明显，charged 与 motivated 在句中是并列关系，结合下文便知二者是同义而并非反义，因此选出与 motivated 意义相近的选项也就是正确答案。

题干 15. 第 14 行，文中提到卢梭是为了强调

A. 文化偏见的哲学渊源
B. 某些类型的误解存在的时间之久
C. 倾向对未知的恐惧
D. 欧洲知识传统的多样性
E. 即便是伟大的思想家也会犯错误的论点

解析

参考答案：B

细读该段，很明显，提到卢梭是为了证明前句“This idea is certainly not new”。因此可以得出答案 B。其他选项均与文章思想背道而驰。

题干 16. 词组“迎合大众的故事”（“international crowd pleaser”）（第 28 行）是指

A. 一个人类学的谬误　　B. 一个取悦读者的新奇的妙语
C. 一个无伤大雅的谎言　　D. 一个反而有益的错误
E. 一个文化上的革命

解析

参考答案：A

通读全文，文章对于人们对印第安人的偏见持有反对的态度，而“international crowd pleaser”就是作者讽刺的对象。因此正确答案应该是带有否定和批判意味的。只有 A 选项符合题意。

题干 17. 第 29 行处的“问题”(“difficulty”)一词最直接地阻碍或削弱了

A. 欧洲人观察家所用的“祖先—后代”模式

B. 人类学研究上达成共识的可能性

C. 帮助流行文化摆脱那些老套的思想

D. 纯粹建立在逻辑推理上的理论

E. 关于早期欧洲社区的一些未经证实的观点

参考答案：A

从这句话可以看出，difficult 对应的是句首的“it”。联系上文便可找出 it 的所指，即人们总结出的“ancestor-descendant model”，因此 difficulty 就是直接削弱了这种理论。A 选项正确。

题干 18. 第 34 ～ 37 行“Their cultures ... dependable”描述了

A. 令其社会更加神秘的习俗

B. 传统的逻辑思维方式不能解决的矛盾

C. 任何民族得以存在的根本特征

D. 西方的历史学家习惯上用来审视文明的标准

E. 一个文明能影响其他文明必须满足的前提条件

参考答案：C

此题只问了句子的前半句，则后半句很有可能是解题的关键。句子的结构是“A，or else B.” A 否则 B。换言之就是如果 A 不成立，那么会发生 B。句子中的 B 的关键词是“vanish 消失”，A 不成立，那么会消失，因此可以反推出 A 就是 survive 的条件。只有 C 选项符合题意。

题干 19. 第 52 ～ 53 行处，两句以“They”开头是为了表达

A. 一个民族看待另外一个民族的看法

B. 最新的研究成果

C. 印第安人关于欧洲人的理论

D. 一些印第安人所接受的外来的指责

E. 早期人类社会沿用至今的一些技术

参考答案：A

根据原文描述，不难看出 they 是指代印第安人，同时原文也提到“from a European viewpoint”，可看出文章是以欧洲人的角度去看待印第安人，故选项 A 正确。

题干 20. 第 66 ～ 70 行，作者认为西方历史学家

A. 忽视了一些考古研究的价值

B. 受限于其过于狭隘的研究方法

C. 过分迷恋学院式的声望和文凭

D. 初衷虽好但是却事与愿违

E. 急于否认前人不合理的结论

参考答案：B

根据原句的关键词“culture-bound/ 受文化制约的”，可直接判断选项 B 正确。

题干 21. 第 70 行处出现的“educated guess”最可能是基于

A. 政府的人口统计数据

B. 诸如口口相传的历史故事和宗教仪式这些依据来源

C. 考古学家们对古代建筑结构的分析

D. 对化石的测量分析来决定其物理特性

E. 对特别部落相关的地区发现的器物进行的研究

参考答案：B

作者描述了以下几种问题：“有的是部落的遗迹，口口相传的故事，具有象征意义的符号、器物以及宗教仪式，但是在那些学院派的学者们看来这些证据的准确性、可靠性令人置疑”（第 69 ～ 70 行）。在作者看来，真正有根据的推测恰恰需要建立在这些已知的历史记录上，即口头传述的历史、传说、器物和宗教仪式。

题干 22. 在第 74 ～ 75 行处所提及的地区是为了强调

A. 印第安文化在美国之外的影响

B. 学院式的教育正逐渐趋同

C. 印第安人的某些观点的普遍适用性

D. 关于印第安人的观点，即相比较现在所认可的情况，印第安人与其他人种有更多的共同之处

E. 印第安史学者们很难消除分歧

参考答案：C

原文中提到“was exposed at an early age to one or another form of folklore about Native Americans”，说明世界各地的人们了解美洲土著文化都是从关于该文化的一些神话开始的，而“it is naive to assume ”可看出，作者认为人们了解美洲土著文化都是从有关这些神话的已有错误认识开始的。

题干 23. 文中第 82 行指出“大多数学生”（“Most students”）需要经过一个怎样的过程？

A. 反叛的
B. 幻想破灭的
C. 无望的
D. 惰性的
E. 自我否定的

参考答案：B

文中最后一句中的“abandon cherished childhood fantasies ”直接提示大多数学生会经过幻想破灭的过程，故可直接判断选项 B 正确。

题干 24. 第 83 行，“从负开始”（“minus zero”）的“负”字意指

A. 大多数刚刚涉足印第安文化的学者们都抱有一种先入之见这种情况
B. 当今多数大学中印第安历史研究的现况
C. 研究印第安历史的进步学者被学术界所接受的事实
D. 可供印第安历史研究所用的文字材料的不足
E. 那些申请从头开始对印第安历史进行研究的学者们所面临的困难

参考答案：A

不从零开始要从负开始，表明了要先摈弃学习开始前对印第安人已有的认知，这也意味着这些认知不具有客观性，属于主观意识，因此说明了大部分的印第安文化初学者对文化本身已有自己的看法。故选项 A 正确。

阅读译文 3

阅读下面文章，回答问题 6 ～ 7。

有时候一些习语的意思是不言自明的，比如 to move like greased lightning（快如闪电）或是 a close shave（虎口脱险，九死一生）。但是我们会经常遇到一些习语的意思让人大跌眼镜，不知所云——even steven（平分，五五开，平分秋色），fit as a fiddle（健康的，精神的），to paint the town red（外出狂欢）。很多对于这些习语的解释都是来自人们的臆测，却不是那么让人信服。一本使用广泛的字典解释说，to be joshing（开玩笑，戏弄）这个词组可能是源自幽默作家 Josh Billings，但是这个习语事实上早在 1845 年就出现了，而在 1860 年之前 Josh Billings 根本鲜有人知。

题干 6. 根据作者的意图，以下哪个习语最可能被列举在第 5 ～ 6 行处？

A. *to take a chance*（冒险，投机，赌一把）

B. *to jump for joy*（欢舞雀跃，欣喜若狂）
C. *to lend an ear*（侧耳倾听）
D. *to talk through your hat*（信口开河）
E. *to flare up*（猛烈燃烧，突然发作）

参考答案：D

文中第 5 ～ 6 行中提到“does not appear to signify anything”，说明这些词语从字面上是看不出其真正含义的，五个选项中，显然选项 D 无法根据字面推测其含义，故选项 D 符合题意。

题干 7. 文章的最后一句的主要作用是
A. 引述一个尽人皆知的事实
B. 废除一个理论
C. 含蓄地指责
D. 提到一个令人迷惑的事情
E. 解释一个习语的起源

参考答案：B

根据原文最后一句的描述，有一种流行的说法认为习语“to be joshing”的由来与幽默作家 Josh Billings 有关，但此习语早在 1845 就开始流传了，而 Josh Billings 直到 1860 年才逐渐被人们所知。因此最后一句话实际上是指出了这种说法的不可信。

阅读译文 4

阅读下面文章，回答问题 8 ～ 9。

以下是关于自中世纪以来到 20 世纪的西方城市的研究报告，它考察了重要的历史人物、事件的时间、地点以及起因。在人们涌向城市的过程中，随着城市的成长，自然促使了建筑业的蓬勃发展，而且宏观上存在着一种机制使得这样一个过程生生不息地运转下去，本文即是从研究驱动城市化进程的机制着手，然后由外及内、由宏观到微观，再研究城市的空间和建筑。在品味城市的风情的时候，不能仅仅是麻木地玩赏，本文不仅要查明是谁于何时设计建造了这些建筑，并且要了解其设计建造的目的。

题干 8. 本文开始的部分最可能是以下哪些内容？
A. 几个西方城市的犯罪率统计数据

B. 探讨中世纪初期集市所起到的作用
C. 描述一系列选择城市生活的名人
D. 阐释建造大教堂所涉及的难题
E. 论述现今值得游览的古代遗址

参考答案：B

问题中的题眼"beginning"在文中可以找到所对应的"start"从而在文中定位，而选项B中的role又恰好对应了该句中"functions"；从另个角度来看，文章是要讲述城市的由来、发展，那么时间上来看是以前，内容上是发展。

题干 9. 本文的主要目的是

A. 批评一项研究活动
B. 论述一笔开支的合理性
C. 解释一个研究方法
D. 描绘一个时代
E. 力保一项决策

参考答案：C

根据文中的描述"to work outward from them to the spaces/ 由外及内"和"I want to find out not just ... were built/ 不仅要查明是谁于何时设计建造了这些建筑，并且要了解其设计建造的目的"，可看出作者介绍了其做研究的步骤以及采取何种方法，故选项C正确。

阅读译文 5

阅读下面文章，回答问题 10 ～ 18。

本文中，一位英国小说家兼评论家回忆了她最喜爱的油画。

我购入的第一幅油画是 Sheila Fell 的作品。我去了她位于 Redcliffe 广场的画室，彼时彼地那种感觉很不自在，亲密接触画家是件很尴尬的事情。做一名艺术家真是令人生畏，需要面对带着各种预期的买家，眼看着他们对自己的作品品头论足，但作家却不一样，因为作家不必亲眼看着读者读自己的书。我上楼的时候，真期望不要与 Sheila 亲自谋面，而且我想其实她一定也是这么想。

事实恰恰相反。Sheila 毫不在乎有谁在看她的画，也不在乎别人怎么想，甚至毫不关心她的画卖掉了没有。她享受着周围的一切，怡然自乐地向我展示她的作品，一幅接着一幅，充满了自信，这同时也使我放松起来。我也不清楚之前我在紧张些什么——我们是同乡，生于 Cumberland，长于 Cumberland，或许根本无须解释为什么我会被她的画深深吸引：我们同样流浪于伦敦街头，我们同样怀念 Cumberland 的景致。

画的内容是田中一堆新垛的草堆。田间柔光似水，草垛枯叶金黄，空气中泛着柔情，淳厚的气息荡漾。

画的幅面很大，虽然我对其珍爱有加，但回家后我发现家里实在没有条件让这幅画尽显它的风采。即使是家中最大的房间的最大的墙面，都无法与画之间达到交相辉映的效果——这幅巨作不是一般的房子可以容纳得下的。灯光的安排也存在问题，在家中的灯光下，画面失去了它应有的光彩——画前必须留有足够宽敞的空间和充足的距离。我希望有一天，我可以把它带回 Cumberland，给它寻觅一间合适的房子，好让它有个快乐的归宿。三十年后，我们找到了这样一栋房子，但此画依然无法安置，墙面仍显局促，房间依旧不够宽敞。所以我卖掉了那幅画，买了幅 Sheila Fell 的小幅作品。

卖掉那幅画可以说是我人生的一个滔天大错，在那副巨作被运走的一刻，我立刻意识到我做了一件傻事。没有任何的房间可以容纳那铺天盖地的气势和动人心弦的韵味，然而我不该在乎，我应该好好地将其收藏起来。伤心痛楚，追悔莫及，我想将它赎回，如同愚昧地结束了一段婚姻之后幡然醒悟，想要与其复婚一样。后来于 1990 年，我参加了英国皇家艺术学院的 Sheila Fell 画展，修长的展厅的尽头，那骄人的位置陈列着我的画，只有如此的展厅才能与之相得益彰。它娇艳夺目，引得观众们驻足观赏，我真想大呼："它是我的收藏！"彼时彼地，天性坦荡的我充满了强烈的占有欲。这幅壮丽的画卷早已成为我生命中的一部分，而我自己都不解为什么会意气用事让它离我而去。

自那以后，我天天都要去看那画展，最后一日我几乎以泪洗面。我不知道现在它到底花落谁家——目录上仅仅注明"私人收藏"——我担心也许无缘再见它一面了。正所谓苦思念，伤离别，或许"私人收藏"总好过让我望着它陈列在公共画廊里，望眼欲穿。其实在我心中，画的每处细节我都尽收眼底；我的脑海里，我咏之如诗，诵之如歌，人画永不分离。

题干 10. 第 4 ～ 5 行所提到的作者假想的一些人，第 46 行提到了展厅中的人，概括起来以下论述最合适的是哪项？

A. 前者是无知的，后者是训练有素的。

B. 前者轻视画家，后者过分恭敬画家。

C. 前者有些鲁莽，后者显然具备鉴赏能力。

D. 前者否定了艺术家的方式，后者则对其予以肯定。

E. 前者贪得无厌，后者慷慨大方。

参考答案：C

作者在第 4 ～ 5 行中用"put up with/ 忍受"来形容画家对观众的态度，但第 46 行中用"stopped and stared and admired/ 驻足观赏"来体现观众对画的态度。很显然，语调体现出了前者对待作品是肤浅的、草率的；后者则是具备一定的赏画能力，故选 C。

题干 11. 第 8 行 “I imagined ... the same” 表明叙述者

A. 认为大多数画家在观众面前的感受和自己一样

B. 对自己的作品和 Sheila Fell 的作品一样感到激动万分

C. 对当面推销自己的书感到不安

D. 认为 Sheila Fell 是一个古怪的人

E. 喜爱以画家和作家为伴

解析

参考答案：A

叙述者认为 “thinking how awful to be an artist, having to put up with prospective buyers coming to gape/ 做一名艺术家真是令人生畏，需要面对带着各种预期的买家，眼看着他们对自己的作品品头论足”，这是作者对所有艺术家所做的推断，故选项 A 正确。

题干 12. 第一段和第二段之间的差异最主要体现在以下那一方面？

A. 理想主义对现实主义

B. 预期对现实

C. 猜测对调查

D. 预期对失望

E. 慷慨对私欲

参考答案：B

根据 22 题的解析，可看出在第一段中，作者猜测 Sheila 不愿意与买家面对面交流，会觉得尴尬和不舒服；第二段的首句 “I was wrong”，表明了作者的猜测是错误的。Sheila 不关心谁在欣赏她的画，也不在乎别人怎么想，甚至毫不关心她的画卖掉了没有。根据原文描述，可直接判断选项 B 正确。

题干 13. 在第 25 行处，作者认为 “justice” 是指

A. 认可画家独特的成就

B. 保证一幅作品受到最广泛的欢迎

C. 展示作品最好的一面

D. 用优雅的艺术方式展示日常生活

E. 用优雅的背景衬托这幅杰作

解析

参考答案：C

根据文章的描述“I had no wall and no room to do it justice”, “I felt I was insulting it”, “The painting couldn't glow”，可看出作者认为自己家里没有理想的背景安放这幅画，画原有的光芒无法得到发挥，最好的一面无法得到展示，故选项 C 正确。其他选项文中均未提及。

题干 14. 在第 36 行处，“我犯了一个滔天大错”（“It was a terrible mistake”）是因为叙述者

A. 没有保留任何其他的来自 Cumberland 的纪念品

B. 因为一些客观的因素放弃了她对那幅油画的爱

C. 低估了那幅油画作品的对一位收藏家的价值

D. 她感觉自己背叛了 Sheila Fell 的信任

E. 无法欣赏 Sheila Fell 的小幅作品

参考答案：B

文章的第四段“however much I loved it”已经明确表示叙述者很喜欢这幅画，但由于没有找到理想的背景去安放它，所以把画卖了，故可判断选项 B 正确。同时根据文中提到的“I shouldn’t have let that matter，I should have found a way to keep it/ 我不该在乎，我应该好好地将其收藏起来”，也可判断选项 B 符合文意。

题干 15. 在第 41 行，形容那段事“folly”的比喻体现了那幅油画作品

A. 在熟悉的环境下，会让人久而生厌

B. 重拾儿时存在误解的记忆片断

C. 唤起持有者一种强烈的情绪

D. 促使画家做出一些不成熟的决定

E. 唤起一段痛苦的回忆

参考答案：C

“But it was too late”表明了叙述者追悔莫及的心情，“folly”可看作对自己行为的一种强烈控诉。故选 C。

题干 16. 叙述者最后（第 60 行）说那幅画“like a poem”，是因为它

A. 可以与人同乐

B. 是叙述者的自我意识的核心

C. 代表了叙述者对美好事物的渴望

D. 给叙述者留下了非常深刻的第一印象

E. 在叙述者心里留下了生动鲜明的印迹

参考答案：E

原文“It lives in my head”，叙述者用“live”这个动词来表现画在她心中是有生命的、难以忘怀的。将画比作脍炙人口的诗歌，显然，叙述者是想要强调这一点。故 E 为正确选项。

题干 17. 在结尾段中，叙述者使用人际交流的方式去描述这幅画，意在强调

A. 她与画家之间的感情息息相通
B. 收藏那幅作品时所遇到的艰辛
C. 压力迫使她必须舍弃那幅作品
D. 她感觉损失的程度
E. 那幅作品所描绘的那种乡愁

参考答案：D

原文“I doubt if I’ll ever see it again”，“I’d only go on torturing myself with wanting it back”，根据文章的描述，可看出叙述者深深思念画的心情。将画卖掉，对叙述者来说是一个极大的痛苦及损失，选项 D 最为贴切文意。

题干 18. 这篇文章主要是为了

A. 讨论环境对画家的艺术造诣所产生的影响
B. 力挺一个保守争议的画家的作品
C. 探究一段经历之后的情感因素
D. 指出不应过分强调艺术作品的经济价值
E. 唤起人们关注一种遭人淡忘的艺术流派

参考答案：C

本题考查对全文的理解。不难看出，文章始终以叙述者对画的感情为主线，从购买到画时的喜爱，到要卖画时的无奈，再到卖掉画后的后悔和懊恼，清晰地呈现出与画有关的一系列情感经历。正确答案为 C。

阅读译文 6

阅读下面文章，回答问题 19 ～ 24。

下文摘自一片评论文章，评论的是一本关于航空业发展初期的书。

航空是一个属于新世纪的领域，部分原因在于，现在飞行器的设计制造与工业革命期间相比已经发生了脱胎换骨的变化。在 19 世纪，蒸汽机是机械制造业的中心。那是一个烙上了“重”的印记的时代—— 精密切削的钢材，锃亮的青铜部件，抛光的铜管道，就连装饰用的部件都是生铁打造——那个时代为了抗拒自然力、经世长存，一切均不惜成本。而飞机的出现却一改往昔的粗放，方向由“重”转“轻”，轻量化成了首要的宗旨。

世纪更迭之际自行车风靡一时，莱特兄弟以制造自行车起家，随后跻身最早的飞机发明者行列。他们二人掌握了薄壁钢管、辐条轮毂、驱动链条等等所有使机械尽可能轻量高

效的生产工艺。事实上，莱特兄弟是注重实用的机械师，面对的是低端市场，但是转瞬间他们迷上了飞行。据一位作家称："维尔伯（莱特）花费了大量的时间研究鹫、鹰、鹗、隼，力求发现飞行的奥秘，了解这些鸟类是如何应付乱流振翅飞翔。后来有人问他是如何进行飞行的摸索时，他总是爱抿着嘴，答道：'像鸟一样。'"

自古以来人类梦想摆脱重力，这次机械工程领域与人的想象力碰撞出了火花。在第一架飞行器起飞之前，人类一直扎根于土地上，然而人类的挥洒成诗，沉思成文，或熔诗、文二者于一炉，这些人类思想精华滋养了一颗梦想飞翔的心，正如17世纪英国诗人Andrew Marvell所述：

放下蔽体的行装，
绽开滑翔的心房：
在树枝上歇脚，
于林间歌唱。
拍拍银色的翅膀，
翎羽泛着辉光，
准备，准备，展翅飞往远方。

（又译：）心于衣下飞
魂在树中鸣
理翼乞远途
翎下溢朝晖

20世纪初，机械设计制造转向轻量化发展之后，载人飞行成为了可能，这在常人看来是件如诗般玄妙的事情。1913年，一位《亚特兰大月刊》(*Atlantic Monthly*)的撰稿人称"机械是一门新的艺术"，并且称赞"机械工程师是伟大的诗人，他们作品的深度已经超越了诗的界限"。他们的"才华解放了他们的精神，像上帝一样"。莱特的一个崇拜者就曾称他是一位诗人，并且将他比作"小亚细亚地区高不可攀的峰顶上的僧人。维尔伯·莱特的精神高高在上"。但是一位传记作家写道，维尔伯·莱特实际上是"实实在在的中产阶级而且没有任何英雄主义色彩"，只是崇拜飞行的狂热者们故意回避了这一点。

题干 19. 本文的主旨是

A. 简介飞行先驱们特有的人格

B. 分析当代诗歌中关于航空的主题

C. 调查航空对于20世纪人们生活方式的影响

D. 用通俗的语言解释飞行的基本原理

E. 讨论早期航空业是如何引起人们遐想的

解析

参考答案：E

文章第三段的首句提到"This is the point at which engineering intersects with the imagination, with humanity's ancient dream of freeing itself from gravity/自古以来人类梦想摆脱重力，这次机械工程领域与人的想象力碰撞出了火花"，可看出早期人们对航空业充满好奇，"imagination"一词暗示了早期人们对航空业的无限遐想。选项E符合文意。

题干 20. 第3～9行中对蒸汽机的描述主要是为了说明

A. 火车工程师们是如何起到一个可供航空工程师们效仿的榜样作用的

B. 工业革命是如何促进社会对旅行的兴趣的
C. 那种强调重量和功率的机械设计制造模式
D. 20 世纪对于形式风格的注重多于对实用的追求
E. 一种被高估的低效的交通方式

参考答案：C

开篇作者就表明“the engineering that went into flying machines was utterly different from that of the Industrial Revolution/ 现在飞行器的设计制造与工业革命期间相比已经发生了脱胎换骨的变化”，“the steam engine was about weight and brute power”，“Airplane construction ... about lightness”，作者将蒸汽机与飞机相比较，突出飞机的优点，故很明显，蒸汽机是指代了那些只强调重量和功率的机械设计制造模式。故选 C。

题干 21. 作者提到“低端市场”（“the cheap end of the market”）（第 17 行）是要指出
A. 对质量的忽视阻碍了航空业的进步
B. 公众可以承担得起飞行的费用，因为飞机使用了比较价廉的材质
C. 飞行员成了众矢之的
D. 飞行先驱们的技术背景是朴实无华的
E. 19 世纪机械设计的方式太过粗放

参考答案：D

先通过简单的排除，A、B、C 在文中均未提及。D 和 E 在文中均有暗示，关键看哪一项符合题意。前面作者提及“... construct efficient machines that weighed as little as possible/ 莱特兄弟二人掌握了所有使机械尽可能轻量高效的生产工艺”，因此 E 选项在此不符题意。针对“the cheap end of the market”这句话，联系上文形容莱特兄弟为“practical engineers”，D 选项中的 modest 可看做与之对应，故 D 为正解。

题干 22. 在第 31 ～ 36 行，作者引用 Marvell 的诗主要是为了说明
A. 在机械设计与制造领域想象和现实之间的反差
B. 神秘的飞行解决方案
C. 为何飞行是件利大于弊、值得冒险的事情
D. 在分析人类飞行的力学原理时，为何一些人忽视了其美学基础
E. 人类对于飞行的深切渴望

参考答案：E

Marvell 的诗歌里，多处暗示了人类对飞行的渴望，如“like a bird”及“till prepared

for longer flight”。同时上文中“humanity’s ancient dream of freeing itself from gravity”也暗示了人们梦想飞行，诗歌与上文呼应，强调了人们心中的渴望，故选项 E 正确。

题干 23. 在第 41 ～ 42 行处的引言“the engineers ... poetic”支持了以下哪一个观点？

A. 机械和艺术作品一样可以启发人们的灵感。

B. 技术和诗歌都遭到人们的曲解。

C. 科学的实用性比艺术创新更为重要。

D. 工程师们的术语同样感情丰富，具有艺术性。

E. 矫揉造作的假装艺术不是工程师们的风格。

参考答案：A

根据前面对各项的分析，B、C、E 三个选项是比较容易排除的，文中没有提及人们曲解技术和诗歌，故排除 B；文中提到“machinery is our new art form/ 机器是一门新的艺术”，作者将机器比喻成一门艺术，而不是将机器与艺术进行对比，故排除 C；从另一个角度来说，工程师也是诗人，但他们创作的是机器而非诗歌，也并非技术语言，选项 D、E 被排除，选项 A 最符合题意。

题干 24. 第 47 ～ 48 行引用了一位传记作家的话是为了

A. 批评一件缺乏创造力的事情

B. 揭秘一位名人的个人形象

C. 重申一个被普遍认同的观点

D. 重新评估一项发明的重要性

E. 让一位科学巨人的精神遗产和影响长存

参考答案：B

传记中提到“The soul of Wilbur Wright is just as high and faraway/ 莱特的精神高高在上”，暗示了莱特的形象被他的崇拜者们过于放大和美化，与现实中的形象有落差，因此作家在此想还原莱特的真实形象，故选项 B 正确。

阅读译文 7

阅读下面文章，回答问题 7 ～ 19。

文章一的作者描述了他朋友 Jerry 的行为，与作者同住在某个不起眼的非洲国家。文章二作者描述了去伦敦拜访一对英国夫妇期间的不同感受。这两部虚构的作品是 20 世纪 80 年代早期出版的。

文章一

虽说Jerry总是口是心非，但是那时我觉得以他的脑瓜搞不出什么乱子来。他不像大多数非洲地区的白人那样，过着传统的双重人格的生活。Jerry有他自己的抱负：常说欺骗源于自私利己，而远大抱负的名头之下诞生的谎言更多。而Jerry处事谨慎，精于算计，因此他即便撒谎也能得到别人的信任。他称自己是波士顿人。“确切地讲是Belmont。”我告诉他我家乡是Medford的时候，他如是说。然而他的护照上分明写的是Watertown。于是他觉得有必要掩饰一下。这恰恰解释了很多问题：波士顿塔楼中郁积的阴霾，Belmont的富丽堂皇，以及他们那种仿佛寄人篱下的忧虑感。我们俩的等级观念充其量也就和英国人差不多，然而当我们开始争论等级这个话题的时候，我们都惊讶自己会势利到如此的程度。等级这个概念很怪异，是一种招摇过市的感觉。每逢听到美国人拿自己的社会地位做文章的时候，我总会不自觉地想到人蝇，他们终日衣衫褴褛，却非常享受攀附在高楼大厦的墙壁上的感觉。

在我们这个不起眼的地方，经过他六个月反复的灌输之后，起初不过是他想象的产物，而后反而变得以假乱真起来。我感觉Jerry之所以愿意生活在非洲，一个原因就是在那边谎言重复得多了就不再是谎言。回去是永远不可能的了，因为这意味着面对真相。在非洲，没人反驳Jerry的话：他是一位波士顿富豪，出身名门望族，子承父业之前出于仁爱游历于此。

文章二

打第一天我住进Ann和Chris的雅舍起，我就感觉毫无拘束——虽然我根本不确定为什么他们会煞费苦心让我留宿。他们不断地邀请我去他们的晚宴并且对我热情款待的时候，我担心他们是否会对我感到厌烦，还是说他们压根儿不了解美国，没意识到我丝毫不属他们夫妇所在的社会阶层：我不断地担心一些地方的粗话会暴露我的身份；并且我一旦想到那些粗话，我知道我一定会说出来，他们也必然会见到那一幕——言多必失，还是少说为妙。但是无论我说什么，在他们看来似乎没什么区别。或许他们就是为了从我的那些毛病和缺点中以博一乐而已。当然如果Hodgkinson夫妇是那种百无聊赖，希望从招待陌生人中得到一些精神依托的人，那么我大可不必那样忐忑不安，然而不是这样，他们是那种见过世面的人，生活丰富多彩，最后令我不安的是，我感觉他们对我盛情款待就是单纯地出于对我的好感而已，我实际上是不得不这么想。

我已经变了许多，或许我自己恰恰是最后一个意识到的人，但是这是事实。即便我不忘自己出身贫寒，但是我接受了大学教育，培养了自己特有的品味；如今当我回想起East Harlem，那里才是我真正的归属，我回想起我那里的学生，可是我却觉得在他们眼里我也已经俨然一副陌生人的模样了。和那些生来安逸的中产阶级一起，我不适应，始终感到很拘束。我想就算是再木讷的人也可能理解这种人尽皆知的感觉。那些中产阶级虽然比我的社会地位要高，不过也很乐意接受我，但是我却诚惶诚恐地发现某些方面。某种意义上说，在他们眼中我已经变成了他们中一员。我希望向着社会上流发展，可途中我却感到一阵阵反感和厌恶。富人的生活中没有一点是能够吸引我的，但出于经济上的原因，我接受了他们的款待并隐藏了心中对他们的反感，这时我感觉自己是个伪君子一般。

题干 7. 文章一中的 Jerry 与文章二的叙述者的相似之处在于二人

A. 都有强烈的进取心去提高自己的社会地位

B. 对自己出身背景感到不安

C. 没能蒙蔽周围的人

D. 坚定地以真我面对各方的压力

E. 过度受到了他们朋友的生活方式的影响

参考答案：B

文章一中“He felt he had to conceal it”及“We are probably no more ...more than snobbery”暗示了 Jerry 阶级观念很强，同时对自己的出身背景感到不安，并试图隐瞒自己的真实背景；文章二中提到“they failed to see that I was not at all of their social class: I kept expecting some crude regional expression to betray me”，暗示了叙述者始终惶惶不可终日的心情，生怕 Ann and Chris 会发现自己不属他们夫妇所在的社会阶层，由此可以看出作者对自己的出身背景感到不安，故选项 B 正确。

题干 8. Jerry 与文章二的叙述者最大的不同之处在于他

A. 对现状十分满足

B. 能够分得清幻想和现实

C. 愿意把时间投入慈善事业

D. 不愿接受周围的人给自己贴上的标签和评价

E. 热切地结交社会各层人士

参考答案：A

文章一中提到“He felt he had to conceal it”，“What had begun as fantasy had... made it seem like fact”，表明了 Jerry 试图隐瞒自己的真实出身背景，后面谎言说多了，竟也可以以假乱真了。对此，Jerry 觉得很满意。文章二中的作者却“feel like a hypocrite”，感觉自己像个伪君子，故 A 符合文意；B 选项之所以错误，是因为文章二没有描述幻想部分；C 选项二文均无提及；D 选项有一定的干扰性，但实际上可以说文章一的 Jerry 是很愿意被贴上上流社会的标签的，因此可排除；文章二的“by no means attracted by everything I saw in well-off people’s lives/ 富人的生活中没有一点是能够吸引我的”这句话，可立马判断出作者没有热切结交富人，故 E 也不正确。

题干 9. 文章一的首句暗示

A. 事实有时候比谎言更可怕

B. 叙述者被 Jerry 的虚伪蒙蔽了

C. 叙述者无法接受 Jerry 的出身背景

D. 叙述者对 Jerry 的看法随时间发生了改变

E. Jerry 没觉察到自己对周围人的影响

参考答案：D

此题难度不大，原文首句中的关键词“at the time / 在那段时间”，已暗示了现在的看法的改变，故可直接判断选项 D 为正确答案。

题干 10. 第 6 行中，“modest”最接近的意思是

A. 害羞的

B. 扭捏、怕难为情的

C. 守口如瓶的

D. 得体的

E. 适度的，合理的

参考答案：E

原文提到“that he was always believed”，暗示了 Jerry 的谎言是精心编造、恰到好处的，五个选项中，只有选项 E 符合文意。同时将五个选项分别替代进句子“his lies such ...”中，也可判断只有选项 E 能表达作者的意思。

题干 11. 文章一的上下文中，“不起眼的”（“insignificant”）（第 21 行中）暗指

A. 在非洲，Jerry 的谎言不会导致什么严重的后果

B. 在非洲，Jerry 没有意识到他的行为是多么司空见惯的事情

C. Jerry 不再能分得清幻想和现实

D. 叙述者自己因为与 Jerry 有联系而名声不保

E. 叙述者认为 Jerry 的行为很愚蠢

参考答案：A

此题答案比较浅显，定位到原文“in our insignificant place/ 在我们这个不起眼的地方”，与各个选项结合起来分析。单从字面上来看，B、C、D、E 选项与这个地方起不起眼没有什么因果关系。因此可以得出 A 选项为正确答案。

题干 12. 文章一认为 Jerry 之所以能在非洲按照自己的意图去生活，是因为

A. 当地人很难查清他在美国的社会地位

B. 当地人并没有如他所愿地接受他

C. 他受到了和他在美国时一样的尊敬

D. 他无事一身轻，没有家庭和社会责任的约束

E. 他无拘无束地结交社会各层人士

参考答案：A

文章一提到“after six months of his repeating it in our insignificant place，made it seem like fact”，说明谎言重复多了就不是谎言，当地人没有质疑他的身份，故排除 B；文章并没有提到他在美国受到尊敬，C 选项错误；文中虽提到他“from a family of some distinction”的谎言，但不能作为判断依据，故可排除 D 选项；E 选项，文中提到“Jerry was so careful...”，可看出 Jerry 很谨慎，谎言也需精心编造，因为害怕谎言被揭穿，所以不可能有“free”的感觉。E 也排除后，得出正确答案 A。

题干 13. 两篇文章的不同之处在于，和 Jerry 不同，文章二的叙述者

A. 虽不情愿，但是已经决定回到美国

B. 发现社会的发展通常是难以实现的

C. 迟迟才重新燃起了对孩童时期的家的眷恋

D. 对社会阶级的态度发生了变化

E. 近来不再就他的出身背景弄虚作假

参考答案：D

文章一中 Jerry 的阶级观始终没有变过：他想进入上层社会，他梦想成为“波士顿富豪，出身名门望族”（第 26 ～ 27 行）。与文章一不同，文章二的叙述者从“I wondered if maybe they were bored...”，到后面的“The truth was I had changed...”和“My only hope of growing seemed to point in an upward social direction”，表明了作者从一开始的拘束、不安到后面意识到自己已经变了，梦想进入上流社会，说明了作者的心态已经发生了变化。故选项 D 正确。

题干 14. 在文章二中的第 36 ～ 39 行，叙述者的想法发生了如何的变化？

A. 对他的东道主的猜疑到公然的不信任

B. 和东道主之间的关系由疏远到后来产生了一种同志般的情谊

C. 从不安到一种沮丧的感觉

D. 从忧虑到渴望表现自我

E. 从拒绝到接受自己的社会地位

参考答案：D

细读这段话，我们可以看出，作者最初是感觉不适应并很拘束的，担心自己不被上层阶级所接受。接着他发现当自己被当成中产阶级的一员后，他开始变得想往上流社会发展，因此掩饰了自己内心的厌恶情绪，故意表现得合群，甚至用“伪君子”来形容自己。D 为正确选项。

题干 15. 第 44 ～ 45 行中的说法（“to feast ... stranger”）表明某些东道主

A. 因为最近的一些流言所致而厌恶作为别人依赖的对象

B. 渴望给陌生人良好的印象

C. 从客人的自卑感当中得到自我的满足

D. 假装生活过得情趣盎然的样子，实际上却不尽其然

E. 只有在款待客人的过程中才能感觉到自己是活生生地存在的

参考答案：E

文中提到“dried-up people who needed to feast on any new stranger, but they were not/ Hodgkinson 夫妇不是那种百无聊赖,希望从招待陌生人中得到一些精神依托的人”这句话，很显然，作者是在暗示有些人生活无聊，希望通过宴请宾客来充实生活，故选 E。

题干 16. 第 45 行中，短语“in the world”暗示了 Hodgkinson 夫妇

A. 迷恋于尘世间的冷暖

B. 谙知上流社会的习俗

C. 对宗教持怀疑态度

D. 时髦，彬彬有礼，但是待人却冷如冰霜

E. 接触有趣的人和思想

参考答案：E

“in the world”在此可以理解为见过世面。文章形容 Hodgkinson 夫妇“were in the world and leading stimulating lives”，说明他们不是“无聊得需要通过宴请陌生人”来给生活增趣的人，相反，他们的现实生活中不乏有意思的人和事。

题干 17. 在 47 行中，“anxious”一词的意思近似为

A. 谨小慎微的

B. 不耐心的

C. 焦虑不安的

D. 害怕的

E. 渴望的

参考答案：C

文中提到“they failed to see that I was ... expression to betray me”，暗示了作者不安的心情，因为作者虽然得到了 Hodgkinson 一家的喜爱，但觉得自己够不到他们的社会地位，因此 Hodgkinson 一家对他的接纳反倒成了负担和让他焦虑的东西。A 中的 meticulous（谨小慎微）、B 中的 inpatient（不耐烦的）、D 中的 frightened（害怕的）和 E 中的 eager（渴望的）均不能表达这个意思。

题干 18. 两篇文章分别是如何看待身份这个话题的？

A. 文章一指出人的身份是可以自行形成起来的，但是文章二认为人的身份是由一些内在和外在的因素决定的。

B. 文章一弱化了一个人的家族背景对其身份地位的重要性，而文章二强调了这种重要性。

C. 文章一称人的身份地位是其个人选择，而文章二则肯定地说身份地位是由外人来决定的。

D. 两篇文章都低估了周围的现实环境对一个人身份地位的影响。

E. 两篇文章都没有考虑一个人如果拒绝接受自己的身份地位，哪怕不是全盘否认，会对其带来的心理影响。

参考答案：A

文章一中 Jerry 通过谎言编造了自己的身份，久而久之人们相信了他编造的身份。文章二里的叙述者的身份由内外两个因素决定。内因：他接受过高等教育，有自己独特的品位，这在一定程度上拉进了他与中产阶级的距离（在原文“I had gotten a university education, acquired a taste for esoteric culture”中可获悉）。外因：他的生活环境，文中提到和中产阶级接触多了，某种意义上说自己也成为他们中的一员。得出 A 为正确选项。

题干 19. 以下哪一种对阶级意识的概括是两篇文章都赞成的？

A. 对一个人而言魅力和人格的重要性胜过他的社会地位。

B. 只有最为富有的那些人才在乎他们的社会地位。

C. 只有经历了异国生活之后，美国人才会相信一个没有阶级差异的社会是可能存在的。

D. 美国人移居他国是为了逃避社会阶级的束缚。

E. 当居住在异国他乡的时候，美国人原来在美国的地位直接影响了他们现在的身份。

参考答案：E

本题要求较强的阅读能力，要求在掌握全文大意的基础上理解背后所体现的阶级意识。文章一 Jerry 所编造的虚假身份是以美国社会地位为参照而建构的。文章二的叙述者其内心挣扎也源于自己在美国社会中的地位缺乏安全感。因此可以推断出两篇文章都认为在美国社会中的地位对自己的身份至关重要。

图书在版编目（CIP）数据

SAT官方指南全解析. 阅读分册 / 乐闻携尔图书编委会编著. —北京：中国人民大学出版社，2013. 7
ISBN 978-7-300-17544-7

Ⅰ. ①S… Ⅱ. ①乐… Ⅲ. ①英语–阅读教学–高等学校–入学考试–美国–自学参考资料 Ⅳ. ①H310. 41

中国版本图书馆 CIP 数据核字（2013）第132513号

SAT官方指南全解析——阅读分册
乐闻携尔图书编委会 编著
SAT Guanfang Zhinan Quanjiexi——Yuedu Fence

出版发行	中国人民大学出版社		
社　　址	北京中关村大街31号	**邮政编码**	100080
电　　话	010-62511242（总编室）		010-62511398（质管部）
	010-82501766（邮购部）		010-62514148（门市部）
	010-62515195（发行公司）		010-62515275（盗版举报）
网　　址	http://www.crup.com.cn http://www.1kao.com.cn（中国1考网）		
经　　销	新华书店		
印　　刷	北京鑫丰华彩印有限公司		
规　　格	185 mm × 260 mm 16 开本	**版　　次**	2013年9月第1版
印　　张	17.75	**印　　次**	2013年9月第1次印刷
字　　数	391 000	**定　　价**	48.00 元

读者调查问卷

读者朋友：

“乐闻携尔出国留学”系列图书是北京乐闻携尔教育咨询有限公司与中国人民大学出版社考试分社合作出版的以出国留学考试为导向的精品辅导书。这一系列图书的内容涉及托福、SAT、GRE 等考试以及留学申请、文书等。为了了解大家对本书的阅读情况，进一步提高图书的综合质量，我们特别设计了“读者调查问卷”，真诚地希望您积极参与。您的意见对我们很重要。

如果您不方便填写纸质版的调查问卷，可登录乐闻携尔的网站，帮助我们完成电子版的调查问卷。链接为：http://www.lasedu.com/_d273289742.htm。非常感谢您的帮助。

1. 您是通过什么渠道最早了解到“乐闻携尔出国留学”系列图书的？
   A. 乐闻携尔相关课程的课堂上
   B. 经人介绍
   C. 书店
   D. 互联网
   E. 其他方式

2. 您觉得怎样才算是一本好的英语辅导书？
   A. 大量的例题
   B. 实用的理论、方法
   C. 名师编著
   D. 大量的练习题
   E. 其他（请注明）

____

3. 您对《SAT 官方指南全解析——阅读分册》的整体评价：

内容	A. 很好	B. 较好	C. 一般	D. 较差	E. 很差
封面设计	A. 非常吸引人	B. 平凡普通	C. 毫无新意		
编排	A. 非常实用	B. 一般	C. 不便阅读		
印刷	A. 质量好	B. 质量一般	C. 质量较差		

4. 您近期还需要哪种类型的图书？

A. 考试或留学介绍（如《去美国读本科》）

B. 例题讲解（如《新托福真题详解——阅读分卷》）

C. 范文集（如《新托福真题详解——写作分卷》）

D. 翻译作品（如“赛达真题翻译”系列图书）

E. 其他（请注明）

---

5. 您是否愿意继续支持并了解我们的图书或公司？

A. 非常有兴趣

B. 愿意

C. 没有考虑

如果您对我们的图书还有其他意见或建议，或有关于出国留学考试等方面的问题，我们非常期待您以来电、来信或发电子邮件等方式咨询。

来信请寄：中国人民大学出版社考试分社何冬梅编辑

地址：北京市海淀区中关村大街甲 59 号文化大厦 1507 室

邮编：100872

E-mail：hedm@crup.com.cn

电话：010-62515975